U0508424

中国绿色减贫发展报告 2018

北京师范大学中国扶贫研究院
全国扶贫宣传教育中心 编

张　琦　黄承伟　万　君　等著

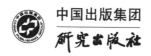
中国出版集团
研究出版社

图书在版编目 (CIP) 数据

　　中国绿色减贫发展报告. 2018 / 北京师范大学中国
扶贫研究院, 全国扶贫宣传教育中心编. -- 北京 : 研究
出版社, 2022.1
　　ISBN 978-7-5199-1112-6

　　Ⅰ.①中… Ⅱ.①北… ②全… Ⅲ.①扶贫 – 研究报
告 – 中国 – 2018 Ⅳ.①F126

　　中国版本图书馆CIP数据核字(2021)第244494号

出　品　人：赵卜慧
责任编辑：刘春雨

中国绿色减贫发展报告 2018
ZHONGGUO LVSE JIANPIN FAZHAN BAOGAO 2018

北京师范大学中国扶贫研究院
　　　　　　　　　　　　　　　　　编
全 国 扶 贫 宣 传 教 育 中 心

研究出版社　出版发行
（100011　北京市朝阳区安华里504号A座）

北京云浩印刷有限责任公司　新华书店经销

2022年1月第1版　2022年1月北京第1次印刷
开本：710毫米×1000毫米　1/16　印张：24.25
字数：287千字

ISBN 978-7-5199-1112-6　定价：86.00元

邮购地址100011　北京市朝阳区安华里504号A座
电话（010）64217619　64217612（发行中心）

版权所有·侵权必究
凡购买本社图书，如有印制质量问题，我社负责调换。

在脱贫攻坚决战决胜中推进绿色减贫深入发展

（一）

绿色减贫正逐步成为高质量打赢脱贫攻坚战的重要共识与行动。

生态文明是工业文明发展到一定阶段的产物，是人类社会进步的重大成果，是实现人与自然和谐共生的必然要求。关于推动绿色发展、建设生态文明的理论认识持续深化，绿色减贫发展的宏观背景更加深厚，决战决胜脱贫攻坚贯彻绿色发展、绿色减贫理念的要求更加突出，高质量打赢脱贫攻坚战必须充分体现绿色减贫的实践要求。

从全球发展实践和环境问题看，唯有经济与环境并重、遵循自然发展规律，才是最有价值、最可持续、最具实践意义的发展。生态文明建设关系我国的大国生态责任担当。我国通过不懈努力，树立了全球生态文明建设的重要参与者、贡献者、引领者的良好形象，大大提升了在全球环境治理体系中的话语权和影响力。这为我国的发展赢得了良好的外部舆论环境，也进一步彰显了中国特色社会主义制度的优越性和说服力、感召力。

从我国发展全局看，生态文明建设是关系中华民族永续发展的根本大计。加强生态文明建设，不仅是为了解决中国当下面临的生态环境问题，更是为了谋求中华民族的长远发展；不仅是影响发展的重大经济问题，更是事关党执政兴国的重大民生问题、社会问题和政治问题；不仅是推动中国自身发展进步的必然要求，更是推动人类社会发展进步的迫切需要。

从我国人民对美好生活的向往和高质量发展要求看，新时代人民群众对干净的水、清新的空气、安全的食品、优美的生态环境等要求越来越高，只有大力推进绿色发展，提供更多优质生态产品，才能不断满足人民日益增长的优美生态环境需要。我国经济已由高速增长阶段转向高质量发展阶段，高质量发展是体现新发展理念的发展，是绿色发展成为普遍形态的发展。加强生态文明建设，坚持绿色发展，改变传统的"大量生产、大量消耗、大量排放"的生产模式和消费模式，使资源、生产、消费等要素相匹配相适应，是构建高质量现代化经济体系的必然要求，是实现经济社会发展和生态环境保护协调统一、人与自然和谐共生的根本之策。

党的十八大以来，以习近平同志为核心的党中央站在坚持和发展中国特色社会主义、实现中华民族伟大复兴中国梦的战略高度，把生态文明建设纳入中国特色社会主义事业总体布局，使生态文明建设成为"五位一体"总体布局不可或缺的重要内容，"美丽中国"成为社会主义现代化强国的奋斗目标。与此同时，"生态文明建设""绿色发展""美丽中国"写进党章和宪法，成为全党的意志、国家的意志和全民的共同行动。这些重大理论和实践创新，进一步彰显了生态文明建设的战略地位，推动中国特色社会主义的发展目标、发展理念和发展方式发生了历史性的深刻转变，生态文明建设取得历史性成就，绿色发展成为重要发展理念。

当前，脱贫攻坚已经进入决战决胜的关键时期，高质量完成脱贫攻坚目标任务势在必行。高质量脱贫的根本标志就是贫困地区、贫困群众建立起可持续发展能力，而这一能力建设最主要的内容就是不以牺牲生态环境为代价、充分发挥贫困地区的绿色优势，发展绿色产业，为社会提供绿色产品，实现群众稳定增收、贫困群体稳定脱贫、贫困地区绿色发展。

（二）

习近平生态文明思想为绿色减贫实现新发展提供了根本遵循。

党的十八大以来，习近平总书记创造性地提出一系列新理念新思想新战略，形成了系统科学、逻辑严密的习近平生态文明思想。我国生态文明建设和生态环境保护从认识到实践之所以发生历史性变革，取得历史性成就，正是归根于习近平生态文明思想的科学指引。

习近平生态文明思想，是习近平新时代中国特色社会主义思想的有机组成部分。这一思想深刻回答了为什么建设生态文明、建设什么样的生态文明、怎样建设生态文明的重大理论和实践问题，进一步丰富和发展了马克思主义关于人与自然关系的思想内涵，弘扬了中华文明生态智慧的时代价值，深化了我们党对社会主义建设规律的认识，为建设美丽中国、实现中华民族永续发展提供了根本遵循。这一思想，集中体现了我们党的历史使命、执政理念和责任担当，对新时代加强生态环境保护，推动我国生态文明建设迈入新境界，具有重大的指导意义。

从全球范围看，如何处理好经济发展与生态保护的关系、如何把减贫与绿色发展有机结合，一直是世界性难题，也是欠发达地区减贫发展的难题。为从理论和实践上破解这一历史性难题，我国一直进行积极探索，也积累了不少好做法好经验。早在 2005 年，时任浙江省委书记的习近平同志首次提出"两山"理论——"既要绿水青山又要金山银山""绿水青山就是金山银山"。这一重要论断，贯穿在习近平生态文明思想中。它打破了简单地把发展与保护对立起来的思维束缚，生动地概括了发展与保护的内在统一。2013 年 11 月 9 日，习近平总书记在党的十八届三中全会中指出："山水林田湖是一个生命共同体，人的命脉在田，田的命脉在水，水的命脉在山，山的命脉在土，土的命脉在树。"2017 年 10 月 18 日，习近平总书记在党的十九大报告中作出"人与自然是生命共同体"的论述。习近平的"两山"理论和"生命共同体"思想为我国实施绿色扶贫、助力减贫事业发展提供了理论指南与根本遵循，其价值取向在于构筑一条有中国特色的绿色减贫道路，高质量打赢脱贫攻坚战，以促进贫困地区经济社会可持续发展。

在我国，贫困地区多分布在老少边穷地区，资源匮乏与环境恶劣并存，而且传统上贫困与环境恶化之间互为因果。要打破这一恶性循环，必须走有中国特色的绿色减贫道路。如在绿色减贫实践中，我国各地形成了以生态环境建设保护、易地搬迁和绿色产业开发三个措施互相结合，构建政府主导，企业、社会组织和农民相协同的"多边绿色减贫模式"。生态环境建设保护方面，退耕还林、退耕还草、植树造林等工作稳步推进，生态补偿机制初步建立起来，贫困群众积极投身于生态环境保护并从中受益。对于居住在生存条件恶劣、生态环境脆弱、自然灾害频发等"一方水土不能养育一方人"地区的贫困群众，我国大力推进易地扶贫搬迁，缓解该地区的生态压力，推进农民生计转型。在"十三五"期间，国家通过易地搬迁贫困人口近1000万，将实现1000万贫困人口脱贫。绿色产业开发方面，我国主要通过打通一二三产业之间的链条，以绿色产业化和产业绿色化的方式促进贫困地区经济发展，引导和带动贫困户脱贫。经过多年的努力，特别是近7年的努力付出，在习近平生态文明思想的指引下，贫困地区"山更绿了，水更清了，天更蓝了"，促进了贫困地区经济社会的跨越式、可持续发展。

（三）

在第一个百年奋斗目标实现之年，脱贫攻坚取得全面胜利之年，决胜脱贫攻坚面临诸多问题，绿色减贫发展也面临新挑战。

深度贫困地区如期完成脱贫攻坚目标的紧迫性和重要性进一步凸显，限时脱贫的短期性和绿色减贫的长期性矛盾更加突出。深度贫困地区（如"三区三州"）是脱贫攻坚的坚中之坚。其生存条件比较恶劣，自然灾害多发，地广人稀，资源贫乏。如西南缺土，西北缺水，西藏高原缺积温。这些地方建设成本高，施工难度大，要实现基础设施和基本公共服务主要领域的指标接近全国平均水平难度很大。这些地区往往处于全国重要生态功能区，生态保护同经济发展的矛盾相比其他地区更加突出。基于此，中央进一步加大对深度贫困地区的支持力度，新增脱贫攻坚资金、新增脱贫攻坚项目、新增脱贫攻坚举措。如2018年中央财政专项扶贫资金增加的200亿元中，120亿元用到了"三区三州"；2019年中央财政专项扶贫资金增加的200亿元中，135亿元用到了"三区三州"。在投入大幅度增加的前提下，用好资金、选准项目，一方面需要考虑 2020 年底完成打赢脱贫攻坚战目标任务的要求，另一方面需要考虑生态保护、发挥特色优势、激发内生脱贫动力、巩固脱贫攻坚成果的需要。

防止和减少返贫、巩固拓展脱贫攻坚成果成为已脱贫地区各个方面面临的新任务，生态环境建设保护重要性更加凸显。面对新任务的新特点，如何保持现有政策的连续性与稳定性，引入市场化的生态建设保护机制成为新时期的一项新课题。"搬得出、稳得住、能致富"是易地扶贫搬迁的政策目标，但在实践中也出现了贫困户收入较低、就业困难、难以融入新型社区等方面问题，有些地方问题还比较突出。如何强化后续帮扶措施，充分恢复搬出地土地、林木等资源生态经济功能，成为易地扶贫搬迁后期面临的新挑战。绿色产业开发方面，"短、平、快"产业项目较多，具备可持续发展能力的产业仍然偏少；绿色产业链条普遍不长，一二三产业融合程度偏低；产品辨识度不高，品牌化能力亟待提升；产业发展利益联结机制有待进一步完善；等等。部分产品由于流通渠道不畅，出现了绿色产品滞销等问题。消费扶贫如何与绿色减贫产品紧密结合，目前仍处在探索阶段。

（四）

以习近平总书记的"两山"理论为指导，在建立解决相对贫困长效机制过程中充分体现绿色减贫新要求。

2019 年 10 月，党的十九届四中全会胜利召开。会议要求"坚决打赢脱贫攻坚战，建立解决相对贫困的长效机制"。这意味着，2020 年消除绝对贫困后，扶贫工作的重心将转向"相对贫困治理"。在相对贫困治理时期，已经进入小康社会的相对贫困群众对生态环境和经济发展有了更高的向往和期待，这就决定了在建立解决相对贫困的长效机制中，必须充分体现绿色减贫的新要求。对贫困地区而言，最核心的就是要知行合一、切实践行习近平总书记的"两山"理论。

要充分体现绿水青山本身就是金山银山的重要思想。2014年3月，习近平总书记在参加十二届全国人大二次会议贵州代表团审议时的讲话中指出："为什么说绿水青山就是金山银山？'鱼逐水草而居，鸟择良木而栖'……绿水青山既是自然财富，又是社会财富、经济财富。"他反复强调："生态环境没有替代品，用之不觉，失之难存。"这些重要论述都表明，自然是生命之母，人与自然是生命共同体，"常青树就是摇钱树"。大多数贫困地区的最大竞争优势就是"绿水青山"，一定要牢固树立"绿水青山就是金山银山"的理念，全面把握实践要求。

要充分体现"良好生态环境是最公平的公共产品，是最普惠的民生福祉"的重要思想。人民性是马克思主义最鲜明的品格，始终坚持以人民为中心的发展思想，是以习近平同志为主要代表的中国共产党人不忘初心、牢记使命的自觉担当。习近平总书记指出："把生态文明建设放到更加突出的位置，这也是民意所在。""小康全面不全面，生态环境质量是关键。"新时代，人民群众对有机、绿色、养生、特色产品的需求不断增加。对于大多数贫困地区而言，由于地处绿水青山，不少是生态保护区，生态资源丰富。通过科学开发，不仅可以为人民群众提供更多健康、绿色、有机产品，而且具有创造天蓝、水清、地绿宜居生活环境的巨大潜力。

要把"绿水青山就是金山银山"作为绿色减贫发展的科学指引。消除贫困、改善民生、逐步实现共同富裕，是社会主义的本质要求，也是中国共产党的重要使命。习近平指出："一些地方生态环境基础脆弱又相对贫困，要通过改革创新，探索一条生态脱贫的新路子，让贫困地区的土地、劳动力、资产、自然风光等要素活起来，让资源变资产、资金变股金、农民变股东，让绿水青山变金山银山，带动贫困人口增收。"这一重要论述，为全面建成小康社会找到一条"绿水青山就是金山银山"理念和脱贫攻坚相得益彰的绿色减贫新道路。

要把"绿水青山就是金山银山"指引下的绿色减贫实践形成解决全球贫困治理与生态保护结合这一难题的中国方案。"绿水青山就是金山银山"已经成为一个影响深远的形象话语，在世界范围和国际社会中产生了广泛影响与共鸣，为保护生态文明、建设人类命运共同体做出了独特贡献。根据党的十九届四中全会精神，有关方面需要尽快制定绿色减贫法律和制度体系，将习近平生态文明思想从制度、政策和法律上加以确定，并在实际工作中规范落实。同时，要抓紧研究建立贫困地区以市场需求为导向的绿色产品（服务）市场发展的长效机制。要创新体制机制，引导消费者树立绿色减贫产品（服务）购买意识，将绿色减贫与消费升级有效衔接起来，逐步构建起涵盖政府、市场、社会与相对贫困群体的共同体，促进解决相对贫困长效机制不断完善，为全球贫困治理提供中国新方案。

黄承伟

国务院扶贫办 原全国扶贫宣传教育中心主任、研究员

目 录
CONTENTS

第一篇

主题报告：新时代中国绿色减贫的理论和实践

一、新时代中国生态文明思想引领脱贫攻坚战

党的十八大以来，绿色减贫逐渐成为我国减贫战略的重要内容，总体来看，是由于绿色减贫代表了未来发展转型的方向，也是提升减贫质量、深化国际合作交流的有效方式。在此部分，我们在探讨绿色减贫的必要性和迫切性基础上，对绿色减贫概念本身进行系统的阐述。

（一）新时代绿色减贫的必要性和迫切性

党的十八大以来，我国扶贫减贫工作呈现出新的形态和新的特征，绿色减贫作为一种符合贫困地区实际情况而又兼具较强可持续性的减贫发展理念，成为当前以及 2020 年后我国减贫的必然选择。

1. 绿色减贫是新时代我国贫困地区发展转型的战略方向

中国特色社会主义进入新时代，我国社会主要矛盾已经转化为人民日益增长的美好生活需要和不平衡不充分的发展之间的矛盾。对良好生态的需求是美好生活需要的重要组成部分，正如习近平总书记提出的"良好生态环境是最公平的公共产品，是最普惠的民生福祉""既要创造更多物质财富和精神财富以满足人民日益增长的美好生活需要，也要提供更多优质生态产品以满足人民日益增长的优美生态环境需要"。因此，全面贯彻绿色发展理念，关注生态环境，提升贫困群体对良好生态环境的满足感，必然成为贫困地区化解社会主要矛盾的重

要内容之一。为此，新时代的减贫战略必须把坚持绿色发展作为重要的指导思想，把绿色发展理念贯穿到扶贫减贫的全过程，牢牢守住生态底线，把生态保护放在优先位置，无论是基础设施建设，还是产业发展，都不能再以牺牲生态为代价。结合"两个阶段两个十五年"的战略安排，从 2020 年到 2035 年，充分发挥贫困地区的自然禀赋优势，并将其转换为贫困地区发展的现实动力源泉，全面推行绿色发展理念；从 2035 年到 2050 年，依托乡村振兴、城乡统筹、优势互补，构建区域性发展共同体，实现贫困地区与全国的共同发展。

2. 绿色减贫是新时代背景下提升减贫质量的内在要求

当前，我国经济已由高速增长阶段转向高质量发展阶段，扶贫减贫也同样转入质量提升的新阶段。习近平总书记在中央农村工作会议上强调，要"把提高脱贫质量放在首位"；刘永富主任也指出，要"从注重减贫进度向更加注重脱贫质量转变"。在提升减贫脱贫质量的关键时期，必须全面树立可持续的发展理念，破解脱贫难题、增强脱贫动力、提升脱贫实效。目前，扶贫减贫工作已经呈现出新的阶段性特征，尤其是在一些地区解决了绝对贫困之后，贫困地区的发展不再是仅仅解决吃穿住等温饱问题，而是要综合考虑发展的持续性以及质量和效益。为此，现阶段的减贫战略必须以提升和保证减贫质量为第一要务，不能走"先污染后治理"的粗放式发展方式、不能将落后产能盲目地转移到贫困地区，而要尊重贫困地区发展规律，保护其独特资源与环境，坚持"绿水青山就是金山银山"的发展理念，挖掘贫困地区资源与环境优势，增强贫困地区脱贫减贫的持续动力，提升贫困地区脱贫减贫的质量，使包括贫困人口在内的全体人民在共享绿水青山的同时实现共同富裕。

3. 绿色减贫是新时代全球可持续发展的必然选择

《2030 年可持续发展议程》强调消除贫困、保护地球、确保所有人共享繁荣，从生态和经济双重角度对人类发展及生活环境提出了要求。如何在消除贫困的同时，实现人、自然与社会的协调发展，成为全球可持续发展面临的主要问题，绿色减贫作为契合二者的重要理念，成为全球可持续发展的必然选择。消除贫困之所以是一个长期的、全球性的难题，除了收入差距的根本性问题之外，一个制约性难题就是如何与可持续发展协调共进。从时间维度来看，许多人在最开始时没有考虑可持续因素，过度重视眼前成效导致减贫本身产生负面效果；从内容来看，在减贫过程中忽略各个减贫因素的平衡发展和可持续性，缺乏对减贫工作科学系统的认识，忽视减贫与可持续发展的内在联系，从而造成"拆东墙补西墙"的不平衡减贫现象。为此，全球减贫要想实现与全球可持续发展的有效衔接，就必须树立绿色减贫理念，以推动经济可持续发展、平衡、包容增长作为支撑，在经济、社会、环境三大领域形成良性循环，走出一条经济繁荣、社会进步、环境优美的可持续发展之路。

4. 绿色减贫是新时代深化国际减贫合作与交流的有效方式

近几年来，我国取得的巨大减贫成绩被国际社会广泛关注，世界银行行长金墉在世界银行和国际货币基金组织（IMF）2017 年秋季年会上表示，中国解决了 8 亿人口的贫困问题，这是人类历史上最伟大的故事之一，中国的扶贫经验值得中等收入国家借鉴。减贫战略不再是简单地解决贫困人口和贫困地区最基本的发展需求，而是通过一种可持续的发展方式缩小与其他地区、其他群体之间的差距，甚至实现弯道超车。这就要求减贫战略是一种更加高级、更加可持续、更加能够凸显中国发展水平和质量的选择，既解决国内的贫困问题，又有很强的示范带动作用，推动全球减贫事业发展。就目前的实践来看，我国减贫四个转型的契合点就在于绿色减贫，绿色减贫成为深化国际减贫合作与交流的有效方式。在与"一带一路"沿线国家、金砖国家以及其他发展中国家、欠发达地区进行国际合作和交流时，绿色减贫理念能很好地彰显中国负责任的大国形象。

（二）新时代绿色减贫：迫切需要解决的几个核心问题

随着我国绝对贫困问题的逐步解决，我国贫困问题会进入新的发展阶段、迎来新的历史挑战，相应的扶贫减贫的重点也将发生变化。步入中国特色社会主义新时代，我国社会主要矛盾已经转化为人民日益增长的美好生活需要和不平衡不充分的发展之间的矛盾。绿色减贫作为全面贯彻绿色发展理念、提升贫困群体对美好生活满足感的主要途径，已然成为贫困地区化解社会主要矛盾的重要选择，未来绿色减贫仍要重点解决以下核心问题。

第一，形成可持续发展的绿色减贫理念。国家正在实施和推行的新发展理念为绿色减贫理念奠定了重要基础，建议未来在现有基础上进一步提升绿色减贫的标准和要求，加强贫困地区的生态环境可持续发展能力建设，激发贫困地区内生发展活力和长效性；以相对贫困为侧重点，提升扶贫内容的质量，重点提升欠发展地区的资源转化效率；继续以居民生活水平的整体提升为目标，加强社会保障体制的支撑能力。

第二，构建绿色减贫的制度框架。从顶层设计层面确定未来绿色减贫的总体方向、发展目标与政策框架，尤其是针对贫困地区丰富的生态环境资源制定倾斜性的优惠政策。通过合理的制度安排和全面的保障体系，鼓励和吸引政策、资本、人力向绿色减贫方面集中，推动绿色减贫发展模式的创新。

第三，建立绿色减贫的考核机制。对于绿色减贫的实施情况和实施效果，需要建立长期有效的绿色减贫考核机制，对贫困地区绿色减贫的成效进行定期动态性的考核，实时性地根据考核结果实施奖惩制度。考核机制需要考量生态环境承载力和贫困人口扶贫情况，同时也应该对贫困地区发展潜力进行考核，避免地方政府为了做出成绩而又走短期发展的老路，努力提升脱贫质量。

第四，完善绿色减贫评估的指标体系。根据中国整体的贫困情况、分布以及与生态环境的发展融合度，进一步完善绿色减贫指标体系的内容，对于部分贡献率降低的指标可以逐渐剔除，而对于一些新出现的、对贫困影响力较大的指标予以纳入，形成动态发展的绿色减贫指标体系。同时，也可以根据地区发展特点和差异性，对不同地区的贫困影响因子进行权衡和分析，形成差异性的、具有地区特征的绿色减贫指标体系。

（三）绿色减贫的内涵与外延

绿色减贫理念作为新时代极具中国特色的减贫发展理念，具有丰富的科学内涵和外延。因其兼具"绿色"和"减贫"两个概念，可以有两种理解：一是通过绿色的途径和手段实现减贫，绿色是工具，减贫是目的；二是在减贫中实现人与自然的可持续发展，减贫是过程，绿色是目的。无论是哪一种解释都时刻警醒着我们绿色与减贫二者之间有着相互依存、和谐共生的关系。因此，在减贫过程中要以绿色发展为诉求，在绿色发展中要实现贫困地区、贫困人口的共同发展。

1. 绿色减贫的内涵

绿色减贫的基本概念可以概括为通过可持续的、以环境保护为导向的促进贫困地区扶贫减贫的理念和行动。从概念中可以延伸出绿色减贫的两层含义：第一，绿色减贫是以环境保护为重要考虑因素的减贫理念，在实施过程中需要充分考虑贫困地区的生态环境承载力和受污染情况，兼顾贫困人口扶贫脱贫与生态环境协同发展；第二，在绿色减贫行动实施中，尽可能地通过一种可持续、可循环的方式达到贫困人口扶贫脱贫目标，在行动中更侧重方式的绿色化和效益的长期化。

从绿色减贫的基本概念出发，其核心内涵主要有两个方面：第一，绿色减贫以生态环境承载能力为考量条件，把贫困地区自然生态的长期发展作为一项主要内容；第二，绿色减贫在实施过程中，以挖掘贫困地区自身资源为主导，有效转化贫困地区自身资源价值，形成以生态、农业等为依托的绿色产业发展模式，最终转化为经济价值，带动贫困地区彻底脱贫。

2. 绿色减贫的外延

基于绿色减贫的内涵以及现有实践，以环境和贫困人口的生计为尺度，我们认为绿色减贫的外延应该包括以下四个内容：第一，绿色产业发展，以提升贫困人口可持续的生计水平和能力为导向，在环境可承载范围内发展各类产业；第二，生态保护与补偿，以环境保护为导向，兼顾贫困人口生计和可持续发展的相关减贫政策和手段，重点是生态补偿以及贫困人口参与生态工程获得的相关报酬；第三，生态扶贫搬迁，即因为环境和生态保护开展的搬迁工程，另选他址开展后续的扶持工作；第四，绿色资源开发，即对贫困地区绿色资源进行开发，以资产收益模式进行利润分配的减贫模式（表1-1）。

表 1-1　绿色减贫的外延

类　型	主要内容
绿色产业发展	以种养殖业为主，依据资源禀赋形成的现代化绿色产业，包括：绿色农业、生态观光农业、生态旅游、乡村旅游（旅游扶贫）、田园综合体、休闲农业、绿色生态种养业、经济林产业、林下经济、森林草原旅游等绿色产业
生态保护与补偿	对因环境保护丧失发展机会的区域内居民直接进行的补偿，包括：退耕还林、退耕还草、森林生态效益补偿、湿地补偿等
	参与生态治理工程获取的带有补偿性质的劳务报酬，主要有以工代赈、公益性岗位等形式
生态扶贫搬迁	因为生态原因而实施的搬迁工程，主要包括生态移民搬迁、易地扶贫搬迁、环境移民、生态工程移民等
绿色资源开发	对贫困地区绿色资源开发，以资产收益模式进行利润分配的减贫模式，主要有光伏扶贫，风能、水能、生物能等资源开发

（1）绿色产业发展

绿色产业发展是指贫困地区依据自身的自然资源条件有序地发展适宜本地产业经济、有序地承接发达地区转移的产业，摒弃原有的"先污染后治理"的粗放式发展模式，现已形成了绿色农业、旅游扶贫、绿色生态种养业、经济林产业、林下经济、森林草原旅游、休闲农业等多种模式，实现生态资源开发、环境保护以及农民增收的共赢。

绿色产业的一个显著特点是融合了第一、二、三产业，以传统的农、林、牧、渔业为主体，借助先进的、现代化的、市场化的工业设备和管理方式，通过"互联网＋"、大数据平台等，构建了农工商、产加销、贸工农、运建服一体化的产业链条，实现了贫困地区"不污染、不浪费、不高耗"的绿色发展，制造出了"绿色 GDP"。

（2）生态保护与补偿

绿色减贫理念下的"生态保护与补偿"主要是直接性的生态补偿和间接性的补偿激励性政策。具体来看：一是对因环境保护丧失发展机会的区域内的居民进行直接性的资金、技术、实物上的补偿，如退耕还林还草补偿、森林生态效益补偿、草原生态保护补助奖励、耕地轮作休耕生态补偿、湿地生态效益补偿等具有直接性补偿性质的政策；二是间接性的补偿激励政策，如由政府投资建设基础设施工程特别是生态治理工程或提供公益性岗位，受赈济者参加工程建设或从事公益岗位以获得一定劳务报酬，取代直接的救济补偿。

（3）生态扶贫搬迁

生态扶贫搬迁是升级版的易地扶贫搬迁，是出于生态和环境原因另选他址进行后续扶持的搬迁，是 2020 年后不再局限于"一方水土养活不了一方人"的理念，而是借鉴当前易地搬迁政策进行的生态扶贫搬迁。我们认为，生态扶贫搬迁是解决生态脆弱地区人口压力和贫困的有效途径。对于生态环境脆弱、交通不便的地方，过度的人口压力是导致生态环境恶化和贫困的主要原因，实施生态扶贫搬迁，有利于减轻人口资源压力，实现生态环境保护和扶贫的双重目标。同时，在整村或整乡（镇）搬迁的地区，搬迁以后的土地被转化为生态建设用地，用于环境保护；在非整村或整乡（镇）搬迁的地区，人口的搬迁缓解了原有的环境压力，增加了原住地居民可利用的资源；在生态脆弱的贫困地区，生态扶贫搬迁对于迁出区的环境改善有着不可替代的作用。

（4）绿色资源开发

绿色资源开发主要是针对贫困地区特有的绿色资源进行整合开发，将细碎、分散、沉睡的各种资源要素转化为资产。贫困地区一般都是我国资源富集区，有着丰富的太阳能、水能、风能、地热能、生物能等资源。基于这些资源，以严格保护生态环境为前提，广泛鼓励全社会积极进行科技研发、资产入股，充分挖掘绿色资源潜力，探索建立集体股权参与项目分红的资产收益扶贫长效机制，不断创新贫困地区绿色资源开发模式，提升绿色资源的价值，走出一条资源开发与脱贫攻坚有机结合的新路子，实现贫困人口共享资源开发成果。

二、"两山"理论与绿色减贫思想 [①]

党的十九大报告把生态文明建设提升到"五位一体"总体布局的战略高度，绿色发展作为新发展理念中五大发展理念之一，构成未来中国实现美丽中国梦的重要保证，如何在绿色发展的框架下实现 2020 年扶贫攻坚和全面小康的宏伟目标，是摆在各级政府和全社会面前的一项艰巨任务，而要保质保量完成这一任务，可以说作为"五个一批"中的绿色生态减贫就是一条有效的路径。

中华人民共和国成立 70 年，改革开放 40 年来，中国在谋求发展、消除贫困方面取得了显著的成绩，但国内贫困现象依然存在，按现有贫困标准，我国尚有 400 多个贫困县、2 万多个贫困村、1660 万人的贫困群体，而这些贫困群体大多分布在"三区三州"等老少边穷深度贫困地区、生态脆弱地区，如何摆脱贫困、实现小康仍然是目前亟待解决的问题。

可以说，在当今世界推动和践行可持续发展战略大潮中，为实现联合国 2030 年全球可持续发展战略目标，在构建生态文明实现绿色

---

① 本部分作者为北京大学贫困地区发展研究院、光华管理学院雷明教授。

发展的框架下制定绿色生态减贫战略，是突破现实扶贫减贫"瓶颈"，实现广大贫困地区和贫困群体可持续性脱贫走上可持续发展之路的关键。一方面，暂时缓解收入上的贫困并不能称为真正意义上的减贫，必须关注人类的长期发展问题，以防止贫困人口脱贫后重新返贫，同时尽量减小非贫困人口陷入贫困的风险；另一方面，消除贫困的目标不是孤立的，而应当有机融合于我国社会经济发展的总体目标之中，与保护资源和生态环境、促进社会稳定发展、加速经济增长等目标紧密联系，形成一种相互促进的良性循环机制，这样才有助于每个目标的最终实现。

（一）绿色生态减贫内涵

全面实现小康，需要补齐的两个短板就是脱贫和环保。绿色生态减贫恰好把国家这两项重点工作有效结合起来。要真正理解绿色生态减贫的内涵，就要抓住两个关键——一是生态，二是扶贫。生态是什么？生态就是我们身边的大气、水、土壤等各种资源并由其组合而成的人类生存环境，从物理学上讲，是自然界，是我们的栖息之地；从经济学上讲，是我们所拥有的自然资源和资产，是我们发展之承载平台。而扶贫则是对贫困群体的帮助，使他们能够提高收入，改变生活状态，摆脱贫困，过上有尊严的生活。绿色生态减贫的内涵既不是生态和扶贫两个概念的简单叠加，更不是人为割裂的两个部分，它应该是二者的有机组合，两位一体的有机统一体。

按照经济学的解释，所谓资源就是对人类发展有价值的要素，所谓资本就是能够实现价值并创造价值的资源。各种资源只有转化为资本，才能对人类社会经济的发展产生促进作用。

从资本的角度，所有人类社会的发展和财富价值创造都可以看作由四类资本决定的，第一是物质资本，包括厂房机器、现金及运输工具等人造资本；第二是自然资本，包括矿产、森林、土地、水及大气等；第三是人力资本，包括人的素质各方面，如体能、知识和技术等；第四是社会资本，包括经济体制、社会制度、民俗、文化等。这里，自然资本是基础，社会资本是保障，物质资本是实现，人力资本是动力。现实中，这四类资本之间存在着动态的互补性和替代性，所谓互补性是指在人类社会的发展和财富价值创造中，四类资本相互补充，共同发挥作用；所谓替代性是指在人类社会的发展和财富价值创造中，四类资本在一定程度上是可以相互替代的，比如先进的经济体制、社会制度可以在一定程度上弥补物质资本乃至人力资本的短缺，实现人类社会的发展和财富价值创造，又如丰富的人力资本可以在一定程度上弥补自然资本和物质资本的不足，同样实现人类社会的发展和财富价值创造。当然，这种替代是有限度的，尽管不同类别的资本替代限度可能会有所不同，而且随着时间的推移，这种替代限度也会发生改变，但任何一类资本都不可能完全取代另外类别的资本。纵观人类发展历史，人类社会的发展和财富价值创造可以说都是在四大类资本动态互补和替代交替下螺旋式上升实现的。当然，这一过程的启动，可能不一定是从所有四大类资本同时切入，很多情况下只由一种或几种率先发挥作用，如体现生产力的物质资本（技术资本、货币资本等）和人力资本等，体现生产关系的社会资本（制度资本、体制资本和文化资本等）。

相应地，一个国家或地区所拥有的实际财富是由四大财富构成的：一是物质财富或通常所说的经济财富，包括满足人类生产生活需要的各种物资资料等；二是自然财富，包括构成人类生存环境和生存空间的自然生态等；三是人力资本财富，包括人本身所拥有的体能、思想、知识、经验、技术和技能等；四是社会财富，包括精神、文化、体制和制度等。现实中，这四类财富之间存在互补性，它们共同决定着财富水平。一个国家或地区财富的真正增长、实力的增加，应体现在四类财富所构成的总财富的增长和增加，而不应仅仅以某一类或几类财富增加说成或取代整个财富的增加。虽然四类财富之间存在着替代性，但这种替代性也是有限度的，当一类财富的取得或增加是以其他财富减值为代价，不仅总财富的增加是不现实的，而且这种财富本身的增加也是不可持续的。

党的十九大报告指出，必须树立和践行"绿水青山就是金山银山"的理念。绿色生态减贫体现了必须坚守发展和生态两条底线，牢固树立"既要金山银山又要绿水青山""绿水青山就是金山银山"的理念，保持战略定力，坚持既要"赶"又要"转"的方略，统筹推进精准扶贫与同步实现小康工作，在发展中保护，在保护中发展，进一步深化农村改革，创新理念、创新思路、创新举措，努力促进农业增效、农民增收、农村发展，加快推进百姓富、生态美的绿色小康建设。

就目前而言，绿色生态减贫模式有原地绿色生态减贫和易地绿色生态减贫两类。原地绿色生态减贫是针对位于农牧业生产条件较好或区位条件较好（如地区经济中心郊区）地区的贫困人口和少数民族地区因文化、教育等差异难以移出的贫困人口实施的扶贫开发模式。这种模式有两大特点：一是针对当地的特点，发展生态高效农业、中医药产业等特色产业；二是利用贫困地区自然景观保存完整，民族文化和人文文化资源丰富的优势，打造特色旅游产业，进而提升生态农业生产效益，促进农民增收。易地绿色生态减贫模式主要以水源涵养林区、省级以上自然保护区、风沙及荒漠化威胁严重、生态环境脆弱、重要生态功能地域等区域为重点，通过推进生态移民范围、加大补助力度，以及对处于地质灾害频发地区的贫困劳动力人口，积极探索实施和支持劳务移民，形成在就业地落户安家这样一种绿色生态减贫模式。

绿色生态减贫既不同于早先我们所说的单纯保护生态环境下的扶贫，更不同于单纯的资源开发式扶贫，它是将生态保护和资源利用、开发扶贫、经济发展有机统一在一起的一个概念；它是将资源资产—资本—财富有机统一在一起，通过有效转换实现资源资产变资本，资本变财富，最终实现扶贫目的的一个概念；它是通过资源资产到资本再到财富的价值确认—实现—保值升值进而实现减贫目标的一个概念；它是有别于传统单纯性开发式扶贫中基于增量收益扶贫的做法，更加强调资产性收益，强调增量收益与存量收益并重扶贫的一种方法。

（二）绿色生态减贫的思想基础

绿色生态减贫的思想基础源自可持续减贫、绿色发展、科学发展，更来自"绿水青山就是金山银山"的"两山"理论。

习近平总书记 2015 年 6 月在贵州考察时强调，要守住发展和生态两条底线。早在 2005 年 8 月，时任浙江省委书记的习近平到浙江湖州安吉县余村考察时，得知村里为了还一片绿水青山而关停所有矿区时，习近平给予了高度评价："当鱼和熊掌不能兼得的时候，要学会放弃，要知道选择，发展有多种多样，要走可持续发展的道路"，并提出"绿水青山就是金山银山"的重要思想。2013 年 9 月 7 日，习近平总书记在哈萨克斯坦纳扎尔巴耶夫大学发表演讲并回答学生提出的问题，在谈到环境保护问题时进一步指出："我们既要绿水青山，也要金山银山。宁要绿水青山，不要金山银山，而且绿水青山就是金山银山。"

"绿水青山就是金山银山"系列表述，其实质就是"减贫富民强国、构筑美丽中国梦"的一种形象化表达，是"社会主义生态文明观"的一种形象化表达，也是当下治国理政核心理念的一种形象化表达，它所强调的是通过大力推进"社会主义生态文明"建设，就是要在逐渐解决目前所面临的严峻生态环境难题的同时，找到一条减贫富民，通向中国特色社会主义的人与自然、社会与自然关系，实现减贫富民强国、美丽中国伟大梦想的新型现实道路。

绿色生态减贫强调了"两山"理论中的"既要绿水青山又要金山银山"中的"既要又要"，更强调了"两山"理论中"绿水青山就是金山银山"中的"就是"理念。扶贫减贫，既强调生态开发利用，更强调生态保护，它将生态保护中所强调的代际公平与扶贫减贫中所强调的代内公平有机地统一在了一起。

绿色生态减贫把守住"两条底线"作为总纲，时刻绷紧环境保护这根弦，坚持生态文明先行；坚持把加快发展作为解决贫困问题的关键，努力保持适度较快的发展速度，不断缩小发展差距。

（三）绿色生态减贫之实现

如何实现绿色生态减贫，其根本的方法就是要走可持续发展的道路，坚守"绿水青山就是金山银山"理念，守住"发展"和"生态"这两条底线。具体来说：一是不仅要帮助广大贫困群体形成造血机制，而且要形成好的造血机制，形成良性可持续的造血机制；二是要勇于、善于、专于、精于资源向资本和财富的转换，打造切实可行的自然资源向资本和财富的绿色转化机制，因地制宜地将青山绿水转化为绿色的金山银山，实现可持续减贫和绿色发展的共赢。只有将资源变为资本，用资本创造出财富，才是减贫富民的根本之路。

"绿水青山就是金山银山"中"两山"理论的根本要义正在于此，在于守住两条底线，在于树立底线思维。因此说，减贫发展和生态保护是须臾不能松劲的两件大事，目前减贫发展工作中正确处理好减贫发展和生态保护关系至关重要。

发展是解决中国所有问题的总钥匙，是减贫富民的关键。不发展，就业和收入就上不去，广大贫困群体就无法从根本上摆脱贫困，深化改革、调整结构就缺乏力度，社会稳定就可能出状况。可持续减贫富民的目标就无法实现。怎么发展，从根本上就是一句老话——靠山吃山，靠水吃水。其关键在于怎么吃，是饥不择食，暴殄天物，还是精打细算，细水长流，是简单粗暴还是科学合理，这就要在转换思维，在创新机制方面狠下功夫。比如通过"空间置换""腾笼换鸟"方式，大力开展生态旅游，余村"由卖石头（矿藏）转化为卖风景（景观）"的做法就非常值得借鉴。

生态底线同样重要，"良好生态环境是最公平的公共产品，是最普惠的民生福祉"。当前，特别是广大贫困地区，环境承载能力已经达到或接近临界点，生态环境状况好坏关系到社会安定与否，不容小觑。如何保护，从根本上还是一句老话——留得青山在，不怕没柴烧。绿水青山是很多贫困地区人们的安家立命之本，没有了绿水青山，不要说金山银山，就是连吃饭的饭碗都没了。可以说，留住了绿水青山就是留住了生存的本钱，留住了希望。因此，绿水青山就是金山银山，绿色既是理念又是举措，"以空间换时间"，切实防止走粗放增长老路、越过生态底线竭泽而渔。

正确处理好发展与生态的关系，关键要充分认识到"要正确处理好经济发展同生态环境保护的关系，牢固树立保护生态环境就是保护生产力、改善生态环境就是发展生产力的理念"。通过科学布局生产空间、生活空间、生态空间，扎实推进生态环境保护，以更大的智慧和勇气推进经济向绿色转型，加快使已经定好的绿色化政策措施及相关项目落地，借助"互联网＋""生态＋"的翅膀，通过不断发展新业态，保持住"绿水青山"不变色，创造出无限的"绿色金山银山"。变卖石头（矿藏）为卖风景（景观），卖资源为卖景观，卖产品为卖空气，卖物资为卖文化，实现"看看（旅游）都卖钱（观光吃住行）""闻闻（新鲜空气）都卖钱（洗肺氧吧引起的相关消费支出）""试试（体验）都卖钱（相关花费吃住行）""想想（乡愁）都卖钱（相关文化产品消费支出"，把"绿色生态化"作为减贫发展新动力和发展新出路，让良好生态环境成为富民强国的增长点。

具体来说，绿色生态减贫应该重点解决经济发展模式、生态发展模式、社会发展模式、人的行为模式四方面的问题，经济发展、生态发展、社会发展和人的行为都必须同时实现生态转型；经济社会发展要与环境耗减和退化脱钩，四者互利共生；建立现代的生态经济模式，最终解决贫困农民的温饱问题。

（四）绿色生态减贫机制构建

健全的制度是稳步推进绿色生态减贫的保障。这就需要我们从坚持绿色生态减贫精细管理、严肃扶贫绩效考核做起，把创新机制作为绿色生态减贫的根本举措，建立健全绿色生态减贫机制。通过政策、机制、体制的改革创新来激活各类扶贫资源要素，解放和发展生产力，不断提高绿色生态减贫质量和效益。因此，建立健全绿色生态减贫机制，具体来说，就是要按照"准、精、实、效"的原则，持续开展绿色生态减贫、生态脱贫。

1. 就原地绿色生态减贫而言

（1）持续探索生态产业扶贫长效机制，精心组织实施生态产业扶贫。对有发展条件的项目要进行鼓励和支持，要拿出专项扶贫资金，培育主导产品，提高特色产业开发效益。

（2）构建生态产业扶贫稳定利益共享机制。进一步推进农村产权制度改革，激活资产要素。通过盘活承包农地林地、宅基地、房产以及集体资产股份等提高农村贫困家庭和个体财产性收入。

（3）构建生态产业扶贫风险共担机制。生态产业扶贫中，存在缺资金、缺技术、缺品牌、缺产业链等难题。如何有效防控风险，让脱贫更加精准高效，需要在贫困户、企业、农场等各主体间，建立一套稳定持久的利益联结机制。

（4）建立健全绿色生态减贫的有效投入机制。引导行业绿色生态减贫。加大金融资金向绿色生态减贫倾斜，以政府为引导，积极整合农业、林业、交通、水利、教育、卫生以及文广等部门的涉农资金，集中投入实施水、电、路、宽带、环境改善等工程，改善贫困群众的生产生活条件。

（5）建立绿色生态减贫资金有效使用机制。绿色生态减贫扶持经费要专款专用、直接透明。政府要加强对捐款经费的监管，不仅要向捐款人列明款项使用情况，而且要对捐款使用情况定期进行公示，接受群众的监督。

（6）完善绿色金融扶贫机制，积极发展绿色普惠金融。将绿色金融服务和职业培训拓展到贫困地区和社会低收入人群，引导更多金融资源流向农村和贫困地区，不断提高贫困人口对绿色金融服务的可获得性。

2. 就易地绿色生态减贫而言

（1）创新生态移民扶贫机制，大力实施生态移民搬迁扶贫。这就要确保"搬得出、稳得住、能就业、有保障"，精准确定搬迁对象。实施整村搬迁的要求为贫困村中贫困人口比例高、生存条件恶劣的自然寨和村民小组；"插花搬迁"的必须为建档立卡的贫困户。

（2）建立生态移民资金筹措机制。应从省级层面加强项目资金整合，制定资金整合指导目录，出台具体办法，强化资金整合的制度保障，形成"多个渠道进水，一个池子蓄水、一个龙头放水"的资金筹集和管理机制。建立扶贫生态移民工程专项扶持资金。

（3）建立有效的生态移民协调机制。尊重群众意愿，对生态移民搬迁群众要加强后期扶持。在加大政策宣传和积极引导的基础上，尊重群众的搬迁意愿，不能让确实不愿意进城的农民"被进城"。鼓励移民安置点周边企业优先吸纳扶贫生态移民群众就业，给予一定的税费减免。通过一系列措施加大对移民群众的扶持力度，使移民真正实现"搬得出、留得住、能就业、有保障"。

3. 其他

（1）探索绿色生态减贫分类长效实施的保障机制。扎实推进生态教育扶贫。持续优化教育资源布局，完善教育设施设备的同时，加大教育资助力度，完善因学致贫救助长效机制；深入开展医疗卫生扶贫，持续改善医疗卫生条件，完善医疗救助长效机制；精准开展助残扶贫，完善因残致贫救助长效机制；对因灾致死致贫的建卡贫困户，持续开展减灾救灾扶贫，完善因灾致贫救助长效机制。

（2）建立有效的绿色生态减贫社会力量参与机制，组织动员社会力量参与绿色生态减贫。开展村企结对共建活动，拓宽社会扶贫筹资渠道。继续探索干部帮扶长效机制，坚持"联乡帮村包户"四项制度，即区级领导联系贫困村制度、区级扶贫集团定点帮扶制度、派驻贫困村驻村工作队制度、干部结对帮扶贫困户制度。

（3）建立部门信息交换共享机制和公开发布机制。对绿色生态减贫中贫困人口生产生活改善、参与增收项目、务工创业、得到扶持帮扶等信息建立台账，实时更新信息，实行动态管理，进一步完善绿色生态减贫信息管理系统。坚持公开公示制度，对绿色生态减贫对象、扶贫项目、扶贫政策进行全程公示，接受社会监督。建立绿色生态减贫开发信息公开发布机制，接受扶贫对象监督。

（4）完善绿色生态减贫退出机制和返贫预防机制，杜绝"争戴穷帽"等现象。对于贫困区县、贫困村、贫困户脱贫摘帽，需要完善生态贫困退出机制，严格考核评估的指标和程序。加强对贫困状况、变化趋势和绿色生态减贫成效的监测评估，对贫困户的统计监测实行年度动态管理，对贫困村、贫困县的绿色生态减贫监测结果进行评估，达到脱贫标准的，按照相关程序办理退出手续。同时，利用各种保险工具帮助贫困家庭和个体规避返贫风险。综合利用公共保障体系、社会互助、市场保险产品等工具，探索建立返贫的预防机制。

（五）绿色生态减贫组织保障

充分发挥组织优势，全力推进保障绿色生态减贫是绿色生态减贫的一项重要工作。需要进一步解放思想、更新观念，按照新思路，建立片为重点、工作到村、扶贫到户的工作新机制，推动绿色生态减贫开发事业在新的历史起点上创新发展。

1. 加强绿色生态减贫基层组织建设

要把开展绿色生态减贫工作与加强基层组织建设有机结合起来，

实现绿色生态减贫发展与基层组织转化升级同步推进、互相促进。加强绿色生态减贫服务型党组织建设，选优配强村级绿色生态减贫领导班子，夯实村级基层基础。为落实"绿色生态减贫"战略布局，深入推进"绿色生态减贫"工程，以良好的作风推动绿色生态减贫攻坚工作，打牢扶贫攻坚同步全面小康的组织基础，必须着力加强村级基层组织建设：一是配强村级班子，二是落实村级工作责任，三是健全工作制度。

2. 明确绿色生态减贫工作职责

贫困地区县级党委和政府要对本县绿色生态减贫工作负全部责任，把绿色生态减贫开发工作列入重要议事日程，树立"一盘棋"的思想，科学组织制定发展规划，加强工作协调和资源整合。要严格按照绿色生态减贫专项资金规定额度进行匹配投入，集中使用，确保把绿色生态减贫开发任务和各项政策落到实处。

3. 完善绿色生态减贫工作机制

结合实际，因地制宜。在做好贫困村识别工作的基础上，根据绿色生态减贫规划和贫困村的数量及特点，分期分批选派机关干部组成驻村工作队，开展定点驻村绿色生态减贫，建立完善激励约束机制，实现驻村帮扶长期化、常态化、制度化。建立长效绿色生态减贫机制，共同构建保生存、促发展的农村社会"安全网"。

4. 完善教育培训制度

一方面，强化提升专职绿色生态减贫工作人员的业务培训；另一方面，建立健全全体党员干部绿色生态减贫培训，将绿色生态减贫工作纳入各级党校（行政学院）等主体班次的培训内容，纳入公务员初任培训、领导干部提职培训，特别是各级地方和部门党政一把手的任职培训中。结合贫困地区绿色生态减贫需求，采取专题培训、外出考察、现场培训等方式，有针对性地加强专项培训，着力提升绿色生态减贫专业化能力。

5．完善绿色生态减贫考核机制

一是明确考核重点，完善对市（地）党政领导干部和重点县绿色生态减贫开发工作考核激励机制，建立绿色生态减贫开发效果评估体系。绿色生态减贫考核工作分为各级政府绿色生态减贫工作考核和部门绿色生态减贫工作考核，特别是要研究建立重点县退出机制。二是实行联动考核，将重点县及所在市（地）的绿色生态减贫工作指标完成情况作为党政领导班子和领导干部政绩考核的重要内容，作为衡量政绩的重要标准。

6．加大宣传力度，为做好"绿色生态减贫"营造良好氛围

充分利用媒体等宣传媒介，宣传推广"绿色生态减贫"的先进经验，并通过会议动员、入户引导、参观学习等形式宣传政策，着力营造凝聚人心、鼓舞干劲、奋发有为的浓厚工作氛围。

三、党的十八大以来：中国绿色减贫实践探索

党的十八大以来，我国在实施精准扶贫精准脱贫过程中，中央及各部门、各行业围绕绿色减贫相继出台了一系列政策措施，因地制宜探索出各式各样的绿色减贫实践，取得了显著的减贫成效。2015 年 11 月，中共中央政治局审议通过的《中共中央 国务院关于打赢脱贫攻坚战的决定》，明确提出"坚持保护生态，实现绿色发展"的脱贫原则，要求"牢固树立绿水青山就是金山银山的理念，把生态保护放在优先位置，扶贫开发不能以牺牲生态为代价，探索生态脱贫新路子，让贫

困人口从生态建设与修复中得到更多实惠"，进一步推动了中国绿色减贫的政策制度建设和实践发展。

当前，我国绿色减贫理念融合绿色增长理论及贫困研究理论，推动了一系列绿色减贫政策制度的形成和完善，形成了生态保护与补偿、绿色产业、易地扶贫搬迁、环境资源开发等实践模式。在近些年的实践中，相关部委也出台了一些有效的政策以推动绿色发展与减贫，相关政策见表 1-2。

表 1-2　绿色减贫政策体系

政策类型	政策形式或内容
生态保护与补偿	国家和地方公益林补偿标准动态调整机制、草原生态保护补助奖励政策、退牧还草工程补偿、退耕还林还草还湿补偿政策、湿地生态效益补偿政策、耕地轮作休耕生态补偿政策、沙化土地封禁保护补偿、捕捞渔民转产转业补助政策、海洋生态保护补偿政策、水源生态保护补偿政策、禁止开发区域的生态保护补偿政策、草原管护公益岗、生态护林员公益岗、生态工程建设补偿、以工代赈政策等
绿色产业	绿色农业、生态观光农业、生态旅游、乡村旅游、田园综合体、休闲农业、绿色生态种养业、经济林产业、林下经济、森林草原旅游等绿色产业政策
易地扶贫搬迁	生态移民搬迁、环境移民、生态工程移民等
环境资源开发	光伏、风能、水能等资源开发

（一）生态保护与补偿政策：政策框架基本形成

1. 生态补偿类政策不断完善

生态补偿类政策主要包括国家有关耕地、森林、湿地、海洋保护等方面的补偿政策，如退耕还林还草还湿、退牧还草、公益林补偿等。国家自 20 世纪末启动退耕还草还林工程，是首次大规模带补偿措施的生态工程，旨在从保护和改善生态环境出发，有计划、有步骤地停止耕种一些粮食产量低、水土流失严重的沙化耕地和坡耕地，并按照适地适树的原则，因地制宜地植树造林，恢复森林植被，同时向退耕户提供粮食补助，安排好群众的生产生活。随后，国家相继出台有关森林、湿地、海洋保护等方面的补偿政策，并不断提高生态补偿标准，切实保护生态资源，维护国家生态安全。

经过近几年的探索和实施，生态补偿相关制度框架已基本建立，2016 年《国务院办公厅关于健全生态保护补偿机制的意见》对于生态补偿的重点领域和主要体制机制作了总体设计。从近 10 年的实践来看，生态补偿类政策主要在以下三个方面进行了完善和探索：

第一，财政支持力度不断加大，补助标准逐年提高。2012 年，修订的《中华人民共和国农业法》专门设置农业资源与农业环境保护章，对种植业、林业、畜牧业和渔业等农业资源利用和保护的法律责任及有关补助进行了系统性的总体规范，提出对在批准规划范围内实施退耕的农民，按照国家规定予以补助。2014—2016 年，中央财政累计安排 165 亿元（不含基本建设支出），支持实施新一轮退耕还林还草 3010 万亩。其中，2016 年安排 90 亿元，新增任务 1510 万亩，补助标准从每亩 800 元提高到 1000 元。2017 年，中央财政共计安排 211 亿元（其中，安排中央本级 3 亿元，补助地方 208 亿元，不包括中央基建投资），用于完善退耕还林政策 119 亿元，新一轮退耕还林还草 92 亿元，并进一步提高退耕还林补助标准，将种苗造林费（中央基建投资）从每亩 300 元提高到 400 元，国家及公益林补偿标准达到 10 元 / 亩。

第二，建立了相应的激励、考核、奖励制度，并向西部贫困地区倾斜。2016 年，中央财政通过林业补助向地方拨付资金 5.04 亿元，支持湿地生态效益补偿和退耕还湿政策的实施，同时，国家开始在内蒙古、四川、云南、西藏、甘肃、宁夏、青海、新疆 8 个省（区）和新疆生产建设兵团实施禁牧补助、草畜平衡奖励和绩效评价奖励；在河北、山西、辽宁、吉林、黑龙江 5 个省和黑龙江省农垦总局实施"一揽子"政策和绩效评价奖励。同时，新一轮退耕还林任务重点向西部地区倾斜，其中 2016 年，我国西部 12 个省区（含新疆生产建设兵团）共完成退耕地造林 49.9 万公顷，占全部退耕地造林的 89.3%。

第三，统筹山水林田湖草系统治理，生态补偿类型不断完善。在 2018 年初颁布的《中共中央 国务院关于实施乡村振兴战略的意见》中，国家进一步提出统筹山水林田湖草系统治理以及建立市场化、多元化生态补偿机制。其中，就包括扩大退耕还林还草、退牧还草，建立成果巩固长效机制，继续实施三北防护林体系建设等林业重点工程，实施森林质量精准提升工程，继续实施草原生态保护补助奖励政策，完善生态保护成效与资金分配挂钩的激励约束机制，鼓励地方在重点生态区位推行商品林赎买制度，探索建立生态产品购买、森林碳汇等市场化补偿制度，建立长江流域重点水域禁捕补偿制度，等等。这些政策将更加有利于建设和维护农村良好生态环境，推动乡村自然资本加快增值，实现百姓富、生态美的统一。

2. 以工代赈、公益岗位等间接性生态工程补偿政策稳步实施

除直接性的生态保护补偿政策以外，国家还通过以工代赈、公益岗位等政策，鼓励项目区农民参与生态工程建设或保护，向贫困人口倾斜，优先保障其获得一定的劳务报酬，取代直接性的救济补偿，从而增加贫困人口收入，进一步提升贫困人口的可持续发展能力。

第一，以工代赈、公益性岗位等间接性生态工程对贫困人口脱贫有一定的促进作用。以工代赈是我国较早实施的一项专门性减贫政策，主要是国家安排以工代赈投入农村中小型基础设施建设，受赈济者参加工程建设获得劳务报酬，以此取代直接赈济。从 1984 年开始，国家先后实施了 6 批规模较大的以工代赈计划，其中就包括江河治理以工代赈、国营贫困农场以工代赈等兼顾生态建设方面的激励政策。2017 年，国家进一步出台以工代赈管理规定，明确指出现阶段，以工代赈是一项农村扶贫政策，当地贫困农民参加工程建设，获得劳务报酬，直接增加收入。重点投向集中连片特殊困难地区，兼顾集中连片特困地区之外的国家扶贫开发工作重点县和国家明确的其他贫困地区，并向革命老区、少数民族地区、边疆地区倾斜；重点建设与贫困地区经济发展和农民脱贫致富相关的农村中小型基础设施，包括基本农田、农田水利、乡村道路（含独立桥涵）、草场建设、小流域治理、片区综合开发等，依靠项目所在地的农民建设，结合当地农民务工收入水平确定并支付劳务报酬。同时，在《中共中央 国务院关于实施乡村振兴战略的意见》中，国家继续提出推行生态建设和保护以工代赈的做法，继续提供更多生态公益岗位，提供多元化的生态补偿机制，进一步推进乡村绿色发展，打造人与自然和谐共生发展新格局。

第二，开展生态补偿综合试点，创新资金使用方式。2016 年，出台《国务院办公厅关于健全生态保护补偿机制的意见》，提出利用生态保护补偿和生态保护工程资金使当地有劳动能力的部分贫困人口转为生态保护人员。对在贫困地区开发水电、矿产资源占用集体土地的，试行给原住居民集体股权方式进行补偿。同时，健全生态保护市场体系，完善生态产品价格形成机制，使保护者通过生态产品的交易获得收益，发挥市场机制促进生态保护的积极作用。2018 年 1 月，国家发展改革委、国家林业局、财政部、水利部、农业部、国务院扶贫办共同制定的《生态扶贫工作方案》中，也提出通过参与工程建设获取劳务报酬。推广扶贫攻坚造林专业合作社、村民自建等模式，采取以工代赈等方式，组织贫困人口参与生态工程建设，提高贫困人口参与度，并通过生态公益性岗位得到稳定的工资性收入，支持在贫困县设立生态管护员工作岗位，让符合岗位要求的贫困人口参加生态管护工作，实现家门口脱贫，在加强贫困地区生态保护的同时，精准带动贫困人口稳定增收脱贫。

（二）绿色产业政策：形成了绿色农业和旅游扶贫两类主要模式

我国在正式启动农村扶贫开发进程的 40 多年来，产业扶贫的形式和内容不断发展创新，产生了高效设施农业、绿色农业、功能农业等新兴农业产业形式以及乡村旅游、消费农业等新型服务产业形态，旨在充分挖掘本地资源，实现农业高附加值产出，引导贫困人口参与产业价值链各个环节，实现脱贫致富。目前，减贫领域的绿色产业开发政策包括绿色农业、旅游扶贫、绿色生态种养业、经济林产业、林下经济、森林草原旅游、休闲农业等，以实现生态资源开发、环境保护以及农民增收的多重目的。

1. 绿色农业进展迅速

绿色农业源于我国绿色食品产业 20 多年的发展实践，是将农业生产和环境保护协调起来，在促进农业发展、增加农户收入的同时保护环境、保证农产品绿色无污染的农业发展类型，涉及生态物质循环、农业生物学技术、营养物综合管理技术、轮耕技术等多个方面，是一个涉及面很广的综合性概念。当前，发展绿色农业已经成为全社会共识，发展绿色农业，就是要解决食品安全、生态环境等一系列突出问题。

以绿色发展为导向的绿色农业。2017 年，农业部在《关于推进农业供给侧结构性改革的实施意见》中提出，农业农村工作要以优化供给、提质增效、农民增收为目标，以绿色发展为导向，以改革创新为动力，以结构调整为重点，着力培育新动能、打造新业态、扶持新主体、拓宽新渠道，加快推进农业转型升级，加快农业现代化建设。推进农业供给侧结构性改革，把增加绿色优质农产品供给放在突出位置，把提高农业供给体系质量和效率作为主攻方向，把促进农民增收作为核心目标，优化农业产业体系、生产体系、经营体系，突出绿色发展，聚力质量兴农，使农业供需关系在更高水平上实现新的平衡。要全面提升农产品质量安全水平，大力发展节水农业，大力推进化肥农药减量增效，全面推进农业废弃物资源化利用，扩大耕地轮作休耕制度试点规模，强化动物疫病防控，提高农业可持续发展能力。

实施农业绿色发展行动。近年来，由于化肥、农药过量使用，加之畜禽粪便、农作物秸秆、农膜资源化利用率不高，渔业捕捞强度过大，农业发展面临的资源压力日益加大，生态环境亮起"红灯"，我国农业到了必须加快转型升级、实现绿色发展的新阶段。2017 年，农业部发出《关于实施农业绿色发展五大行动的通知》，以进一步落实新发展理念，加快推进农业供给侧结构性改革，提高农业可持续发展能力，提升农业发展的质量效益和竞争力。具体来看，农业部决定启动实施畜禽粪污资源化利用行动、果菜茶有机肥替代化肥行动、东北地区秸秆处理行动、农膜回收行动和以长江为重点的水生生物保护行动农业绿色发展五大行动。同时，提出各地要结合产业发展特色，突出种养大县，优先选择产业基础好、地方政府积极性高的地区，加大资金和政策支持力度，加快实施绿色发展战略。特别是国家现代农业示范区、农村改革试验区、农业可持续发展试验示范区和现代农业产业园要统筹推进五大行动，率先实现绿色发展。实施绿色发展五大行动，有利于推进农业生产废弃物综合治理和资源化利用，把农业资源过高的利用强度缓下来、面源污染加重的趋势降下来，推动我国农业走上可持续发展的道路。

绿色农业融第一、二、三产业为一体，以农、林、牧、渔业为主体，农工商、产加销、贸工农、运建服等产业链为外延，体现了多种生态工程元件复式组合。同时，绿色农业也是贫困地区脱贫致富的有效途径。实施绿色食品开发之后，贫困地区发挥了受工农业污染程度轻、环境相对洁净的资源优势，将原料转化为产品，高科技、高附加值、高市场占有率拉动了贫困地区绿色产业的快速发展，促进了区域经济的振兴。这些对于我国边远山区、经济不发达和欠发达地区有很强的借鉴意义。

2. 旅游扶贫作用明显

旅游业作为一项绿色产业，在贫困地区脱贫攻坚过程中发挥了重要作用。从2015年至今，国务院以及国家旅游局、国家发改委等部门陆续发布或联合发布了一系列政策，涵盖乡村旅游、休闲农业、田园综合体以及农业领域PPP工作等诸多方面，为乡村扶贫旅游提供了支持和保障（表1-3）。"十三五"期间，中国旅游扶贫目标是每年使200万贫困人口通过旅游业发展实现脱贫，到2020年，通过乡村旅游带动了1000万贫困人口脱贫。

表1-3 近几年中央出台有关乡村旅游文件一览

时间	发文机关和部门	政策文件
2014 年 8 月	国务院	《国务院关于促进旅游业改革发展的若干意见》：大力发展乡村旅游
2015 年 8 月	国务院办公厅	《关于进一步促进旅游投资和消费的若干意见》：实施乡村旅游提升计划，大力推进乡村旅游扶贫
2015 年 11 月	国土资源部、住建部、国家旅游局	《关于支持旅游业发展用地政策的意见》：积极保障旅游业发展用地供应，明确旅游新业态用地政策，加强旅游业用地服务监管
2016 年	国务院	中央一号文件：大力发展休闲农业和乡村旅游
2016 年 8 月	国家旅游局、国家发展改革委、国土资源部等 12 个部门	《乡村旅游扶贫工程行动方案》：确定了乡村旅游扶贫工程的五大任务，实施乡村旅游扶贫八大行动
2016 年 12 月	国务院	《"十三五"脱贫攻坚规划》：在产业发展脱贫的规划中，提出了旅游扶贫的详细措施
2017 年	国务院	中央一号文件：大力发展乡村休闲旅游产业，扎实推进脱贫攻坚
2017 年 5 月	财政部、农业部	《关于深入推进农业领域政府和社会资本合作的实施意见》：将农业田园综合体作为聚焦重点，推进农业领域 PPP 工作
2017 年 5 月	农业部	《关于推动落实休闲农业和乡村旅游发展政策的通知》：旨在促进引导休闲农业和乡村旅游持续健康发展，加快培育农业农村经济发展新动能，壮大新产业新业态新模式，推进农村一二三产业融合发展
2017 年 5 月	农业部、中国农业发展银行	《关于政策性金融支持农村一二三产业融合发展的通知》：支持农业多种功能开发，增加农村产业融合发展拓展力

续表

时间	发文机关和部门	政策文件
2018 年 1 月	国家旅游局、国务院扶贫办	《关于支持深度贫困地区旅游扶贫行动方案》：推动"三区三州"等深度贫困地区旅游业加快发展，有效发挥旅游产业在深度贫困地区脱贫攻坚中的带动和促进作用

实施旅游扶贫，完善旅游服务体系。2014 年，国家旅游局会同国家发改委、国务院扶贫办等六部委启动实施乡村旅游富民工程，首批共有 6130 个村列入旅游扶贫试点村。生态旅游发展对农村地区的卫生设施、环保设施、安全设施等提出了新的要求，直接推动贫困地区加大基础设施建设和完善的投入，改变了过去"脏、乱、差"的环境，以及完善乡村旅游点公共服务体系，推动社会公共服务职能不断向农村伸展。2014 年，《国务院关于促进旅游业改革发展的若干意见》提出大力发展乡村旅游，扎实推进乡村旅游富民工程，带动贫困地区脱贫致富；统筹利用惠农资金加强卫生、环保、道路等基础设施建设，完善乡村旅游服务体系。同时，国家旅游局启动旅游规划扶贫公益行动，动员有条件的旅游规划资质单位对部分有条件通过发展旅游实现脱贫的贫困村开展旅游规划扶贫公益活动，共 223 家规划设计单位参与了扶贫公益行动。

扶持休闲农业与乡村旅游，探索生态产业深度融合。2016 年，中央一号文件提出大力发展休闲农业和乡村旅游，强化规划引导，采取以奖代补、先建后补、财政贴息、设立产业投资基金等方式扶持休闲农业与乡村旅游业发展，积极扶持农民发展休闲旅游业合作社。同时，加强乡村生态环境和文化遗存保护，发展具有历史记忆、地域特点、民族风情的特色小镇，建设一村一品、一村一景、一村一韵的魅力村庄和宜游宜养的森林景区。2017 年，中央一号文件再次指出要充分发挥乡村各类物质与非物质资源富集的独特优势，利用"旅游 +""生态 +"等模式，推进农业、林业与旅游、教育、文化、康养等产业深度融合。可以说，旅游扶贫将旅游和扶贫有机结合，不仅带动了地方经济的发展，同时也解决了不少就业问题，更重要的是，旅游扶贫实现了"既要绿水青山又要金山银山"的双赢。

此外，国家有关部门还出台了有关支持绿色生态种养业、经济林产业、林下经济、森林草原旅游、休闲农业等特色产业的发展政策，以进一步促进贫困地区绿色产业的开发和发展，并以此带动贫困地区人口实现脱贫致富和发展能力的提升。目前，无论是发达国家还是新兴经济体，都把发展绿色经济、推进绿色转型作为促进经济复苏的重要引擎。我国正处在工业化、城镇化和农业现代化快速发展阶段，面临着能源、资源、生态环境制约等巨大压力，以绿色产业作为强劲支撑，特别是对贫困地区实现经济社会可持续发展具有重要意义。结合当前绿色减贫视域下的绿色产业开发政策来看，党的十八大以来，国家陆续出台了一系列鼓励支持发展绿色产业的政策，对实施乡村旅游、生态农业、休闲农业、绿色农业等提出了指导意见和目标要求，特别是结合脱贫攻坚提出进一步的绿色产业扶贫政策，以促进精准扶贫精准脱贫的进一步实施。

（三）易地扶贫搬迁政策：成效显著

易地搬迁和生态移民是目前我国实施脱贫攻坚的"标志性工程"，旨在解决"一方水土养不起一方人"的地方贫困户的脱贫问题，是解决生态脆弱地区人口压力和贫困的有效途径。

积极投入发展资金，实施易地搬迁。2016 年，国家发改委发布《全国"十三五"易地扶贫搬迁规划》(以下简称《规划》)，根据《规划》，易地扶贫搬迁的地区有五类：一是深山石山、边远高寒、荒漠化和水土流失严重，且水土、光热条件难以满足日常生活生产需要，不具备基本发展条件的地区；二是国家主体功能区规划中的禁止开发区域或限制开发区域；三是交通、水利、电力、通信等基础设施，以及教育、医疗卫生等基本公共服务设施十分薄弱，工程措施解决难度大、建设和运行成本高的地区；四是地方病严重、地质灾害频发的地区；五是其他确需实施易地扶贫搬迁的地区（表 1-4）。这些迁出区域范围涉及全国 22 个省（区、市）约 1400 个县（市、区），需实施易地扶贫搬迁的建档立卡贫困人口约 981 万人。在资金项目安排上，国家发改委等四部门下达 22 个省份年度贴息贷款 828.5 亿元，其中，中央预算内投资 193.6 亿元，完成 249 万人易地扶贫搬迁建设任务。[1] 2017 年完成 340 万人易地扶贫搬迁建设任务，两年完成任务量超过一半。2018 年，国家计划易地扶贫搬迁 280 万人，预计 2019 年易地扶贫搬迁任务基本完成。

确保改善搬迁群众基本生活条件，有效治理搬出区生态环境。《规划》要求，搬迁对象住房安全得到有效保障，安全饮水、出行、用电、通信等基本生活需求得到基本满足，享有便利可及的教育、医疗等基本公共服务，迁出区生态环境明显改善，安置区特色产业加快发展，搬迁对象有稳定的收入，生活水平明显改善，全部实现稳定脱贫，与全国人民一道迈入全面小康社会。同年底，国务院发布《"十三五"脱

---

[1]　国家统计局住户调查办公室：《中国农村贫困监测报告 2016》，中国统计出版社 2016 年版，第 3 页。

贫攻坚规划》，要求各级政府组织实施好易地扶贫搬迁工程，确保搬迁群众住房安全得到保障，饮水安全、出行、用电等基本生活条件得到明显改善，享有便利可及的教育、医疗等基本公共服务，迁出区生态环境得到有效治理，确保有劳动能力的贫困家庭后续发展有门路、转移就业有渠道、收入水平不断提高，实现建档立卡搬迁人口"搬得出、稳得住、能脱贫"。

表1-4　不同原因搬迁人口分布 [1]

	搬迁人口（万人）	比重（%）	搬迁人口总规模（万人）	比重（%）
合　计	981	100	1628	100
资源承载力严重不足地区	316	32.2	462	28.4
公共服务严重滞后且建设成本过高地区	340	34.7	593	36.4
地质灾害频发易发地区	106	10.8	210	12.9
国家禁止或限制开发地区	157	16	257	15.8
地方病高发地区	8	0.8	13	0.8
其他地区	54	5.5	93	5.7

对于生态环境脆弱、交通不便的地方，过度的人口压力是导致生态环境恶化和贫困的主要原因。实施易地搬迁，有利于减轻人口资源压力，实现生态环境保护和扶贫双重目标。在整村或整乡搬迁的地区，易地搬迁以后的土地被转化为生态建设用地，用于环境保护；在非整村或整乡搬迁的地区，人口的搬迁缓解了原有的环境压力，增加了原

---

[1]　国家发展改革委：《全国"十三五"易地扶贫搬迁规划》，中华人民共和国国家发展和改革委员会网，2016年9月20日。

住地居民可利用的资源；在生态脆弱的贫困地区，生态移民对于迁出区的环境改善有着不可替代的作用。结合政策梳理来看，国家不断增加易地扶贫搬迁的投入力度，并在维护搬出区生态环境和保障搬出村民生计可持续方面出台进一步的政策措施，真正实现"搬得出、稳得住、能致富"的发展目标。但同时，易地扶贫搬迁政策还需要进一步加强与其他政策体系的衔接和结合，以进一步实现生态环境保护和贫困人口收入增加的双重目标。

（四）环境资源开发政策：形成了以"三变改革"为主要模式的资产收益模式，以光伏扶贫为代表的资源开发模式

绿色减贫制度框架下的绿色资源开发，目前主要是指国家以发展光伏扶贫为代表的资产收益扶贫政策措施。一般来讲，资产收益扶贫主要针对的是自主创收能力受限制的农村贫困人口，比如丧失劳动力而无法劳作的农民。目的在于把细碎、分散、沉睡的各种资源要素转化为资产，整合到优势产业平台上，扩展贫困人口生产生存空间，让其享受到优质资源，实现脱贫致富。党的十八届五中全会提出探索对贫困人口实行资产收益扶贫制度。《中共中央 国务院关于打赢脱贫攻坚战的决定》进一步明确要求探索资产收益扶贫，"在不改变用途的情况下，财政专项扶贫资金和其他涉农资金投入设施农业、养殖、光伏、水电、乡村旅游等项目形成资产，具备条件的可折股量化给贫困村和贫困户，尤其是丧失劳动能力的贫困户"。

第一，形成了以"三变改革"为主要形式的资产收益模式。农村"三变"指农村资源变资产、资金变股金、农民变股东，是目前探索的比较好的资产收益组织形式。资源变资产指村集体以集体土地、森林、草地、荒山、滩涂、水域等自然资源性资产和房屋、建设用地（物）、

基础设施等可经营性资产的使用权评估折价变为资产，通过合同或者协议方式，以资本的形式投资入股企业、合作社、家庭农场等经营主体，享有股份权利。资金变股金包括财政资金变股金、村集体资金变股金及村民自有资金变股金。其中，财政资金包含各级财政投入农村的发展类、扶持类资金等（补贴类、救济类、应急类资金除外），在不改变资金姓"农"的前提下，原则上可量化为村集体或农民持有的股金，通过民主议事和协商等方式，投资入股经营主体，享有股份权利。主要包括五大块：生产发展类资金、农村设施建设类资金、生态修复和治理类资金、财政扶贫发展类资金、支持村集体发展类资金。农民变股东指农民自愿以自有耕地、林地的承包经营权、宅基地的使用权，以及资金（物）、技术等，通过合同或者协议方式，投资入股经营主体，享有股份权利。

第二，形成了以光伏扶贫为代表的绿色资源开发形式。近几年，在绿色资源开发领域成效较好的主要是光伏扶贫模式。2014 年，国家能源局、国务院扶贫办联合印发《关于实施光伏扶贫工程工作方案》，决定用 6 年时间组织实施光伏扶贫工程，为 7000 万贫困人口提供绿色、阳光、可收益的精准扶贫方案。2015 年，国务院扶贫办将光伏扶贫作为十大扶贫攻坚项目之一。在此之后，国家能源局、国务院扶贫办联合在河北、安徽、山西等 6 个省份的 30 个县开展光伏扶贫试点，共探索出光伏发电扶贫的 4 种类型。同年，在总结试点经验的基础上，将村级光伏电站确定为光伏扶贫的主要方式。同年，五部委联合发布《关于实施光伏发电扶贫工作的意见》，全面部署实施光伏扶贫工程，将全国 16 个省份的 471 个县列入扶贫目录。随后，国家能源局、国务院扶贫办印发《光伏扶贫实施方案编制大纲》，为进一步指导贫困地区编制光伏扶贫实施方案、为推进光伏扶贫工程建设与实施提供了重要参考。2016年10月，国家下达第一批总规模516万千瓦光伏扶贫项目，其中，河北省计划安排建设4000个光伏扶贫电站，光伏扶贫项目总规模85万千瓦，需要投入约500亿元的资金，可以帮扶近8万贫困户脱贫。

（五）绿色减贫的总体成效和效果评价

通过近几年的实践，我国绿色减贫理念得到进一步发展，绿色发展已经成为贫困地区社会经济发展的指导思想，绿色减贫逐渐成为我国扶贫开发的有效方式，特别是构成当前精准扶贫精准脱贫的重要元素。同时，绿色减贫形成了一批相应的减贫模式，包括实施生态补偿、生态旅游、绿色农业、易地扶贫搬迁、光伏扶贫等，通过这些政策措施，我国绿色减贫取得了显著成效，新型产业发展不断推动贫困地区产业融合，在一定程度上突破了欠发达地区"先污染后治理""先破坏后恢复"的传统经济发展模式。

1. 生态补偿增加贫困人口政策性收入

近年来，我国通过实施森林、草原、湿地、耕地、水流、海洋、荒漠等生态保护工程项目，生态脆弱区环境得到有效改善，贫困人口也通过生态保护补偿及公益岗位就业获得了一定的收入。

具体来看，这些生态补偿项目工程有效改善了部分生态脆弱地区的生态环境，大大提高了森林植被覆盖率，减轻了自然灾害发生的风险；同时，退耕禁牧政策也加快了农村剩余劳动力的转移，并通过增加补偿项目、提高补偿标准以及以工代赈项目和公益岗位，增加了退耕农户收入，促进了农村产业结构调整，有效改善了生态脆弱区贫困人口的生计模式，取得了良好的生态、经济和社会效益。据统计，2015年中央政府第一轮退耕还林工程完成时，全国共完成退耕地造林1.39亿亩、配套荒山荒地造林和封山育林 3.09 亿亩，涉及 3200 万户农户、1.24 亿农民，第一轮退耕还林工程区森林覆盖率平均提高 3 个多百分点，林木保存率达 99%，水土流失和风沙危害明显减轻；退耕户通过基本口粮田建设和集中力量精耕细作，提高了粮食单产，较好地解决了吃饭问题。

案例：近年来，贵州江口县以"绿水青山就是金山银山"为理念，以保护和发展生态为目标，大力实施生态保护补偿，有效带动了当地贫困人口精准脱贫。自 2011 年实施森林生态补偿政策以来，该县每年都及时足额兑现生态公益林补偿资金，严禁个人滞留、贪污、挪用集体公益林补偿资金。为确保涉农资金公开、公平、公正，及时足额兑现生态公益林补偿资金，规定公益林补偿资金清册必须在村组张榜公示。据统计，该县国家级公益林 51.54 万亩，共涉及乡镇和街道办事处 10 个，17843 户农户和 62868 人受益，其中建档立卡贫困户 380 户 1056 人受益。地方公益林 27 万亩，涉及 67 个行政村，9696 户农户和 34069 人受益，其中精准扶贫户 345 户 985 人享受地方公益林补偿。同时，为扎实做好林业扶贫和精准脱贫工作，该县按照"精准、自愿、公开、公平、公正"原则在辖区内聘请 250 名建档立卡贫困户为生态护林员，以管护森林的形式带动精准脱贫。林业局按月发放管护费 900 元 / 月，年发放工资 1.08 万元；截至 2016 年底，该县一共有 274 名建档立卡贫困户成为护林员。

2. 生态资源开发改善贫困人口生计模式，提升贫困人口可持续发展能力

我国贫困地区往往是自然资源富集区，又是重要的生态屏障区和生态脆弱区；既是经济发展和生态保护战略区，又是经济社会相对落

后和贫困人口聚集区；既面临地理位置偏远、交通不便等现实条件，同时又具有丰富多样的生态资源。为此，不少贫困地区利用其生态环境资源，发展有机、绿色农产品，开展生态旅游、乡村旅游，不仅改善了贫困人口生计结构，增加了非农收入，也通过发展新型产业提升了贫困人口的组织化水平和发展能力。

在各具特色的绿色产业扶贫探索中，绿色农业、休闲观光农业、消费农业、生态乡村旅游等一批依托贫困地区生态资源开发而形成的产业形式，正逐渐成为农村产业扶贫的重要组成部分，在农民增收过程中发挥积极作用。据统计，2016年，中国共创建休闲农业和乡村旅游示范县328个，推介中国美丽休闲乡村370个。乡村旅游游客接待已达24亿人次，占国内游客接待人次的54.4%；营业总收入达4800亿元，占国内旅游总收入的12.2%。以2016年国庆节为例，小长假期间全国出游超过10公里的游客总计约1.86亿人次，其中乡村旅游人次约为1.29亿，约占同期旅游人次的69%。预计到2020年，全国乡村旅游年接待游客将超40亿人次，实现总收入2.3万亿元。"十三五"期间，中国将通过发展乡村旅游带动全国25个省（区、市）2.26万个建档立卡贫困村、230万贫困户、747万贫困人口实现脱贫。

与此同时，从绿色发展角度出发，利用当地自然资源，建立相应的绿色减贫项目，发展新型绿色产业及农业产业绿色化，既能够通过新型产业拓宽其就业渠道和收入来源，又能够通过培训贫困人口专业技术，大大提高农业现代化水平和组织化程度，培养一批新型现代农民，从而提升贫困地区的内生动力，促进发展方式从外源向内源的根本转变。

　　案例：四川省精准扶贫实践过程中，以全域旅游为统领，加快

发展生态文化旅游业，带动富民增收。一方面，坚持"片为重点、工作到村、扶贫到户"工作机制，完善任务清单，层层落实旅游扶贫目标任务，对标推进旅游扶贫项目实施；另一方面，进一步完善对旅游扶贫工作的督导考核机制，加强督查检查，促进生态扶贫、旅游扶贫迈上新台阶。位于安岳县岳源乡的宝林村，2017年与四川大道合一科技股份有限公司、香港金太阳旅游投资集团股份有限公司签订了投资合作意向协议，投资3亿元将宝林村打造为集生态循环农业、生态旅游、乡村养生养老、农村电商于一体的田园综合体。目前，该项目已经在当地注册公司，马上进入详细规划、环评和筹备施工阶段。根据村第一书记李伟介绍，项目涉及的田园养生养老项目，除5000万元用于新建养老公寓及配套设施外，将投资3000万元用于贫困农户的农房改造，另外投资1000万元用于农房翻新，以便改造为民宿。同时，为了让贫困户受益，安岳县将创新利益联结机制，贫困户闲置的农房，可以翻新后出租给业主做民宿，一方面，农户可以享受一定租金；另一方面，农户负责卫生和管理，每月由业主发放一定的物业管理费，可以带来更多收益。

3. 易地扶贫减轻贫困地区生态环境压力，改善贫困人口生产生活条件

易地扶贫搬迁工程在推动贫困地区人口、产业集聚和空间布局优化的同时，也有力改善了迁出地生态环境，收到了良好的经济、社会和生态效益。党的十八大以来，我国共实施易地扶贫搬迁489.6万人。其中，2012—2015年，国家累计安排中央预算内投资404亿元，带动各类投资近1412亿元，累计搬迁贫困人口591万人。通过科学规划、

合理选址，加强安置区水、电、路等基础设施和教育、卫生、医疗等社会公共服务建设，大幅改善了贫困地区生产生活条件。如贵州省 10 多年来共调整和新开发耕地 21.42 万亩，修建乡村公路 3098.19 公里，解决 46.48 万人的饮水困难，架设输电线路 2190.87 公里，建设沼气池 21945 口，建设住房及附属设施 508.36 万平方米（户均面积 57.87 平方米），并配套建设了硬化道路、防火墙、排水沟、农贸市场等基础设施。通过搬迁到交通便利、公共设施（学校、卫生院等）相对较好的区域及建设配套项目，有效解决了贫困群众吃水难、行路难、用电难、住房难、就医难、入学难等问题。

更重要的是，通过实施易地扶贫搬迁工程，使贫困群众从"越穷越垦、越垦越穷"的恶性循环中解放出来，缓解了人口与资源的矛盾。特别是结合实施退耕还林、天然林保护等生态工程，有效改善了迁出区生态环境，实现了脱贫致富与生态建设的"双赢"。如重庆市迁出区森林覆盖率平均达到 44.5%，较搬迁前提高了 6 个百分点；四川省南江县 2011—2014 年实施退耕还林还草 6500 亩，实现每年减少薪柴砍伐 52600 立方米，综合治理水土流失面积 22.2 平方公里。[1]可以说，易地扶贫搬迁，为改善生态环境创造了更有利的条件，也使受困于不利环境的搬迁贫困人口获得新的发展空间和条件，使其更容易脱贫致富，走上生计可持续的绿色发展道路。

案例：宁夏自 2011 年开始实施"35 万生态移民工程"，计划投资 105 亿元，用 5 年左右的时间把近 35 万生活在不适宜居住、不适宜发展地区的贫困群众搬迁出来，再用 5 年时间助其脱贫致

---

[1]　国家发改委政策研究室：《国家发改委扎实推进易地扶贫搬迁成效显著》，http://www.ndrc.gov.cn/xwzx/xwfb/201510/t20151016_754951.html。

富，到 2020 年实现移民人均纯收入接近全区平均水平。地处宁夏
银川东北部的兴庆区月牙湖乡，是宁夏"35 万生态移民工程"迁
入地之一，目前这里生活着 3 万多移民。为了让搬迁至此的移民实
现"搬得出、稳得住、能致富"的目标，近几年来，兴庆区月牙湖
乡先后引进清真兔养殖、羊绒针织、花卉种植、红树莓种植、万亩
奶牛养殖园区等多项劳动密集型产业，带动移民增收致富。

4. 转化生态环境资源效益，探索资产收益扶贫新方式

将贫困地区光能、风能、水能等自然环境资源转化为扶贫收益，
是我国近年来绿色减贫模式的创新探索。就光伏扶贫而言，自 2014 年
国家能源局和国务院扶贫办决定利用 6 年时间开展光伏扶贫工程以来，
光伏扶贫建设取得长足发展，目前已经与普通地面电站、分布式光伏
和光伏领跑基地形成"四足鼎立"的光伏发展局面。近 3 年以来，用
于光伏扶贫的规模持续扩大，已经从 2015 年的 150 万千瓦发展到 2017
年的 862.4 万千瓦，增长速度高达 475%。

具体来看，目前光伏扶贫已经覆盖到全国 20 个省（区），其中河
北安排的建设规模最大，2015—2017 年 3 年累计 286 万千瓦，其次是
山东、山西、内蒙古等六省（区），安排规模普遍在 100 万千瓦及以
上，最少的贵州仅安排了 3 万千瓦（详见表 1-5）。

表 1-5　2015—2017 年全国各省光伏扶贫建设规模（万千瓦）[①]

序号	省（区）	2015 年	2016 年	2017 年	小计
1	河北	30	85	171	286

---

① 搜狐网：《2015—2017 年光伏扶贫情况简析（附各省扶贫规模）》，http://www.sohu.
com/a/211826830_100057032。

续表

序号	省（区）	2015 年	2016 年	2017 年	小计
2	山东		111.7	50	161.7
3	山西	20	58.4	80	158.4
4	江西		62	50	112
5	安徽	40	61.2		101.2
6	河南		10.5	90	100.5
7	内蒙古			100	100
8	吉林		36.5	50	86.5
9	湖北		30.8	50	80.8
10	云南		13.1	50	63.1
11	辽宁		4.6	50	54.6
12	湖南		3.84	50	53.84
13	广东			50	50
14	甘肃	25	8.4		33.4
15	陕西		26.6		26.6
16	宁夏	20			20
17	青海	15			15
18	江苏		3.5	9.8	13.3
19	广西			8.6	8.6
20	贵州			3	3
总计		150	516.14	862.4	1528.54

（六）绿色减贫相关政策存在的问题与不足

总体来看，绿色减贫在社会舆论和政策制定上还缺乏共识性的理念和认识；绿色发展政策和减贫政策之间的衔接较差，部分政策之间有一定冲突；各类政策重复投入、资金浪费较多；生态补偿政策覆盖面小，脱贫贡献率低；政策行政主导性强，多元主体参与机制不健全。具体来看：

1. 绿色减贫还缺乏共识性的理念和认识

扶贫脱贫不仅仅是让贫困人口的收入达到脱贫线，更重要的是贫困地区和贫困人口的全面提升。绿色发展是脱贫攻坚的重要指南，也是绿色减贫的重要理论基础和行动指南。目前，虽然国家提出并不断强调绿色发展理念以及加强生态建设的重要意义，但绿色发展与扶贫开发特别是精准扶贫精准脱贫的融合仍处于初级阶段。

一方面，社会公众及理论研究者对于二者有机融合的重大意义存在认识不足，有关绿色减贫的理论基础、作用机理、实现路径、国际经验等诸多理论问题的研究存在不充分、不深入等问题，尚未形成有利于推进扶贫开发与生态保护相结合的政策环境和认识基础，限制了绿色减贫理论研究及政策实践的进一步发展。另一方面，有关绿色减贫的政策处于碎片化阶段，农村扶贫开发工作中长效考核体系建设以及干部考核办法尚缺乏有关绿色减贫价值取向的关注，贫困地区在资源产权和用途管制，能源、水和土地节约利用，资源环境承载能力监测预警，生态补偿等方面都需要进一步加强相关制度建设。因此，我们需要努力探求绿色减贫的机制、动力、路径和政策配套体系，呼吁国家制定绿色减贫各项法律和制度体系，探索并研究建立科学的绿色减贫评价指标体系，为绿色减贫的政策发展奠定良好的制度环境，推动绿色减贫实践的运行和发展。

2. 绿色发展政策和减贫政策之间的衔接较差，部分政策之间有一定冲突

现有绿色减贫政策在一定程度上忽视与其他扶贫政策的有效衔接，环境保护、生态补偿、扶贫脱贫等各类政策之间的衔接较差，部分政策还存在一定的冲突。例如，生态补偿类政策偏重补偿，对于退耕后贫困人口的生计支持不足，且导致部分贫困农户农地不足，一系列生态补偿政策同时也限制了贫困农户对自然资源的利用；绿色产业开发类政策虽然重在开发贫困地区生态资源，有助于通过新型产业模式调整农村经济结构，但却忽视了开发过程中农民的主体性和参与性，特别是规模化、组织化的新型农业实践在一定程度上将产生"大户效应"，忽略了一部分边缘贫困人口的发展需求。

3. 各类政策重复投入、资金浪费较多

国家实施了一系列生态补偿类政策、绿色产业开发类政策、易地扶贫搬迁政策以及绿色资源开发类政策，并形成了生态保护项目补偿、公益性岗位、特色观光农业、生态旅游、光伏扶贫等绿色减贫实践模式，取得了显著的减贫成效。但从政策内容来看，这些政策存在一定的分散性和重复性，缺乏系统性，因而在政策投入、瞄准对象、政策覆盖范围等方面存在交叉重合甚至矛盾之处，为绿色减贫项目实践的具体实施带来了一定的现实困难，且容易造成国家扶贫资源的重复投入和浪费，不利于绿色减贫效益的提升。

由于我国早期扶贫工作具有突出的"输血式扶贫"、给钱给物的特点，在一定情况下产生了贫困地区贫困群众"等靠要"的"福利依赖效应"。当前，一些地区生态扶贫工作的重点依然是发展以财政作为主要支撑的生产（特别是绿色产业发展、生态旅游等项目），未能遵循市场规律，忽视政策投入产出效率，不仅出现了产品滞销问题，还浪费了扶贫资源和生产资源，甚至引发政府与贫困人口之间的矛盾，产生"扶贫致贫"现象，不利于绿色减贫实践的进一步发展。

4. 生态补偿政策覆盖面小，脱贫贡献率低

总体来看，补偿类政策覆盖面较小，脱贫贡献率较低。按照国务院扶贫办建档立卡数据，2017 年底，各类生态补偿政策大概覆盖 34% 的贫困户、36.98% 的贫困人口，户均补偿约为 765.29 元，占其家庭年收入 13868.34 元的 5.5% 左右，具体数据见表 1-6。

表 1-6　生态补偿政策覆盖贫困人口情况

分类	2016 年底	2017 年底
总贫困户数	907.82 万户	642.13 万户
总贫困人口	2947.33 万人	2063.83 万人
有生态补偿金收入来源的家庭	—	—
有生态补偿金收入来源的贫困户总数	293.84 万户	218.5 万户
占总贫困户数比例	32.37%	34.03%
有生态补偿金收入来源的贫困人口总数	1031.11 万人	763.22 万人
占总贫困人口比例	34.98%	36.98%
这些家庭年均收入	12561.79 元	13868.34 元
年人均纯收入	1870.39 元	3346.67 元
贫困户生态补偿金总额	213455.52 万元	167215.11 万元
补偿户均	726.44 元	765.29 元
补偿人均	207.01 元	219.1 元

由于部分绿色减贫政策如退耕还林还草项目工程，在项目区属于普惠性政策，并非专门针对贫困人口，且存在生态保护补偿范围偏小、

标准偏低、类型少，保护者和受益者良性互动的体制机制尚不完善等特点，因而存在益贫性不足的政策缺陷。单纯的生态补偿难以改变贫困人口的生计模式和贫困状态，且多元化补偿方式尚未形成，补偿关系以中央纵向补偿为主，资金来源单一，补偿体系尚未健全，缺乏持久稳定的经费来源。以广西壮族自治区为例，近年来，生态公益林补偿标准虽然逐渐提高，2010 年集体和个人所有的国家级和自治区级公益林补偿标准由每亩 5 元提高到每亩 10 元，2013 年提高到每亩 15 元；2015 年，国有的国家级公益林补偿标准由每亩 5 元提高到每亩 6 元，2016 年提高到每亩 8 元。但这部分补偿对于增加农民收入的力度并不大，补偿标准未能与生态效益挂钩，尚未建立补偿标准的动态调整机制。

5. 政策行政主导性强，多元主体参与机制不健全

目前，以生态补偿类政策为主的绿色减贫模式，绝大部分通过财政资金的转移支付，补偿因环境保护而受到的经济损失，如退耕还林、退牧还草等大型生态保护项目的实施。而市场机制的减贫模式，如流域的生态补偿、碳汇交易等尚处于试点阶段，发展规模还比较小，需要进一步推动与生态服务相关的市场机制发展，并且将扶贫的目标纳入这种市场机制中。同时，政府成为推动实施绿色减贫的主要主体，社会力量及贫困村民的参与明显不足，贫困地区的生态环境保护需要当地居民的参与，需要借鉴社区参与、公共资源管理等已经成熟的经验，将环境保护的利益和责任更好地结合起来。创新环境保护机制，有必要使当地居民从被动的环境保护转变为主动的环境保护，并通过采取市场机制和社会动员，让生态环境的受益者或消费者向生态环境的保护者和生态产品的生产者支付报酬，使更多的人参与环境保护，

向生态脆弱地区的贫困人口提供支持。

四、理论研究追索：绿色扶贫评价体系及方法

关于绿色扶贫，目前国内外有不同的研究体系和方法，主要从不同角度对绿色扶贫的实施情况进行评价。

（一）国内外绿色发展及减贫评价的思路、技术方法和指标演变

作为一种重要的贫困治理手段，绿色扶贫源于对反贫困过程中绿色发展或绿色增长理念的进一步反思，用以弥补过去单方面强调绿色增长或只注重扶贫开发工作的不足，其减贫机制在于通过产业绿色化和绿色产业化，实现贫困地区脱贫发展。绿色扶贫的理念融合了绿色增长理论及贫困研究理论，并推动一系列政策制度的产生和完善。与此同时，随着绿色扶贫理念和实践的进一步发展，有关绿色扶贫评价的思路、技术方法和指标体系也逐渐形成和发展。梳理国内外有关绿色发展及减贫评价的思路、方法和指标体系，既能为国内有关绿色扶贫的指标体系建设提供基本的原则和取向，也能在内容和权重等具体方面提供相应的借鉴。

1. 绿色发展和减贫评价的思路演变

从有关绿色减贫评价的思路上来看，其大体经历了从绿色发展 / 增长评价到绿色减贫评价的演变过程。与之相伴，评价的技术方法和指标体系也日趋完善。

（1）基于绿色发展 / 增长的评价

绿色发展的概念可以追溯到 20 世纪 60 年代美国学者博尔丁的宇宙飞船经济理论，以及后来戴利、皮尔斯等人有关稳态经济、绿色经济、

生态经济的一系列论述。[①]20 世纪 90 年代以来，随着全球经济发展和环境形势发生深刻变化，气候变暖、区域环境污染、战略性资源和能源供需矛盾等现象和问题不断加剧，世界各国逐渐将绿色发展作为解决资源环境多重挑战、应对气候变化和金融危机的共识性方案。一些国家开始制定绿色发展战略、政策和行动，致力于实现一个资源节约、绿色低碳、社会包容的可持续未来。基于此，一批研究机构和学者也开始研究和讨论有关绿色发展的评价指标体系，用以评判和诊断相关发展政策是否合理以及整个过程是否在朝着绿色发展目标迈进。[②③]

绿色国民经济核算。1981 年，挪威首次公布"自然资源核算"数据，包括对能源、鱼类、土地、森林和矿产资源等进行核算，并于 1987 年出版了《挪威自然资源核算报告》。[④] 在此基础上，芬兰建立了包括森林资源、环境保护支出和大气污染排放在内的自然资源核算框架体系。1993 年，联合国统计局将资源环境纳入国民核算体系，提出与传统国民经济核算体系 (SNA) 一致的解释环境资源存量和流量的系统框架，即环境经济综合核算体系 (SEEA)，为各国建立绿色国民经济核算提供了理论框架（图 1-1）。

进入 21 世纪以后，联合国在各国实践和理论研究基础上不断进行完善，先后推出了 SEEA2000（表 1-7）和 SEEA2003，为进一步规

---

① 中科院可持续发展战略研究组：《2006 年中国可持续发展战略报告——建设资源节约型和环境友好型社会》，科学出版社 2006 年版。

② OECD, *Towards Green Growth: Monitoring Progress OECD Indicator*, OECD Green Growth Studies, 2011.

③ UNEP, *Green Economy Indicators-Brief Paper*, 2012.

④ Alfsen, K.H., Bye, et al., *Natural Resource Accounting and Analysis:the Norwegian Experience* 1978 ~ 1986, 1987.

范各国绿色国民经济核算体系提供了可靠指南和保障。[①] 如墨西哥建立了经济和生态核算体系 (SEEAM)，美国根据 SEEA 架构建立了综合经济与环境的卫星账户 (Integrated Economic and Environmental Satellite Accounts，IEESA)，将资源环境作为生产资本，并建立详细的经济核算类别标准，以突出经济活动和资源环境的相互作用关系 (BEA，1994)。此外，加拿大、德国等也构建了符合其国情的资源环境核算体系。[②]

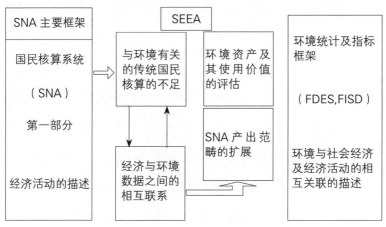

图 1-1　环境经济账户（SEEA）的结构

表 1-7　联合国 2000 年建立的环境经济账户框架

框架内容	分开辨明 SNA 体系中供给、使用和资产账户中的环境开支
	对自然资产的存量和使用账户采用实物和货币账户同时记账
	测量和估值污染排放，即计算环境的外部性
	汇总环境经济账户的信息

---

① 高敏雪：《从联合国有关手册看环境经济核算的国际研究进程》，《当代经济管理》2005 年第 3 期。

② Statistics Canada, *Concepts, Sources and Methods of the Canadian System of Environmental and Resource Accounts*, 2006.

　　从国内来看，1999 年，北京大学开展了"可持续发展下的绿色核算"课题研究，并在宁夏进行试点核算。[①]2001 年，国家统计局开展自然资源核算工作，重点试编"全国自然资源实物表"，其中包括土地、矿产、森林、水四种主要的自然资源。[②]随后，国家统计局先后与林业、环保等部门合作启动了"中国森林资源核算及纳入绿色 GDP 研究""将环境污染损失核算纳入绿色 GDP 研究"等项目工作。[③]2004—2006 年，国家环保总局和世界银行联合启动"建立中国绿色国民核算体系研究"项目，以切实推进绿色国民经济核算体系在中国的应用进程。项目组正式完成了《中国绿色国民经济核算研究报告 2004》《中国绿色国民经济核算体系框架》等重要研究成果，标志着中国绿色国民经济核算取得了阶段性的成果，为建立长期目标奠定了坚实的基础。[④]

　　总的来看，绿色国民经济核算的提出弥补了传统国民经济核算只反映经济总量的情况，忽视经济活动对资源环境所造成的消耗成本和污染代价的弊端和缺陷，能够从总体上反映经济发展对环境的包容性。但这一核算体系注重考量经济发展的结果，不能全面、真实地反映经济发展过程的环境包容性，以及社会绿色发展的进步水平。且当前绿色国民经济核算相关理论方法尚不成熟，许多国家都选择从某一领域出发进行局部核算，从而降低了这一核算结果的比较意义。

---

① 雷明、胡宜朝：《地区投入产出表编制——宁夏 1997 年绿色投入产出表编制与分析》，《统计研究》2004 年第 6 期。
② 齐援军：《国内外绿色 GDP 研究的总体进展》，《经济研究参考》2004 年第 88 期。
③ 李德水：《努力探索中国绿色国民经济核算体系——在"建立绿色国民经济核算体系国际研讨会"开幕式上的讲话》，《环境经济》2004 年第 8 期。
④ 郑红霞、王毅、黄宝荣：《绿色发展评价指标体系研究综述》，《工业技术经济》2013 年第 2 期。

21世纪以来，有关绿色发展评价的综合评价指数开始受到研究和关注。绿色发展综合指数通常是在选择核心指标的基础上，根据指标的重要性对不同指标赋予其相应权重，进而加权综合而成的，主要是为了通过排名来反映一个国家或地区某一时期内的绿色发展水平在全球或者全国所处的位置。同时，也便于通过纵向比较，反映其历史总体水平的动态变化趋势。

世界经济合作与发展组织（OECD）一直关注绿色增长与可持续发展，并构建了绿色增长相应指标的数据库、发布绿色增长和环境领域的相关研究报告。2012年以来，经合组织构建了"Green growth indicators"，即绿色增长指标，旨在帮助各国政府监测当地的绿色发展状况，从而更快地迈向绿色增长。OECD界定绿色增长以经济增长为逻辑归宿，因而强调从经济角度来解决环境退化和气候变化等问题。要求各国政府在制定绿色发展战略时，需要建立在对自身绿色发展的影响因素非常熟悉和了解的基础上，并适当地对各种绿色信息进行监控。联合国环境规划署(UNEP)也对绿色经济衡量框架进行了探索，为各国政策制定者提供及时而实用的指导。UNEP绿色经济衡量框架主要涵盖4个方面的内容，即经济转型、资源效率、社会进步和人类福祉。

总的来看，绿色发展综合评价主要通过一系列核心指标从各角度反映一国绿色发展进步的总体情况，同时不需要进行指标加权，能够直观地显示绿色发展的促进和制约因素，但无法从总体上评估绿色发展的情况，从而不利于展开国际或地区之间的差异比较。

（2）基于绿色减贫发展的评价

20世纪90年代以来，随着益贫式增长理念逐渐形成和发展，联合国 (United Nations，2000) 与世界经济合作与发展组织 (OECD，2001)

将益贫式增长广义地定义为有利于穷人的增长。由于这一定义并没有回答穷人必须从增长中获得多少利益才算是益贫的，世界经济合作与发展组织构建了贫困影响的评价指标框架。

贫困影响评价 (Poverty Impact Assessment) 是世界经济合作与发展组织发展援助委员会对捐赠对象进行充分的评估，主要评估贫困地区的居民在经济、政治、社会和人类保护等方面被剥夺的能力，该评估作为世界经济合作与发展组织发展援助委员会进行援助的重要参考，能够提高整个援助的协调性和有效性，从而能够更好地服务于穷人。贫困影响评价是根据国家发展战略和千年发展目标，来帮助捐赠者最大限度地理解贫困地区的需要，从而制定相应的干预措施，明确扶贫的关键领域。同时，贫困影响评价能够对贫困地区的发展进行监测，提高扶贫的效率。

在国内，通过经济增长速度来反映扶贫开发等工作实绩是传统扶贫成效评价的主要思路。自从国家提出和实施推进精准扶贫精准脱贫方略，特别是党的十八届三中全会明确指出，完善发展成果考核评价体系，纠正单纯以经济增长速度评定政绩的偏向以来，政府考核和评估体系也开始发生变化。陈家喜、汪永成指出，当政府考核体系由主要考核地区生产总值向主要考核扶贫开发工作成效转变之后，将有望形成一种政绩驱动的地方政府扶贫工作创新的动力机制。[1]中央经济工作会议明确提出，贫困地区要把提高扶贫对象生活水平作为衡量政绩的主要考核指标。不仅仅再紧盯着单一化 GDP 总量、财政收入等"表面文章"，而

---

① 陈家喜、汪永成：《政绩驱动：地方政府创新的动力分析》，《治学研究》2013 年第 4 期。

是更加关注贫困县可用于消除贫困的财力和实力等多元化目标。[①]

2. 绿色发展和减贫评价的技术方法演变

由于绿色扶贫的概念和理念正在形成、发展和完善，关于其评价的方法目前也正处于探索阶段。综合目前国内外对于绿色发展及减贫成效评价的相关研究，其评价方法主要包括人文发展指数法、多维贫困测量法、绿色扶贫指标法等。

（1）人文发展指数法

在有关经济发展的衡量方面，目前国际通行的标准是使用联合国开发计划署提出发布的人文发展指数。人文发展指数 (Human Development Index，HDI)，也被译为人类发展指数，源于联合国开发计划署 1990 年发布的第一份《人类发展报告》。HDI 将经济指标与社会指标相结合，揭示了经济增长与社会发展的不平衡，指出人文发展状况，即人的健康长寿、受教育机会、生活水平、生存环境和自由程度等指标的综合发展状况，是衡量一个国家综合国力的重要指标。

与以往的经济实绩指标和福利经济指标相比，人文发展指数是反对 GDP 的产物，即反对以 GDP 这一单一指标来衡量发展水平。人文发展指数主要是用以衡量各国社会经济发展程度，包括平均预期寿命、教育水平和人均 GDP 等指标内容，在指导发展中国家制定相应发展战略方面发挥了极其重要的作用。1990 年以后，联合国开发计划署每年都发布世界各国的人类发展指数，并在《人类发展报告》中使用它来衡量各个国家人类发展水平。

然而，关于 HDI 是否能全面反映发展程度仍然是一个争论较大的

---

① 万君、张琦：《制度设计及影响：贫困县考核机制效果评估——基于贵州省的实证研究》，《贵州社会科学》2016 年第 2 期。

话题。首先，人文发展的概念本身就比任何一个指数或一组指标的内容丰富得多，任何一个指数与一组指标都难以真实地体现人文发展的全部实际情况。有批评者提出，为什么要试图简单地用一个数字来表示国家和地区丰富内涵的人文发展水平。其次，人文发展指数的三个组成部分的权重也带有随意性，排除什么和列入什么也具有随意性，这些也影响其评价方法和结果的客观性、准确性。[1]

总之，人文发展指数评价方法鲜明地指出了经济发展的涵盖面要更加广泛，经济增长并不意味着经济发展这一问题。联合国开发计划署在《1996年人类发展报告》(*Human Development Report* 1996)中，就专门提到了5种"有增长而无发展"现象，即无工作的增长(jobless growth)、无声的增长(voiceless growth)、无情的增长(ruthless growth)、无根的增长(rootless growth)以及无未来的增长(futureless growth)。[2]

（2）多维贫困测量法

多维贫困测量法是目前应用较为广泛的贫困测量方法。它从内容上打破单一的经济维度，从健康、教育和卫生等几大维度对贫困程度进行测度，与绿色扶贫理念相似。相较于收入贫困，多维贫困更能准确把握贫困的本质和内涵，对于减贫程度的分析也更全面和综合。但用于测量多维贫困的多维贫困指数本身却包含着不少远未解决的问题。

对中国这样的发展中国家来说，贫困的内容远不止教育、健康、卫生三个维度，还包含更多的层面和维度。首先，多维贫困内容并未

[1]　徐家林：《人文发展指数：构成、争论与超越》，《人文杂志》2006年第5期。
[2]　United Nations Development Programme, *Human Development Report* 1996, New York, Oxford, OxfordUniversity Press, 1996.

涵盖经济维度，对于大多数发展中国家而言，由于经济整体水平仍有较大发展空间，贫困人口的经济条件不高，经济因素仍然是目前造成贫困的主要因素之一。中国也不例外，随着改革开放以来大跨步地发展，虽然中国整体经济得到空前进步，但是贫富差距也在进一步加大，有相当一部分居民经济水平严重滞后，远低于全国经济平均水平。其次，多维贫困并未把生态维度纳入贫困程度测量内容。随着全球生态环境的不断恶化，生态维度对于贫困的影响不可忽视。虽然改革开放以来中国经济发展战略经过多次调整，但是之前长时间的粗放式发展对生态环境造成较大负面影响，并与贫困形成相互恶性影响的关系。最后，社会保障也是影响贫困的重要因素之一。社会保障在一定程度上降低了贫困发生的概率，提高了贫困人口的收入。同时，社会保障的提升也增强了农民的经济保障能力，提升了贫困地区的内生发展能力。由此可见，随着经济水平的不断提升，居民生活水平需求的不断提高，国家对居民社会保障环境的不断改善，社会保障对于减少贫困的影响力不断上升，社会保障成为中国减贫不可忽视的内容之一。

（3）绿色扶贫指标法

绿色扶贫指标法体系是由北京师范大学中国扶贫研究院构建的，张琦教授等在比较分析各类相关评价方法基础上，结合中国集中连片特困地区实际，提出了编制中国集中连片特困地区绿色减贫指标体系的基本思路和原则，构造了一个包括 4 个一级指标和 27 个二级指标的结构体系。

总的来看，绿色减贫指标体系是评价中国集中连片特困地区绿色减贫状况的重要依据，对一个地区绿色减贫现状和能力进行综合评估，能够为地区制定和实施绿色减贫发展战略提供重要参考。绿色减贫的目标是多元的，既有经济、社会、人口、资源、环境目标，又有增长、结构优化目标，还有公平、效率目标。选取绿色减贫指数具体指标过程中，应坚持科学性原则、系统性和综合性原则、统一性原则、时效性与前瞻性原则、指标与数据可比性原则以及指标与数据的可得性原则。具体来看，采用四分法来确定指标体系的一级结构，即从经济增长绿化度角度、资源利用与环境保护程度角度、社会发展能力角度和扶贫开发与减贫效果角度来构建中国集中连片特困地区绿色减贫指标体系。其优点是在指标体系构建中结合中国目前绿色扶贫的影响因素，从经济、社会、文化及生态等不同角度加以构建，比较符合目前中国绿色扶贫的实际情况。

然而，在减贫成效计算方法上，北京师范大学中国扶贫研究院主要采取指数测算法对不同指标减贫程度进行测算，方法相对较为简单。同时，减贫成效大多数都是以加总的方式来呈现，仅能研究整体的减贫效应，而无法分析不同维度单独的减贫成效以及每个维度对于整体减贫成效的贡献率，具有一定局限性。而减贫成效评价的最终目的是制定有针对性的减贫路径及策略，需要扬长避短，根据每个维度减贫的不同表现而定，绿色扶贫成效的分解是评价不容忽视的内容之一。

3. 绿色发展和减贫评价的指标体系演变

绿色扶贫的评价指标体系在一定程度上借鉴了绿色发展及减贫发展成效的评价体系，因此探索中国绿色扶贫评价指标体系的发展演变，离不开对有关绿色发展、减贫发展等方面评价指标体系的梳理和总结。总的来看，绿色发展水平的测度和指标体系设计，在不同的历史发展阶段及不同发展水平国家，形成了不同的测度方法及相应的指标体系。

（1）生态效率指标体系及环境指数

根据亚太地区经济增长速度较高、生态环境问题严峻的特点，联合国亚太经济与社会理事会(United Nations Economic and Social Commission for Asia and the Pacific，UNESCAP)建立了一套能够反映经济活动和资源环境相互作用关系的生态效率指标体系框架，以评估亚太地区环境发展水平对整个经济社会可持续发展的影响（表1-8）。

表1-8　生态效率指标体系

		资源消耗强度	环境影响强度
宏观经济层面		1. 水消耗强度 2. 能源消耗强度 3. 土地利用面积强度 4. 原材料消耗强度	1. 水排放强度 2. 空气排放强度 3. 温室气体排放强度
经济各部门层面	农业	1. 水消耗强度 2. 能源消耗强度 3. 土地利用面积强度	1.CO_2 排放强度 2.CH_4 排放强度
	工业	4. 能源消耗强度 5. 水消耗强度 6. 原材料消耗强度	3.CO_2 排放强度 4. 固体废弃物排放强度
	制造业	7. 能源消耗强度 8. 水消耗强度 9. 原材料消耗强度	5.CO_2 排放强度 6.COD 排放强度 7. 固体废弃物排放强度
	公共和开放的私人服务行业	10. 能源消耗强度 11. 水消耗强度 12. 土地利用面积强度	8.CO_2 排放强度 9. 废水排放强度 10. 都市固体废弃物排放强度
	交通运输	13. 燃料消耗强度	11. CO_2 排放强度

资料来源：联合国亚太经济与社会理事会（UNESCAP），2009。

耶鲁大学和哥伦比亚大学联合发布了环境可持续性指数(ESI)，以填补可持续发展量化指标缺失的空白，并支持千年发展目标。为了能够重点评估各国环境治理的成效，并为各国提供政策指导，从2006年开始，在 ESI 的基础上发展了另一种新的指标体系，即环境绩效指数 (EPI)，这一指数主要围绕两个基本的环境保护目标展开：一是减少环境对人类健康造成的压力；二是提升生态系统活力和推动对自然资源的良好管理。其指标框架主要包括两个部分，即环境健康和生态系统活力，构建了共22 项能够反映当前社会环境挑战焦点问题的具体环境指标。

在国内，中国科学院可持续发展战略研究组于 2006 年提出了资源环境综合绩效指数 (REPI)，对国家和各个地区的资源消耗和污染排放绩效进行监测和综合评价（表 1-9）。[①] 2010 年，黄和平等人对资源环境绩效指数进行了适当改进，认为资源环境绩效指数的表达意义与直观上的资源环境绩效水平或者节约程度正好相反，容易造成直观错觉。改进后的资源环境绩效指数认为绩效指数越高，则资源环境绩效水平或者节约程度越高。

表 1-9　资源环境绩效评价指标体系

一级指标	二级指标
资源消耗强度指标	1. 能源消耗度　2. 单位 GDP 固定资产投资 3. 用水强度　4. 单位 GDP 建设用地规模
污染物排放强度指标	1. 化学需氧量排放强度　2. 二氧化硫排放强度 3. 工业固体废物排放强度

资料来源：中国科学院中国可持续发展战略研究组，2006。

（2）绿色发展多指标测度体系

2010 年以后，有关绿色发展的评价方法和指标建设得到进一步发展，产生了绿色发展多指标测度体系。这一体系主要是通过一系列核

---

① 中科院可持续发展战略研究组：《中国可持续发展战略报告——建设资源节约型和环境友好型社会》，科学出版社 2006 年版。

心指标从各角度反映绿色发展进步情况，不需要进行指标加权。这类指标体系能够直观地显示绿色发展的促进和制约因素，但无法像类似综合指数一样从总体上评估绿色发展。[①]

　　绿色增长指标着眼于绿色增长的业绩，以经济活动中的环境和资源生产率、自然资产基础、生活质量的环境因素、经济机遇和政策响应四类相互关联的核心要素为一级指标，还包括 14 个二级指标和 23 个三级指标（图 1-2、图 1-3）。这一衡量框架和指标体系涵盖了各成员国生态、经济、结构和体制特征等方面的大部分信息，指标设计相对比较灵活，并被广泛应用于成员国家。

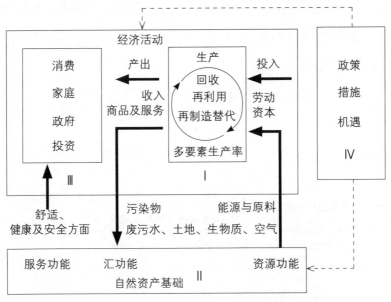

图 1-2　OECD 绿色增长战略框架

---

① 郑红霞、王毅、黄宝荣：《绿色发展评价指标体系研究综述》，《工业技术经济》2013 年第 2 期。

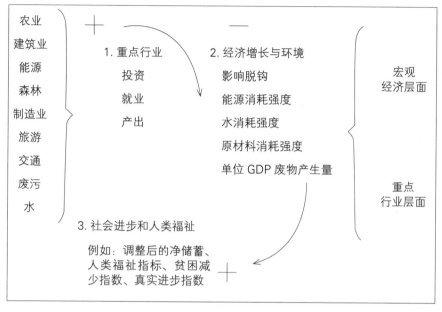

图 1-3　UNEP 绿色经济衡量框架

（3）中国绿色发展评价体系

北京师范大学提出了中国绿色发展指数，这一指数特别注重绿色与发展的结合，突出政府在绿色管理过程中的引导作用，强调了绿色生产的重要性，这一测度体系主要从经济增长绿色度、资源环境承载潜力、政府政策支持度这 3 个方向出发构建指标体系，包括 9 个二级指标、55 个基础指标（表 1-10）。同时，北京工商大学等研究机构则从资源环境效率出发来构建绿色经济指数，将北京作为绿色经济指数的基准城市，以北京的资源环境效率为基准来计算其他城市的绿色经济发展水平，实际上是一种简化了的生态效率评估指标体系。卢强等借鉴脱钩理论的核心理念，分析资源环境的特征指标，利用工业资源消耗或污染物排放变化对工业产值的弹性脱钩值，作为考察工业绿色转型升级的动态指标，建立起包括工业资源环境压力、工业资源环境弹性脱钩和工业发展绿化度三个方面的工业绿色发展评价指标体系，并应用于广东省 21 个地级以上城市的评价分析。[①] 叶丽娜、高桂英从绿色经济效率、环境变化、生活水平三个方面构建指标体系，并运用熵值法测度了宁夏绿色发展水平综合值。[②] 李向东、李夏玲基于经济全球化、国际产业转移背景下创新园区的发展，以江苏省国家级创新型园区为研究对象，构建了江苏创新型园区绿色发展评价的四级指标体系，并利用 AHP 法计算了各级指标的权重。[③] 薛珑从绿色经济效率、绿色资源环境、绿色科技创新和绿色经济政策四个方面构建了绿色经济发展测度体系，并对济南市的发展状况进行评估。[④] 李琳、楚紫穗构建了区域产业绿色发展指数评价指标体系，并运用主成分分析法对我国 31 个省市的绿色发展指数进行了动态比较。[⑤] 刘凯等运用熵值 topsis 法和多元线性回归分析了我国绿色化随时间改变的特征及其影响因素。[⑥] 马骏等从资源与环境生产力、生活环境质量、资源存量和政策回应与经济机会四个维度建立评价体系。其中，资源与环境生产力又分为绿色增长效率和资源绿色度两个维度，分别衡量经济增长的绿

① 卢强、吴清华、周永章等：《工业绿色发展评价指标体系及应用于广东省区域评价的分析》，《生态环境学报》2013 年第 2 期。
② 叶丽娜、高桂英：《宁夏农业绿色发展水平测度与影响因素研究》，《农业科学研究》2017 年第 4 期。
③ 李向东、李夏玲：《绿色发展视角下江苏创新型园区评价指标体系的构建》，《江苏理工学院学报》2016 年第 5 期。
④ 薛珑：《绿色经济发展测度体系的构建》，《统计与决策》2012 年第 18 期。
⑤ 李琳、楚紫穗：《我国区域产业绿色发展指数评价及动态比较》，《经济问题探索》2015 年第 1 期。
⑥ 刘凯、任建兰、王成新：《中国绿色化的演变特征及其影响因素》，《城市问题》2016 年第 4 期。

色化程度和资源利用的绿色化水平；生活环境质量从基础设施和物化
水平考量；政策回应与经济机会则包含政府投资和科教文卫两个维度，
分别反映政府机制在环境治理和经济与科技发展中作出的努力。同时，
在一级指标的名称定义上还参考了 OECD 绿色增长指标分类。[①]

表1-10　中国绿色发展指数指标及权重

一级指标	权重	二级指标	权重
经济增长绿化度	30	绿色增长效率指标	40
		第一产业指标	10
		第二产业指标	35
		第三产业指标	15
资源环境承载潜力	45	资源与生态保护指标	20
		环境与气候变化指标	80
政府政策支持度	25	绿色投资指标	40
		基础设施和城市管理指标	30
		环境治理指标	30

（4）减贫发展评价指标体系

作为全世界关心关注的重大现实问题，国际社会对于减贫发展已经
形成了多个国家和地区通行的权威指数，如人类发展指数、OECD 绿色
增长指标、美好生活指标、益贫式增长指数、扶贫监测指标体系等，并
被广泛应用于许多国家的减贫水平及进度测度。就贫困而言，也专门设
计了如何有效衡量贫困的指标，即贫困的测度或贫困化指数的构建，具

---

① 马骏、李夏：《中国绿色发展水平空间分异与影响因素研究》，《河南科学》2017 年第
7 期。

体的测量指标包括贫困发生率、贫困深度和贫困深度指数等。[1]

在国内，一方面，我国各地方政府在贫困县考核评估及退出评估的实践操作层面，进行了一系列的创新和探索。如河北省委、省政府确定贫困县出列的评价标准，主要采用人均公共财政预算收入和农民人均纯收入两个指标，按"四六"权重赋值，即人均地方公共财政预算收入占 40%，农民人均纯收入占 60%（考虑到国定重点县贫困程度相对较深，在基本指标测算基础上，分别减少 5% 作为修正赋值），计算考核年度前连续 3 年的算术平均值，并对省定重点县和片区外国定重点县的相关指标进行测算，从高到低排列，排名在前 10 位的予以出列，以后年度以未出列重点县为基数进行排序。贵州省也在脱贫攻坚过程中确定了贫困乡、贫困村、贫困户退出标准。贫困乡（镇）"减贫摘帽"标准及方式按照省定标准执行（考核贫困发生率、农村居民人均可支配收入两项内容）；贫困村出列按照"一降一达一超"的标准执行（贫困发生率每年下降 4.3 个百分点，农村居民人均可支配收入达到全省平均数的 60% 以上，当年集体经济收入超过 10 万元）。贫困人口脱贫仍以农村居民人均可支配收入 2300 元（2010 年不变价）为标准。按照贫困人口脱贫与识别程序一致的原则，执行"乡村确定脱贫名单、村民代表大会评议、乡（镇）政府审核、县扶贫办批复的'两公示一公告'"的流程，认定退出贫困人口。同时，贵州省针对贫困县和贫困乡镇，量身定做了细化标准：国家扶贫开发工作重点县以 2010 年全省贫困发生率 33.4% 为基数，以到 2020 年与全国同步实现全面小康为目标，要求每年贫困发生率必须下降 3.3 个百分点，同时按 6：4 的权

---

[1]　北京师范大学中国扶贫研究中心课题组：《绿色减贫理论综述》，《经济研究参考》2015 年第 10 期。

重考核农民人均纯收入、人均地方预算内财政收入两项指标。由此可以发现，地方贫困退出机制构建的共性首先是以国家扶贫战略为依据，根据各地实际情况制订有针对性的目标计划；其次是以人均收入水平为核心，按照县乡村户逐级分解指标和任务；再次是以既定时间节点为基础，分阶段、分步骤逐渐实现脱贫摘帽；复次是以适度的奖惩为补充，重视进退结合、奖惩结合；最后是以创新和科学为指导，不断创新工作方式，科学高效推进减贫工作。①

　　另一方面，一些学者开展了相关理论层面的研究，并形成了相应的指标体系建构框架和政策建议。张琦等指出，农村贫困动态监测与评估体系是我国贫困退出机制的前提和保障，只有科学有效地监测和评估才能保证贫困退出机制的合理性和公信力。②王佳宁、史志乐提出，贫困退出机制不仅受贫困户自身素质、家庭条件和经济社会发展水平影响，而且受户籍、土地、保障等制度环境的综合作用，是由贫困退出的动力、补偿、风险、激励与约束等相互作用的各种经济社会关系、组织制度构成的综合系统机制。因此，他们借鉴和吸收国际上相关发展指数和我国贫困户建档立卡的内容，并结合我国贫困地区的实际现状，认为可从贫困基础、经济发展、人文发展和生存环境四个向度构建多维、动态的贫困退出指标体系。因此，提出构建贫困退出机制，应从建立、健全和完善贫困退出的动力机制、补偿机制、风险防范机制、激励与约束机制、第三方评估机制等方面入手。他们基于指标体系的选取和设定主要借鉴和吸收联合国人类发展指数、经济合作与发

① 张琦：《贫困退出机制的现实操作：冀黔甘三省实践与启示》，《重庆社会科学》2016年第12期。
② 张琦、史志乐：《我国农村贫困退出机制研究》，《中国科学院院刊》2016年第3期。

展组织（OECD）绿色增长测度指标体系、牛津大学贫困与人类发展研究中心（OPHI）多维贫困指数以及我国贫困户建档立卡的内容，并结合我国贫困地区的实际现状，构建了贫困退出的四个向度，即贫困基础向度、经济发展向度、人文发展向度、生存环境向度，每个向度下又分为三或四个子目标。[1]

总之，随着绿色扶贫成为我国当前新形势下精准扶贫工作的新理念、新机制、新方法，未来应进一步设计和完善符合绿色扶贫评价的思路方法和指标体系。特别是围绕国家实施精准扶贫精准脱贫，绿色减贫的指标体系建设必须体现国家扶贫开发战略的发展变化，在具体指标的设计、选取、甄别等方面都要与精准扶贫精准脱贫需求相适应，客观、准确、全面地反映国家脱贫攻坚过程中绿色减贫的发展水平。

（二）中国绿色扶贫评价的主要思路和方法

截至目前，专门针对中国绿色扶贫成效评价的研究仍较少，相关研究也并不能完全体现绿色扶贫理念及内容。因此，很有必要构建中国绿色扶贫成效评价体系，对中国现阶段绿色贫困状况以及近几年的绿色扶贫成效进行宏观性认识和评价。

基于此，我们通过构建绿色扶贫指标体系对绿色扶贫成效进行测量分析，并在此过程中不断加以改进和完善。

第一阶段：2014 年，我们在比较分析各类相关评价方法的基础上，结合中国集中连片特困地区实际，提出了编制中国集中连片特困地区绿色扶贫指数体系的基本思路和原则，构建了一个包括 4 个一级指标和 27 个二级指标的结构体系（见表 1-11），并简单介绍了指标的选择

---

[1]　王佳宁、史志乐：《贫困退出机制的总体框架及其指标体系》，《改革》2017 年第 1 期。

与指数的测算方法。依据 14 个集中连片特困区 2012 年的数据，对连片特困区绿色扶贫情况进行了测算。此种方法的优势是融合了经济、社会、生态以及扶贫等多维度的指标，综合性地对减贫成效进行长效分析，符合绿色扶贫的核心思想。

表 1-11　中国绿色扶贫指数一、二级指标（2014 年）

一级指标	二级指标	指标类型
经济增长绿化度	人均地区生产总值	正
	单位地区生产总值能耗	逆
	单位地区生产总值二氧化硫排放量	逆
	劳动生产率	正
	土地产出率	正
	工业固体废物综合利用率	正
	第三产业增加值比重	正
资源利用与环境保护程度	人均森林面积	正
	森林覆盖率	正
	单位耕地面积化肥施用量	逆
社会发展能力	农村恩格尔系数	逆
	城乡收入比	逆
	新型农村合作医疗参合率	正
	有卫生室行政村比例	正
	新型农村养老保险参保率	正
	高中阶段教育毛入学率	正
扶贫开发与减贫效果	贫困人口占总农村人口比重	逆
	农村人均纯收入增长率	正
	通电自然村比重	正

一级指标	二级指标	指标类型
扶贫开发与减贫效果	通路自然村比重	正
	自来水普及率	正
	有效灌溉面积	正
	有设施农业大棚行政村比重	正
	有设施畜牧业大棚行政村比重	正
	有互助资金组织行政村比重	正
	有农民专业合作经济组织行政村比重	正
	有经营农家乐行政村比重	正

第二阶段：2016 年，我们根据实际情况，对指标体系进行了修正，一些区分度不高、数据可得性差的指标，我们对其进行了替换，也相应地增加了一些能够更好测度贫困地区绿色扶贫的指标。总的来看，与 2014 年使用的绿色扶贫评价指标体系相比，原体系为四大类 27 个二级指标，这次修订，增加 1 个指标，删除 6 个指标，修改后的指标体系为四大类 21 个指标。总的来看，一级指标仍然是经济增长绿化度、资源利用与环境保护程度、社会发展能力、扶贫开发与减贫效果四个方面，对指标的调整和完善集中在二级指标上（表 1-12）。

然后，以一级指标为基础对原有的 27 个二级指标进行了调整。共调整了以下指标：

（1）取消了劳动生产率指标。劳动生产率是派生指标，计算方式太过复杂。更为重要的是，其指标本身的一些内涵已经通过经济增长绿化度下几个二级指标有所反映，人均地区生产总值、单位地区生产总值能耗、单位地区生产总值二氧化硫排放量、土地产出率、工业固体废物综合利用率5项指标都从不同的侧面体现了劳动生产率某个或某几个方面。我们认为，这几个指标已经能够较好地体现出劳动生产率的指标内涵，因此取消了该指标。

（2）将自来水普及率调整为实现安全饮水人数比重指标。首先，农村统计口径一般仅统计安全饮水人数比重，因此，出于数据可得性的考虑，我们将自来水普及率调整为实现安全饮水人数比重。另外，农村饮用水安全问题是美好乡村建设的一项重要内容，也是党的十八届三中全会提出加快生态文明制度建设的内在要求，这不仅有利于增加农民的福祉、维护农民的利益，而且对建设资源节约型、环境友好型社会，实现可持续发展，加快实现全面小康社会的建设目标也有着重大现实意义。

（3）暂时取消有设施农业大棚行政村比重、有设施畜牧业大棚行政村比重。对设施农业温室大棚和设施畜牧业大棚，各省的统计口径还存在较大差别，对主体材料外径、壁厚、柱间距、主要配套设备及建造棚型等重大技术问题还没有较为统一的标准；另外，智能温控大棚和温室大棚的认定起点面积也还存在差异，导致省际数据的差异较大。另外，此两项指标是相对指标，较难通过相对数量体现具体指标内涵，实际上相同数据的地区，其农业大棚、畜牧业大棚的数量和质量有可能存在天壤之别，也就是该指标本身的区分度也较差。基于以上两点考虑，我们删除了这两项指标。

（4）暂时取消了有农民专业合作经济组织行政村比重指标。此指标也是相对指标，较难通过相对数量体现具体指标内涵，数据相同的地区，农民专业合作社的质量、数量，以及在农村政治、经济生活中体现的具体作用很可能存在很大的差别，难以通过数据本身表达其具体内涵。另外，由于绝大多数行政村均成立了各种类型的专业合作经济组织，导致该指标本身的区分度比较差。基于以上两点考虑，我们取消了该指标。

（5）暂时取消了有经营农家乐行政村比重指标。首先，此指标是相对指标，和前面几个取消的指标一样，较难通过相对的数量体现指标的具体内涵。其次，各地对于农家乐的统计口径、标准、方法也存在较大差异，省际数据的差异较大。最后，从实际情况来看，地方部门对于此指标的统计随意性也较大，导致该指标的可信度也不高。基于以上三点考虑，我们删除了该指标。

表1-12 中国绿色扶贫指数指标及权重（2016年）

一级指标	权重	二级指标	权重	指标类型
经济增长绿化度	28.57%	人均地区生产总值	4.76%	正
		单位地区生产总值能耗	4.76%	逆
		单位地区生产总值二氧化硫排放量	4.76%	逆
		土地产出率	4.76%	正
		工业固体废物综合利用率	4.76%	正
		第三产业增加值比重	4.76%	正
资源利用与环境保护程度	14.29%	人均森林面积	4.76%	正
		森林覆盖率	4.76%	正
		单位耕地面积化肥施用量	4.76%	逆

续表

一级指标	权重	二级指标	权重	指标类型
社会发展能力	28.57%	农村恩格尔系数	4.76%	逆
		城乡收入比	4.76%	逆
		新型农村合作医疗参合率	4.76%	正
		有卫生室行政村比例	4.76%	正
		新型农村养老保险参保率	4.76%	正
		高中阶段教育毛入学率	4.76%	正
扶贫开发与减贫效果	28.57%	贫困人口占总农村人口比重	4.76%	逆
		农村人均纯收入增长率	4.76%	正
		通电行政村比重	4.76%	正
		通路行政村比重	4.76%	正
		有效灌溉面积占基本农田面积比重	4.76%	正
		实现安全饮水人数比重	4.76%	正

第三阶段：为了进一步对中国绿色扶贫成效进行准确评价，在指标体系内容上，我们参考了之前所做的绿色扶贫指标体系，主要从经济增长绿化度、资源利用与环境保护程度、社会发展能力和扶贫开发与减贫效果四个维度构建绿色扶贫指标体系，也参考了人类发展指标等，在此基础上，结合我国扶贫脱贫实际，我们构建了一个包括 4 个一级指标和 27 个二级指标的结构体系（表 1-13）。

绿色扶贫指数的 4 个一级指标，分别是从经济增长绿化度角度、资源利用与环境保护程度角度、社会发展能力角度和扶贫开发与减贫效果角度来构建中国绿色扶贫指标体系。我们认为，这四个维度能够很好测度和衡量绿色扶贫水平和质量。

表 1-13 中国绿色扶贫指数一、二级指标

一级指标	二级指标	指标类型
经济增长绿化度	人均地区生产总值	正
	单位地区生产总值能耗	逆
	单位地区生产总值二氧化硫排放量	逆
	劳动生产率	正
	土地产出率	正
	工业固体废物综合利用率	正
	第三产业增加值比重	正
资源利用与环境保护程度	人均森林面积	正
	森林覆盖率	正
	单位耕地面积化肥施用量	逆
社会发展能力	农村恩格尔系数	逆
	城乡收入比	逆
	新型农村合作医疗参合率	正
	有卫生室行政村比例	正
	新型农村养老保险参保率	正
	高中阶段教育毛入学率	正
扶贫开发与减贫效果	贫困人口占总农村人口比重	逆
	农村人均纯收入增长率	正
	通电自然村比重	正
	通路自然村比重	正
	自来水普及率	正
	有效灌溉面积	正
	有设施农业大棚行政村比重	正

续表

一级指标	二级指标	指标类型
扶贫开发与减贫效果	有设施畜牧业大棚行政村比重	正
	有互助资金组织的行政村比重	正
	有农民专业合作经济组织行政村比重	正
	有经营农家乐行政村比重	正

同时，我们也进一步对测量方法进行改善和创新。主要参考了多维贫困测量方法。与传统的以收入为主的贫困测量方法相比，多维贫困测量方法的优势主要体现在两个方面：第一，多维贫困测量方法从各个维度来确定某个地区在具体维度上是否贫困，从而得出在不同维度上具体的贫困指数，优势是对贫困的识别更加准确和全面，可以对贫困程度进行不同角度的分解分析，同时也考虑了影响贫困的不同因素，从多个角度对贫困程度进行综合分析，避免了维度过于单一的贫困识别标准。第二，多维贫困测量方法通过设定每个维度的临界值对贫困进行界定，然后再根据每个维度的贫困状态确定最终的多维贫困指数，提高贫困测量准确度，能够较精确全面地反映贫困人口的贫困程度及减贫成效，同时也能较综合地反映一个地区的减贫效应。全球的多维贫困指数（MPI）是由牛津贫困与人类发展（OPHI）和联合国开发计划署开发的，主要基于收入维度，使用不同的因素来确定贫困。它取代了以前的人类贫困指数。因此，本部分通过采用多维贫困方法测算 2011 年、2012 年、2014 年贫困人口每年的绿色贫困程度，进而计算出 2011 年、2012 年、2014 年绿色扶贫成效，可以纵向观测出贫困人口在绿色扶贫中整体能力的提升以及在不同指标中的减贫成效。

（三）绿色扶贫评价的方法及标准

关于绿色扶贫评价方法和标准，国内外有很多相关的研究。

本书论述的绿色扶贫方法及标准主要结合多维贫困测量方法来实现。在指标测算上，本文根据多维贫困的测量方法，根据每个维度的指标属性，结合中国"十二五"贫困人口发展目标，对每个指标设定贫困临界值，测量每个维度的绿色贫困指数，同时本书引入时间因素，对 2011 年、2012 年、2014 年数据进行动态分析，最终获得 2011 年、2012 年、2014 年每年的绿色贫困指数，从而可以测算出 2011 年、2012 年、2014 年中国绿色扶贫成效。此方法的优势在于不仅从综合层面对绿色扶贫整体成效有较全面认识，而且从维度层面对中国绿色扶贫成效有直观的认识及对比。同时，还可以对中国不同地区间的绿色扶贫成效进行对比，形成多层次评价体系。本部分在多维贫困理论基础上，借鉴多维贫困理论模型，构建绿色扶贫成效理论模型，主要有以下步骤：

第一，选择 n 个地区样本，根据绿色扶贫指标体系的 19 个指标的状况进行调查取之，可以得到样本观测矩阵：

$$X_{ij} = \begin{pmatrix} x_{11} & x_{12} \cdots & x_{1m} \\ x_{21} & x_{22} \cdots & x_{2m} \\ \vdots & \vdots & \vdots \\ x_{n1} & x_{n2} \cdots & x_{nm} \end{pmatrix}$$

式中，X_{ij} 代表第 i 个地区在维度 m 上的取值，$i=1, 2, \cdots, n$；$j=1, 2, \cdots, m$。

第二，设定贫困标准 Z_m，获得贫困剥夺矩阵 $g(t)$，给每个指标确立一个临界值，识别每个地区在此维度上是否贫困，因此通过此理论可得到一个维度的绿色贫困剥夺矩阵：

$$G^{(t)} = \begin{pmatrix} g_{11}^{(t)} & g_{12}^{(t)} \cdots & g_{1m}^{(t)} \\ g_{21}^{(t)} & g_{22}^{(t)} \cdots & g_{2m}^{(t)} \\ \vdots & \vdots & \vdots \\ g_{n1}^{(t)} & g_{n2}^{(t)} \cdots & g_{nm}^{(t)} \end{pmatrix}, \quad t = (0, 1, 2)$$

第三，给每个维度设定权重，得到加权绿色贫困剥夺矩阵，权重可根据每个维度的重要性以及所包含的指标个数来确定，同时所有维度的权重之和需与维度的个数相等。

第四，按照各个维度，最终可测算出各个维度对于贫困的贡献率。需要说明的是，在此方法中，算出的绿色贫困指数表示绿色贫困程度的高低，指数越高，说明绿色贫困程度越高；指数越低，说明绿色贫困程度越低。

（四）绿色评价的验证

通过计算 2011 年、2012 年与 2014 年各片区的贫困变化程度可以得出 2011 年、2012 年、2014 年各片区的绿色扶贫效率。从绿色贫困发生率降低程度来看，罗霄山区的扶贫效果最好，绿色贫困发生率降低 91%；滇西边境片区、大别山区和秦巴山区绿色贫困发生率均降低 80% 以上，分别为 0.87、0.86 和 0.81；武陵山区、六盘山片区和吕梁山片区绿色贫困发生率降低范围在 50%—80%，分别为 0.71、0.60 和 0.55；燕山—太行山片区、大兴安岭南麓片区和滇桂黔石漠化片区降低

幅度较小，分别为 0.27、0.16 和 0.09；乌蒙山片区绿色贫困发生率不
降反增，增加 16 个百分点，扶贫效率是 11 个片区里唯——一个为负值
的片区（表 1-4）。

表 1-14　2011 年、2012 年、2014 年各片区绿色扶贫成效

片区	绿色贫困发生率降低效率	绿色扶贫效率
罗霄山区	0.91	0.92
滇西边境片区	0.87	0.89
大别山区	0.86	0.86
秦巴山区	0.81	0.82
武陵山区	0.71	0.75
六盘山片区	0.60	0.67
吕梁山片区	0.55	0.62
燕山—太行山片区	0.27	0.38
大兴安岭南麓片区	0.16	0.32
滇桂黔石漠化片区	0.09	0.16
乌蒙山片区	−0.16	−0.17

从图 1-4 可以直观看出 2011 年、2012 年、2014 年各片区绿色扶贫
成效，从绿色贫困发生率来看，总体片区均有一定的减贫成效。有一半
以上片区减贫程度均在 50% 以上，成效明显，但仍有个别片区扶贫成效
较低，仍处于绿色贫困程度较高的水平，比如大兴安岭南麓片区、滇桂
黔石漠化片区和乌蒙山片区，绿色贫困发生率较 2011 年相比降低较小，
乌蒙山片区绿色贫困发生率甚至出现增长现象，片区间扶贫成效相差较
大，较不均衡。

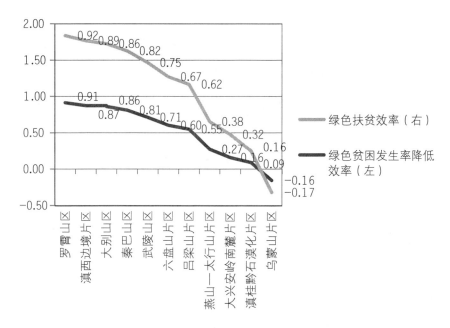

图 1-4　2011 年、2012 年、2014 年各片区绿色扶贫成效

　　对比 2014 年片区的绿色贫困程度和这 3 年的减贫成效来看，部分片区虽然截至 2014 年绿色贫困程度较低，但是绿色扶贫幅度不大，未来绿色扶贫潜力可能较小，如武陵山区，虽然 2014 年其片区绿色贫困发生率处于较低水平，但是下降幅度相比其相近片区稍显不足，因此未来绿色扶贫中可能会存在一定的制约。而部分片区虽然目前绿色贫困仍处于较高水平，但是对比 2011 年减贫幅度较大，未来绿色扶贫能力较强，具有较大的潜力，比如吕梁山片区，虽然 2014 年贫困发生率处于后半段，但是其片区近几年的绿色贫困发生率降低程度相对较高，因此表示此片区在今后的绿色扶贫中具有较大的潜力优势。此外，还有一部分片区绿色贫困发生率仍处于较高水平，且与 2011 年相比绿色扶贫幅度较小，减贫成效不明显，如大兴安岭南麓片区、滇桂黔石漠

化片区和乌蒙山片区。

对于集中连片特困地区的绿色扶贫研究，我们在《中国绿色扶贫指数报告》系列丛书中也做过相应研究，虽然指标体系和研究方法各不相同，但是都是对绿色扶贫成效进行研究，因此将本部分的研究结果与其作比较具有一定的验证效果。因此，选取《中国绿色扶贫指数报告 2016》中对于集中连片特困地区 2014 年绿色扶贫指数排名与本部分计算结果进行比较，见表 1-15。

表 1-15　2011 年、2012 年、2014 年片区绿色扶贫成效对比

2011 年、2012 年、2014 年片区	绿色扶贫效率	排名	2014 年片区	中国绿色减贫指数	排名
罗霄山区	0.91	1	罗霄山区	0.475	1
滇西边境片区	0.87	2	大兴安岭南麓片区	0.441	2
大别山区	0.86	3	大别山区	0.360	3
秦巴山区	0.81	4	秦巴山区	0.006	4
武陵山区	0.71	5	滇西边境片区	−0.009	5
六盘山片区	0.60	6	燕山—太行山片区	−0.029	6
吕梁山片区	0.55	7	六盘山片区	−0.068	7
燕山—太行山片区	0.27	8	武陵山区	−0.172	8
大兴安岭南麓片区	0.16	9	滇桂黔石漠化片区	−0.173	9
滇桂黔石漠化片区	0.09	10	吕梁山片区	−0.237	10
乌蒙山片区	−0.16	11	乌蒙山片区	−0.593	11

注：右边三列数据选自《中国绿色扶贫指数报告 2016》。

从表 1-15 可以看出，本部分计算结果（左侧数据）与《中国绿色扶贫指数报告 2016》中的计算结果（右侧数据）同时存在一定的吻合性和差异性。其中，乌蒙山片区和罗霄山区的排名在两个计算结果中

保持一致。在排名前半段，罗霄山区、秦巴山区和大别山区均在其中，后半段的乌蒙山片区、吕梁山片区和滇桂黔石漠化片区也均在两个研究结果中，六盘山片区只相差一位。同时，也存在一定差异性，部分片区在两个排名结果中差距较大，比如大兴安岭南麓片区在本书的计算结果中排名较靠后，绿色扶贫程度较缓慢，而在北京师范大学中国扶贫研究院的计算结果中，大兴安岭南麓片区的减贫成效排名却比较靠前。

（五）2020年后绿色减贫评价方法及研究展望

随着中国可持续发展理念的不断明确，2020年后中国对于扶贫评价的思路主要出现四大转折和变化：第一，由绝对贫困到相对贫困的转换。与传统贫困不同的是，贫困标准并不是固定的，而是选取社会平均水平为衡量标准，把收入水平低于一定程度的状态界定为贫困，相对贫困的出现是对原先贫困标准的延伸，主要根据不同地区不同的经济水平来变通性地对贫困进行衡量，具有更高的科学性，然而贫困判定的标准仍是以收入为主。1981年，世界银行开始以收入和消费两大维度为衡量标准对全世界的发展中国家进行贫困的测量和确定，随着社会实践和对贫困的认识不断加深，人类对于生活水平的需求不断提升，贫困的内涵和维度不断扩大。诺贝尔经济学奖获得者阿玛蒂亚·森从人的能力出发，于1999年首次提出能力贫困概念，打破收入贫困，而把人类寻求收入和机会能力的缺乏定义为贫困，因此贫困不仅仅是指收入和消费的贫困，而是人们缺乏改变其生存状况、抵御各种生产或生活风险的能力，把贫困的内涵由经济方面引申出来，对贫困的范围进行拓展和深化。

第二，由农村到城乡统筹。最早的扶贫对象主要集中在农村，因为在改革开放初期，大部分贫困人口主要集中在农村地区。然而，随着城镇化进程的不断推进，城乡一体化是未来发展的必然趋势，在这样的背景下，贫困人口不仅仅出现在农村地区，城市贫困也是未来出现的新型贫困。因此，2020 年后的扶贫将由农村转移到以城乡统筹为发展的整体区域。

第三，由国内扶贫到世界人类共同体的扶贫。之前中国的扶贫主要集中在国内的扶贫模式和成效上。然而随着全球可持续发展达成的共识，中国作为重要的发展中国家之一，扶贫成效为全球做出了巨大的贡献，扶贫经验也可以为全球扶贫提供重要的经验和参考借鉴。因此，2020 年后的绿色扶贫中国将彰显"大国风范"，以全球扶贫为着眼点，以世界人类共同体的扶贫作为未来扶贫的重要方向和目标。

第四，由经济为主的单维度扶贫到生态、健康、社会保障等多方面的绿色扶贫。随着经济水平的不断发展，扶贫的内容也发生较大的转化。改革开放初期，中国扶贫的内容主要在经济维度上，随着经济水平的不断提升，人们对生活水平的需求不断提升，扶贫的内容也逐渐发生变化。党的十九大报告指出，中国特色社会主义进入新时代，我国社会主要矛盾已经转化为人民日益增长的美好生活需要和不平衡不充分的发展之间的矛盾。"绿色"作为新发展理念的重要内容之一，未来扶贫必然也会朝绿色可持续的道路发展。因此，可以看出在未来的扶贫中，扶贫内容将从以经济为主的单维度扶贫转化为生态、健康、社会保障等多元化的绿色扶贫。

因此，在绿色扶贫指标体系的构建及不断改进过程中，我们发现绿色扶贫是具有较强的动态性和相对性的研究，是需要随着社会的发展和变化而逐渐改进的。因此，在未来的研究中，对绿色扶贫的研究具有三点建议和展望：

第一，在绿色扶贫指标体系的改进中，2020年后部分指标需要进一步替换、改进。在研究过程中，我们发现随着扶贫工作的不断推进，部分指标对于研究绿色扶贫成效的意义在逐渐缩小。比如，"通电自然村比重""通路自然村比重"等指标，在扶贫进程中不断被推进，这些指标已接近100%，在2020年必然都会达到标准，因此这类指标在未来将会从对于绿色扶贫的研究中删去。同时，部分指标将会加入，比如有关生态环境相关的指标，在未来的发展中所占的比重会越来越大，因此有必要将相关指标纳入绿色扶贫指标体系，比如有关土壤、水、大气等环境的指标。

第二，在测算方法中，进一步提升准确度。在测算过程中，我们结合国内外相关研究，选取不同的测算方法，并不断地加以改进和完善，在未来绿色扶贫测算中会进一步完善测算方法，更精准地对绿色扶贫成效进行评价。

第三，增强区域联动之间的绿色扶贫效益测算和分析。在未来的研究中，我们计划充分考虑区域之间的相互影响，将区域的绿色扶贫成效对于周围临近区域的影响考虑在内，这样能更准确地测算一个地区真实的绿色扶贫成效。

通过对2020年后整体绿色扶贫的发展进行预测展望，结合可持续发展原则，我们初步构建了2020年后绿色扶贫评价指标体系，见表1-16。

表 1-16　2020 年后中国绿色扶贫评价指标体系

一级指标	二级指标	指标类型
经济增长绿化度	人均地区生产总值	正
	单位地区生产总值能耗	逆
	单位地区生产总值二氧化硫排放量	逆
	土地产出率	正
	工业固体废物综合利用率	正
	第三产业增加值比重	正
	二氧化碳排放量	逆
资源可持续发展能力与环境保护程度	人均森林面积	正
	森林覆盖率	正
	空气质量指标	正
	水质相关指标	正
	土壤指标	正
	清洁能源使用率	正
减贫能力和效果	农村恩格尔系数	逆
	城乡收入比	逆
	新型农村养老保险参保率	正
	新型农村合作医疗报销比例	正
	高中阶段教育毛入学率	正
	贫困人口占总农村人口比重	逆
	农村人均纯收入增长率	正
	有效灌溉面积占基本农田面积比重	正
	非农产业就业人数	正
	城乡一体化程度	正
	土地集约化程度	正

一级指标	二级指标	指标类型
减贫能力和效果	农业现代化程度	正
	文体相关指标	正
	教育资源均等性指标	正

第一，在维度设定方面，我们由之前的四个维度改为三大维度，主要包括经济、资源与生态环境、减贫能力三个方面，其中经济方面大部分仍维持了之前指标体系的结构，因为就中国目前整体的发展情况而言，虽然 2020 年后中国贫困地区经济水平整体上升，贫困人口趋向于相对贫困状态，但是经济对于扶贫仍然比较重要。资源与生态环境方面，我们进一步增加空气、水、土壤以及环境友好型能源的比重，扩展了此维度的范围和内容。减贫能力方面，我们根据 2020 年后的贫困状态进一步扩大减贫能力的范围，提升减贫能力的标准，增加社会保障、教育、卫生、城乡一体化等内容，更全面地分析贫困地区的内生发展能力和长期发展潜力。

第二，在资源利用与环境保护程度方面，未来扶贫中生态环境的保护是较为重要的一个内容，因此在绿色扶贫评价指标体系的构建中，这一维度的内容会更全面，增加了水、大气和土壤保护的相关指标。

第三，在扶贫开发与减贫效果方面，首先，我们删除了"通电自然村比重"和"通路自然村比重"两项指标，因为目前来看，到 2020 年自然村通路比例基本能达到全覆盖，该指标已无区分度。其次，删去"实现安全饮水人数比重"，因为此指标在 2020 年基本可以全面完成。同时，将"新型农村合作医疗参合率"改为"新型农村合作医疗报销比例"。最后，根据目前中国扶贫的发展情况以及 2020 年后扶贫的趋势来看，未来贫困地区的内部发展潜力是推动其发展的重要因素，未来贫困地区内部的就业、现代化程度以及与城市之间的一体化程度等都是衡量扶贫效果的关键性指标，因此我们增加"非农产业就业人数""城乡一体化程度""土地集约化程度""农业现代化程度""文体相关指标""教育资源均等性指标"。

第二篇

指数研究报告：中国绿色
减贫指数研究报告 2018

一、中国绿色减贫指数指标体系的改进

2016年，我们在比较分析各类相关评价方法的基础上，结合中国集中连片特困地区实际，提出了编制中国集中连片特困地区绿色减贫指数体系的基本思路和原则，构造了一个包括4个一级指标和27个二级指标的结构体系，简单地介绍了指标的选择与指数的测算方法，并依据14个集中连片特困区2014年的数据，对连片特困区绿色减贫情况进行了测算。

我们根据2018年实际情况，对指标体系进行了修正，一些区分度不高、数据可得性差的指标，我们对其进行了替换，也相应地增加了一些能够更好测度贫困地区绿色减贫的指标。总的来看，与2016年使用的绿色减贫评价指标体系相比，原体系为4大类27个指标。这次修订，增加1个指标，同时取消了6个指标，修改后的指标体系为4大类21个指标。总的来看，一级指标仍然是经济增长绿化度、资源利用与环境保护程度、社会发展能力、扶贫开发与减贫效果四个方面，对指标的调整和完善集中在二级指标上。

首先，我们仍然采用同2016年一样的办法，用四分法来确定指标体系的一级结构，即从经济增长绿化度角度、资源利用与环境保护程度角度、社会发展能力角度和扶贫开发与减贫效果角度来构建中国集

中连片特困地区绿色减贫指标体系。表 2-1 显示，中国集中连片特困地区绿色减贫的一级指标中，经济增长绿化度反映的是集中连片特困地区在促进经济发展的生产过程中对资源的消耗程度以及对环境的影响程度；资源利用与环境保护程度反映的是集中连片特困地区现有的自然资源与环境的承载潜力以及在生产生活过程中对环境的保护程度；社会发展能力反映的是集中连片特困地区的总体民生发展水平；扶贫开发与减贫效果反映的是集中连片特困地区的主要减贫效果。

其次，通过四分法将指标体系的一级指标确定为以上四个方面，其中经济增长绿化度和资源利用与环境保护程度两个指标体现了"绿色"，社会发展能力和扶贫开发与减贫效果两个指标则体现了减贫，满足了我们既希望突出绿色又希望强调减贫的初衷，有助于达到我们测量中国绿色减贫指数的目的。

最后，以一级指标为基础对原有的 27 个二级指标进行了调整。共调整了以下指标：（1）取消了劳动生产率指标。（2）将自来水普及率调整为实现安全饮水人数比重指标。（3）暂时取消了有设施农业大棚行政村比重、有设施畜牧业大棚行政村比重。（4）暂时取消了有农民专业合作经济组织行政村比重指标。（5）暂时取消了有经营农家乐的行政村比重指标。

二、中国绿色减贫指数测算结果

根据中国绿色减贫指数指标体系，我们测算了 2016 年除西藏、四省藏区以及新疆南部三地州外 11 个集中连片特困地区的"绿色减贫指数"。本部分将介绍本年度测算得到的结果，并做简要分析。

（一）中国 11 个集中连片特困地区绿色减贫指数总体结果及分析

根据中国绿色减贫指数指标体系以及各指标 2016 年的数据，测算出中国 11 个集中连片特困地区 2016 年绿色减贫指数 [①] 及经济增长绿化度、资源利用与环境保护程度、社会发展能力和扶贫开发与减贫效果四个分指数的结果如表 2-1 所示。

表2-1　2016 年中国 11 个集中连片特困地区绿色减贫指数及排名

指标 片区	绿色减贫指数		一级指标							
			经济增长 绿化度		资源利用与环 境保护程度		社会发展 能力		扶贫开发与 减贫效果	
	指标值	排名	指标值	排名	指标值	排名	指标值	排名	指标值	排名
罗霄山区	0.645	1	0.801	2	0.335	1	0.686	3	0.760	1
滇西边境 片区	0.583	2	0.688	6	0.292	2	0.624	8	0.729	3
大别山区	0.569	3	0.703	5	0.083	8	0.742	1	0.748	2
秦巴山区	0.566	4	0.830	1	0.233	5	0.629	7	0.573	11
武陵山区	0.561	5	0.721	4	0.261	4	0.633	6	0.629	6
滇桂黔石 漠化片区	0.524	6	0.724	3	0.262	3	0.511	10	0.601	8
燕山—太 行山片区	0.504	7	0.598	9	0.089	7	0.704	2	0.626	7

---

① 由于数据收集不全等原因，西藏、四省藏区以及新疆南部三地州未参与测算。

续表

指标 片区	绿色减贫指数		一级指标							
			经济增长 绿化度		资源利用与环 境保护程度		社会发展 能力		扶贫开发与 减贫效果	
	指标值	排名	指标值	排名	指标值	排名	指标值	排名	指标值	排名
乌蒙山 片区	0.484	8	0.592	10	0.181	6	0.581	9	0.581	10
大兴安岭 南麓片区	0.475	9	0.543	11	0.015	11	0.666	4	0.676	5
六盘山 片区	0.473	10	0.604	8	0.044	9	0.659	5	0.583	9
吕梁山 片区	0.462	11	0.635	7	0.022	10	0.498	11	0.693	4

注：1.本表根据中国绿色减贫指数测算体系，依各指标 2016 年数据测算而得；2.本表各片区按照绿色减贫指数的指数值从大到小排序；3.本表中绿色减贫指数等于经济增长绿化度、资源利用与环境保护程度、社会发展能力和扶贫开发与减贫效果四个一级指标指数值之和；4.以上数据及排名根据《全国扶贫开发重点区域监测报告资料》、各省区市统计年鉴、各贫困县统计公报、《中国统计年鉴 2018》《中国环境统计年鉴 2018》《中国环境统计年报2018》《中国城市统计年鉴 2018》等测算。

由于本次测算采用"最大值最小值标准化法"进行无量纲化处理，因此对于经济增长绿化度、资源利用与环境保护程度、社会发展能力和扶贫开发与减贫效果这四个一级指标来说，数值越接近 1 说明该指标效果越好，绿色减贫指数越大说明其排名越靠前。

根据测算结果，2016 年绿色减贫指数排在前 4 名的集中连片特困地区依次是：罗霄山区、滇西边境片区、大别山区、秦巴山区，这四个片区的绿色减贫水平高于全国平均水平，武陵山区、滇桂黔石漠化片区、燕山—太行山片区、乌蒙山片区、大兴安岭南麓片区、六盘山片区、吕梁山片区的绿色减贫水平低于全国平均水平。为了直观地表现 11 个集中连片特困地区绿色减贫指数，绘制了排名比较图，具体见图 2-1。

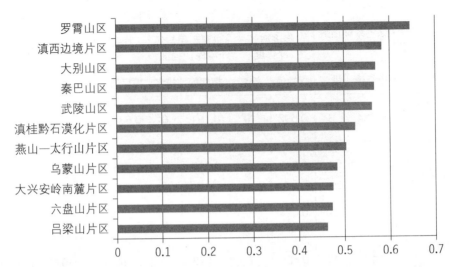

图 2-1　2016 年中国 11 个集中连片特困地区绿色减贫指数排名比较

注：根据表 2-1 数据所得。

　　以上测算结果表明，各片区的绿色减贫水平差异十分明显。这种差异主要来自两个不同的因素：一是体现在反映资源利用效率、绿色经济发展的"经济增长绿化度"和"资源利用与环境保护程度"；二是体现在扶贫开发效果的"社会发展能力"以及"扶贫开发与减贫效果"。从高于全国平均水平的前 4 个集中连片特困地区来看，罗霄山区、秦巴山区主要受第一方面因素的影响，滇西边境片区、大别山区则主要受第二方面因素的影响。

　　具体来说，罗霄山区绿色减贫指数排名第一，主要受到扶贫开发与减贫效果、资源利用与环境保护程度、经济增长绿化度的拉动，其社会发展能力指数排名靠后。排名第二的滇西边境片区在扶贫开发与减贫效果、资源利用与环境保护程度方面靠前，但其社会发展能力排名靠后。排名第三的大别山区主要是因为其社会发展能力水平最高，排名第四的秦巴山区则是由于经济增长绿化度水平最高。

与此同时，通过表 2-1 亦可看出，绿色减贫水平较低的各片区一级指标表现亦有不同：以排名最后的吕梁山片区为例，资源利用与环境保护程度、经济增长绿化度与社会发展能力指数指标表现均十分靠后，但扶贫开发与减贫效果排名却较为靠前；而排第七名的燕山—太行山片区的社会发展能力指数却很高，说明绿色减贫指数是一个综合性指标，由四个一级指标共同形成，对于片区的测度更加全面。

（二）2014 年、2016 年集中连片特困地区绿色减贫指数测算结果比较分析

从 2014 年和 2016 年两年的数据比较来看，片区之间的排名情况除罗霄山区、大别山区与秦巴山区没有变化外，其余片区均发生了相应的变化，各片区绿色减贫水平排名变化表现出不同的规律。其中，滇西边境片区、武陵山区、滇桂黔石漠化片区、乌蒙山片区的排名均有一定程度的提高；燕山—太行山片区、吕梁山片区有小幅度的下降；变化最大的是大兴安岭南麓片区，从 2014 年的第 2 名下降到 2016 年的第 9 名，从远高于平均水平降到低于平均水平（详见表 2-2）。

表 2-2　各集中连片特困地区中国绿色减贫指数排名变化

片区＼指标	绿色减贫指数				排名变化正值表示退步
	2016 年		2014 年		
	指标值	排名	指标值	排名	
罗霄山区	0.645	1	0.475	1	0
滇西边境片区	0.583	2	−0.009	5	−3

指标 片区	绿色减贫指数				排名变化 正值表示退步
	2016 年		2014 年		
	指标值	排名	指标值	排名	
大别山区	0.569	3	0.36	3	0
秦巴山区	0.566	4	0.006	4	0
武陵山区	0.561	5	−0.172	8	−3
滇桂黔石漠化片区	0.524	6	−0.173	9	−3
燕山—太行山片区	0.504	7	−0.029	6	1
乌蒙山片区	0.484	8	−0.593	11	−3
大兴安岭南麓片区	0.475	9	0.441	2	7
六盘山片区	0.473	10	−0.068	7	−3
吕梁山片区	0.462	11	−0.237	10	1

注：1.本表根据中国绿色减贫指数体系，依据2014年、2016年各指标数据测算而得；2.本表片区按2016年绿色发展指数的指数值从高到低排序；3.以上数据及排名根据《全国扶贫开发重点区域监测报告资料》、各省区市统计年鉴、各贫困县统计公报、《中国统计年鉴》《中国环境统计年鉴》《中国环境统计年报》《中国城市统计年鉴》等测算；4.由于西藏、四省藏区以及新疆南部三地州部分指标数据暂不全，因此本次测算不包含这三个片区。

三、中国绿色减贫指数的综合分析

根据中国绿色减贫指数指标体系，本部分将对经济增长绿化度、资源利用与环境保护程度、社会发展能力和扶贫开发与减贫效果这四个一级指标进行分析。

（一）经济增长绿化度指数测算结果及分析

在中国绿色减贫指数评价体系中，经济增长绿化度指标由人均地区生产总值、单位地区生产总值能耗、单位地区生产总值二氧化硫排放量、土地产出率、工业固体废物综合利用率、第三产业增加值比重 6 项二级指标构成。各项二级指标的权重见表 2-3。

表 2-3 经济增长绿化度指标、权重

一级指标	权重	二级指标	权重
经济增长绿化度	28.57%	人均地区生产总值	4.76%
		单位地区生产总值能耗	4.76%
		单位地区生产总值二氧化硫排放量	4.76%
		土地产出率	4.76%
		工业固体废物综合利用率	4.76%
		第三产业增加值比重	4.76%

在对二级指标的原始数据进行标准化处理的基础上，根据表 2-3 中的权重，计算得出了各片区 2016 年和 2014 年两年经济增长绿化度指标，测算结果如表 2-4 所示。

表 2-4 2016 年和 2014 年全国 11 个片区经济增长绿化度指标值及排名

片区 \ 指标	经济增长绿化度指数			
	2016 年		2014 年	
	指标值	排名	指标值	排名
秦巴山区	0.830	1	−0.057	7
罗霄山区	0.801	2	0.137	3
滇桂黔石漠化片区	0.724	3	−0.092	9
武陵山区	0.721	4	0.022	4
大别山区	0.703	5	0.181	2

续表

片区 \ 指标	经济增长绿化度指数			
	2016 年		2014 年	
	指标值	排名	指标值	排名
滇西边境片区	0.688	6	−0.088	8
吕梁山片区	0.635	7	−0.053	6
六盘山片区	0.604	8	−0.016	5
燕山—太行山片区	0.598	9	−0.114	10
乌蒙山片区	0.592	10	−0.142	11
大兴安岭南麓片区	0.543	11	0.215	1

注：1.本表根据中国绿色减贫指数体系，依据 2014 年和 2016 年各指标数据测算而得；2.本表片区按 2014 年经济增长绿化度指数的指数值从高到低排序；3.以上数据及排名根据《全国扶贫开发重点区域监测报告资料》、各省区市统计年鉴、各贫困县统计公报、《中国统计年鉴》《中国环境统计年鉴》《中国环境统计年报》《中国城市统计年鉴》等测算；4.由于西藏、四省藏区以及新疆南部三地州部分指标数据暂不全，因此本次测算不包含这三个片区。

从测算结果可以看出，2014 年，经济增长绿化度水平排前 4 位的片区依次是大兴安岭南麓片区、大别山区、罗霄山区、武陵山区，排名低于全国平均水平的片区有六盘山片区、吕梁山片区、秦巴山区、滇西边境片区、滇桂黔石漠化片区、燕山—太行山片区、乌蒙山片区 7 个片区。2016 年，经济增长绿化度水平排前 4 位的片区依次是秦巴山区、罗霄山区、滇桂黔石漠化片区、武陵山区，排名低于全国平均水平的片区有吕梁山片区、六盘山片区、燕山—太行山片区、乌蒙山片区、大兴安岭南麓片区 5 个片区。

从 2016 年和 2014 年的数据比较来看，有 3 个片区排名变化幅度较大，秦巴山区与滇桂黔石漠化片区分别由 2014 年的第 7 名上升到第 1 名，第 9 名上升到第 3 名，而大兴安岭南麓片区由 2014 年的第 1 名下降到第 11 名，其余各片区经济增长绿化度水平排名顺序变化不大。

（二）资源利用与环境保护程度指数测算结果及分析

在中国绿色减贫指数评价体系中，资源利用与环境保护程度指标由人均森林面积、森林覆盖率、单位耕地面积化肥施用量 3 项二级指标构成。各项二级指标的权重见表 2-5。

表2-5　资源利用与环境保护程度指标、权重

一级指标	权重	二级指标	权重
资源利用与环境保护程度	14.29%	人均森林面积	4.76%
		森林覆盖率	4.76%
		单位耕地面积化肥施用量	4.76%

在对二级指标的原始数据进行标准化处理的基础上，根据表 2-5 中的权重，计算得出了各片区 2016 年和 2014 年两年资源利用与环境保护程度指标，测算结果如下（见表 2-6）。

表2-6　2016 年和 2014 年全国 11 个片区资源利用与
环境保护程度指标值及排名

指标 片区	资源利用与环境保护程度指数			
	2016 年		2014 年	
	指标值	排名	指标值	排名
罗霄山区	0.335	1	0.166	1
滇西边境片区	0.292	2	0.088	3
滇桂黔石漠化片区	0.262	3	0.138	2

续表

指标 / 片区	资源利用与环境保护程度指数			
	2016 年		2014 年	
	指标值	排名	指标值	排名
武陵山区	0.261	4	−0.011	5
秦巴山区	0.233	5	0.047	4
乌蒙山片区	0.181	6	−0.060	9
燕山—太行山片区	0.089	7	−0.049	8
大别山区	0.083	8	−0.128	11
六盘山片区	0.044	9	−0.034	6
吕梁山片区	0.022	10	−0.115	10
大兴安岭南麓片区	0.015	11	−0.042	7

注：1. 本表根据中国绿色减贫指数体系，依据 2014 年和 2016 年各指标数据测算而得；2. 本表片区按 2014 年资源利用与环境保护程度指数的指数值从高到低排序；3. 以上数据及排名根据《全国扶贫开发重点区域监测报告资料》、各省区市统计年鉴、各贫困县统计公报、《中国统计年鉴》《中国环境统计年鉴》《中国环境统计年报》《中国城市统计年鉴》等测算；4. 由于西藏、四省藏区以及新疆南部三地州部分指标数据暂不全，因此本次测算不包含这三个片区。

从测算结果可以看出，2014 年，资源利用与环境保护程度水平排前五位的片区依次是罗霄山区、滇桂黔石漠化片区、滇西边境片区、秦巴山区、武陵山区，排名低于全国平均水平的片区有大兴安岭南麓片区、燕山—太行山片区、吕梁山片区、武陵山区、六盘山片区、乌蒙山片区、大别山区 7 个片区。2016 年，资源利用与环境保护程度水平排前五位的片区依次是罗霄山区、滇西边境片区、滇桂黔石漠化片区、武陵山区、秦巴山区，排名低于全国平均水平的片区有燕山—太行山片区、大别山区、六盘山片区、吕梁山片区、大兴安岭南麓片区 5

个片区。

从2014年和2016年的数据比较来看，乌蒙山片区、大别山区排名有一定程度的上升，大兴安岭南麓片区和六盘山片区有一定程度的下降，其余各片区资源利用与环境保护程度水平排名顺序并无明显变化，排名较为稳定。

（三）社会发展能力指数测算结果及分析

在中国绿色减贫指数评价体系中，社会发展能力指标由农村恩格尔系数、城乡收入比、新型农村合作医疗参合率、有卫生室行政村比例、新型农村养老保险参保率、高中阶段教育毛入学率6项二级指标构成。各项二级指标的权重见表2-7。

表2-7　社会发展能力指标、权重

一级指标	权重	二级指标	权重
社会发展能力	28.57%	农村恩格尔系数	4.76%
		城乡收入比	4.76%
		新型农村合作医疗参合率	4.76%
		有卫生室行政村比例	4.76%
		新型农村养老保险参保率	4.76%
		高中阶段教育毛入学率	4.76%

在对二级指标原始数据进行标准化处理的基础上，根据表2-7中的权重，计算得出了各片区2014年和2016年两年社会发展能力指标，测算结果如表2-8所示。

表 2-8　2014 年和 2016 年全国 11 个片区社会发展能力指标值及排名

片区＼指标	社会发展能力指数			
	2016 年		2014 年	
	指标值	排名	指标值	排名
大别山区	0.742	1	0.181	1
燕山—太行山片区	0.704	2	0.085	3
罗霄山区	0.686	3	−0.012	8
大兴安岭南麓片区	0.666	4	0.081	4
六盘山片区	0.659	5	−0.033	9
武陵山区	0.633	6	−0.010	7
秦巴山区	0.629	7	0.000	6
滇西边境片区	0.624	8	0.093	2
乌蒙山片区	0.581	9	−0.250	11
滇桂黔石漠化片区	0.511	10	−0.139	10
吕梁山片区	0.498	11	0.004	5

注：1. 本表根据中国绿色减贫指数体系，依据 2014 年和 2016 年各指标数据测算而得；2. 本表片区按 2014 年社会发展能力指数的指标值从高到低排序；3. 以上数据及排名根据《全国扶贫开发重点区域监测报告资料》、各省区市统计年鉴、各贫困县统计公报、《中国城市统计年鉴》等测算；4. 由于西藏、四省区藏区以及新疆南部三地州部分指标数据暂不全，因此本次测算不包含这三个片区。

以上测算结果显示，2014 年，社会发展能力水平排前 3 位的片区依次是大别山区、滇西边境片区、燕山—太行山片区，排名低于全国平均水平的片区有六盘山片区、罗霄山区、滇桂黔石漠化片区、武陵山区、乌蒙山片区 5 个片区。2016 年，社会发展能力水平排前 3 位的片区依次是大别山区、燕山—太行山片区、罗霄山区，排名低于全国平均水平的片区有秦巴山区、滇西边境片区、乌蒙山片区、滇桂黔石漠化片区、吕梁山片区。

从 2016 年和 2014 年两年的数据比较来看，部分片区社会发展能力水平排名变化较大，其中罗霄山区从 2014 年的第 3 名下降到第 8 名，六盘山片区从 2014 年的第 5 名下降到第 9 名，滇西边境片区与吕梁山片区分别从第 8 名上升到第 2 名，第 11 名上升到第 5 名，其他片区的变化相对较小。

（四）扶贫开发与减贫效果指数测算结果及分析

在中国绿色减贫指数评价体系中，扶贫开发与减贫效果指标由农村恩格尔系数、城乡收入比、新型农村合作医疗参合率、有卫生室行政村比例、新型农村养老保险参保率、高中阶段教育毛入学率 6 项二级指标构成。各项二级指标的权重见表 2-9。

表 2-9　扶贫开发与减贫效果指数指标、权重

一级指标	权重	二级指标	权重
扶贫开发与减贫效果	28.57%	农村恩格尔系数	4.76%
		城乡收入比	4.76%
		新型农村合作医疗参合率	4.76%
		有卫生室行政村比例	4.76%
		新型农村养老保险参保率	4.76%
		高中阶段教育毛入学率	4.76%

在对二级指标原始数据进行标准化处理的基础上，根据表 2-9 中的权重，计算得出了各片区 2016 年和 2014 年两年扶贫开发与减贫效果指数，测算结果如下（见表 2-10）。

表2-10　2016年和2014年全国11个片区扶贫开发与
减贫效果指标值及排名

指标\片区	扶贫开发与减贫效果指数			
	2016年		2014年	
	指标值	排名	指标值	排名
罗霄山区	0.760	1	0.184	1
大别山区	0.748	2	0.126	3
滇西边境片区	0.729	3	−0.101	9
吕梁山片区	0.693	4	−0.073	7
大兴安岭南麓片区	0.676	5	0.179	2
武陵山区	0.629	6	−0.173	11
燕山—太行山片区	0.626	7	0.05	4
滇桂黔石漠化片区	0.601	8	−0.081	8
六盘山片区	0.583	9	0.014	6
乌蒙山片区	0.581	10	−0.141	10
秦巴山区	0.573	11	0.016	5

注：1.本表根据中国绿色减贫指数体系，依据2014年和2016年各指标数据测算而得；
2.本表片区按2014年扶贫开发和减贫效果指数的指数值从高到低排序；3.以上数据及排
名根据《全国扶贫开发重点区域监测报告资料》、各省区市统计年鉴、各贫困县统计公报、
《中国统计年鉴》《中国环境统计年鉴》《中国环境统计年报》《中国城市统计年鉴》等测算；
4.由于西藏、四省藏区以及新疆南部三地州部分指标数据暂不全，因此本次测算不包含这
三个片区。

　　以上测算结果显示，2014年在参与测算的11个片区中，有6个片
区扶贫开发与减贫效果指数高于全国平均水平，按指数由高到低排序
依次是：罗霄山区、大兴安岭南麓片区、大别山区、燕山—太行山片
区、秦巴山区、六盘山片区，其他5个片区的扶贫开发与减贫效果指
数均低于全国平均水平。2016年，有5个片区扶贫开发与减贫效果指

数高于全国平均水平，按指数由高到低排序依次是：罗霄山区、大别山区、滇西边境片区、吕梁山片区、大兴安岭南麓片区，其余 6 个片区的扶贫开发与减贫效果指数均低于全国平均水平。

从 2016 年和 2014 年的数据比较来看，大部分片区均有明显的变化，滇西边境片区从 2014 年的第 9 名上升到第 3 名，武陵山区从 2014 年的第 11 名上升到第 6 名，秦巴山区从 2014 年的第 5 名下降到第 11 名，吕梁山片区的名次有一定程度的提升，燕山—太行山片区、六盘山片区与 2014 年相比下降 3 个名次。罗霄山区、大别山区、滇桂黔石漠化片区和乌蒙山片区与 2014 年基本持平。

四、中国绿色减贫的区域差异与动态分析

我们将计算得出的 11 个集中连片特困地区（西藏、四省藏区以及新疆南部三地州除外）的绿色减贫指数，以及经济增长绿化度、资源利用与环境保护程度、社会发展能力和扶贫开发与减贫效果的指标值及排名进行了片区比较，并与 2014 年的数据进行了对比分析。在结合我国集中连片特困地区发展实际的基础上开展多角度比较分析，总结各片区发展特点。

（一）绿色减贫总指数比较

从表 2-11 中可以看出，绿色减贫指数排在前五名的片区依次是：罗霄山区、滇西边境片区、大别山区、秦巴山区、武陵山区。从地理区位看，秦巴山区、滇西边境片区位于西部，罗霄山区、大别山区、武陵山区位于中部。位于第 6 名至第 11 名的 6 个片区中，中部的片区为吕梁山片区，东部片区包含燕山—太行山片区、大兴安岭南麓片区，六盘山片区、滇桂黔石漠化片区、乌蒙山片区均属西部片区。与 2014

年相比，大兴安岭南麓片区退出绿色减贫指数前五名，取而代之的是武陵山片区。与 2014 年相比，大兴安岭南麓片区退出绿色减贫指数前五名，取而代之的是武陵山片区。

表 2-11　2016 年集中连片特困地区绿色减贫指数及排名

指标 片区	中国绿色 减贫指数		二级指标							
			经济增长 绿化度		资源利用与 环境保护程度		社会发展 能力		扶贫开发 与减贫效果	
	指标值	排名	指标值	排名	指标值	排名	指标值	排名	指标值	排名
罗霄山区	0.645	1	0.801	2	0.335	1	0.686	3	0.760	1
滇西边境 片区	0.583	2	0.688	6	0.292	2	0.624	8	0.729	3
大别山区	0.569	3	0.703	5	0.083	8	0.742	1	0.748	2
秦巴山区	0.566	4	0.830	1	0.233	5	0.629	7	0.573	11
武陵山区	0.561	5	0.721	4	0.261	4	0.633	6	0.629	6
滇桂黔石 漠化片区	0.524	6	0.724	3	0.262	3	0.511	10	0.601	8
燕山—太 行山片区	0.504	7	0.598	9	0.089	7	0.704	2	0.626	7
乌蒙山 片区	0.484	8	0.592	10	0.181	6	0.581	9	0.581	10
大兴安岭 南麓片区	0.475	9	0.543	11	0.015	11	0.666	4	0.676	5
六盘山 片区	0.473	10	0.604	8	0.044	9	0.659	5	0.583	9
吕梁山 片区	0.462	11	0.635	7	0.022	10	0.498	11	0.693	4

注：中国绿色减贫指数由经济增长绿化度、资源利用与环境保护程度、社会发展能力、扶贫开发与减贫效果指标计算所得。数据来源：《中国统计年鉴》、各地统计年鉴等。

绿色减贫指数是由经济增长绿化度、资源利用与环境保护程度、社会发展能力、扶贫开发与减贫效果 4 个一级指标和 21 个具体指标组成。为了直观地比较各片区四方面指标的发展水平，我们制表 2-11。

由此可见，经济增长绿化度方面，秦巴山区、罗霄山区、滇桂黔石漠化片区排名靠前，而大兴安岭南麓片区和乌蒙山片区排名靠后；资源利用与环境保护程度方面，罗霄山区和滇西边境片区排名靠前，而吕梁山片区、大兴安岭南麓片区排名垫底；社会发展能力方面，大别山区排名第一，而吕梁山片区和滇桂黔石漠化片区排在后两位；扶贫开发与减贫效果方面，罗霄山区、大别山区、滇西边境片区指数排名前三，而乌蒙山片区、秦巴山区排在后两位。

（二）经济增长绿化度比较

经济增长绿化度是绿色减贫指数片区测算体系中重要的指标之一。本部分我们将对 11 个集中连片特困地区的经济增长绿化度指标值及其排名进行比较分析。

1. 片区经济增长绿化度指数测算结果

根据片区测算体系中经济增长绿化度的测算体系和权重标准，我国 11 个集中连片特困地区经济增长绿化度指数的测算结果如表 2-12 所示。

表 2-12 2016 年中国 11 个集中连片特困地区经济增长绿化度指数及排名

片区	一级指标	二级指标					
	经济增长绿化度	人均地区生产总值	单位地区生产总值能耗	单位地区生产总值二氧化硫排放量	土地产出率	工业固体废物综合利用率	第三产业增加值比重
秦巴山区	0.830	1.000	0.641	1.000	0.766	1.000	0.573

片区	一级指标	二级指标						
	经济增长绿化度	人均地区生产总值	单位地区生产总值能耗	单位地区生产总值二氧化硫排放量	土地产出率	工业固体废物综合利用率	第三产业增加值比重
罗霄山区	0.801	0.777	1.000	1.000	0.633	0.706	0.690
滇桂黔石漠化片区	0.724	0.708	0.356	1.000	0.651	0.819	0.814
武陵山区	0.721	0.871	0.408	1.000	0.713	0.540	0.796
大别山区	0.703	0.732	0.744	1.000	0.564	0.721	0.459
滇西边境片区	0.688	0.587	0.428	1.000	0.804	0.732	0.578
吕梁山片区	0.635	0.342	0.145	0.999	0.706	0.615	1.000
六盘山片区	0.604	0.479	0.333	0.998	0.523	0.553	0.737
燕山—太行山片区	0.598	0.649	0.209	0.998	1.000	0.114	0.618
乌蒙山片区	0.592	0.498	0.247	0.997	0.682	0.585	0.543
大兴安岭南麓片区	0.543	0.814	0.484	1.000	0.449	0.280	0.233

注：1. 本表根据片区测算体系中经济增长绿化度的指标体系，依各指标 2016 年数据测算而得；2. 本表各片区按照经济增长绿化度的指数值从大到小排序。资料来源：根据《中国统计年鉴》《中国城市统计年鉴》等测算。

从图 2-2 中看到，排在经济增长绿化度前五位的地区依次是：秦巴山区、罗霄山区、滇桂黔石漠化片区、武陵山区、大别山区。

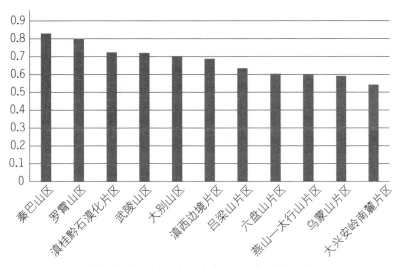

图 2-2 经济增长绿化度指数排名片区比较

二级指标方面，人均地区生产总值指标排名前五位的片区依次是：秦巴山区、武陵山区、大兴安岭南麓片区、罗霄山区、大别山区；单位地区生产总值能耗指标排名前五位的片区依次是：吕梁山片区、燕山—太行山片区、乌蒙山片区、六盘山片区、滇桂黔石漠化片区；单位地区生产总值二氧化硫排放量指标排名前五位的片区是：乌蒙山片区、燕山—太行山片区、六盘山片区、吕梁山片区、滇桂黔石漠化片区；土地产出率指标排名前五位的片区依次是：燕山—太行山片区、滇西边境片区、秦巴山区、武陵山区、吕梁山片区；工业固体废物综合利用率指标排名前五位的片区依次是：秦巴山区、滇桂黔石漠化片区、滇西边境片区、大别山区、罗霄山区；第三产业增加值比重指标排名前五位的片区依次是：吕梁山片区、滇桂黔石漠化片区、武陵山区、六盘山片区、罗霄山区。如图 2-3 所示：

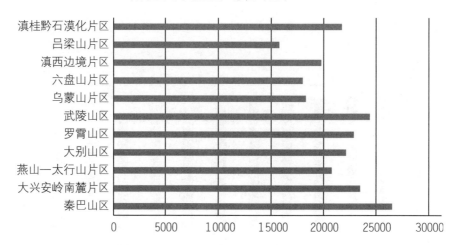

各片区人均地区生产总值（元）

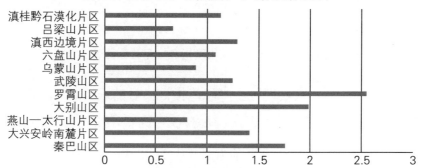

各片区单位地区生产总值能耗 （吨标准煤/万元）

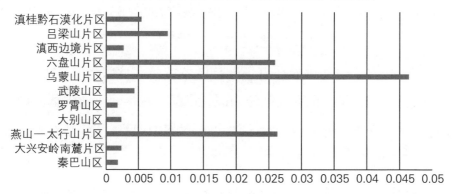

各片区单位地区生产总值二氧化硫排放量(吨 /万元）

各片区土地产出率（万元/千公顷）

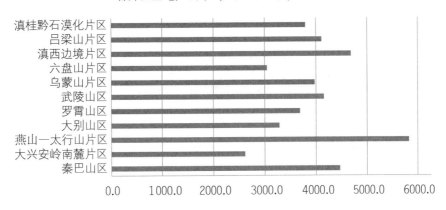

各片区工业固体废物综合利用率（％）

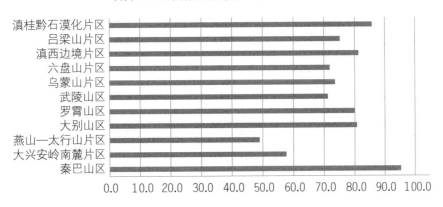

各片区第三产业增加值比重（％）

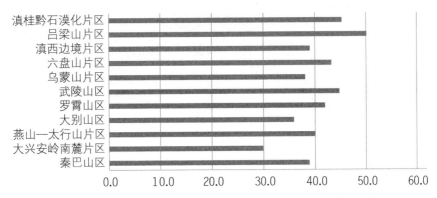

图 2-3　2016 年中国 11 个集中连片特困地区绿色减贫指数子指标片区排名

结合表2-12和图2-2、图2-3分析，中国11个集中连片特困地区经济增长绿化度的总体特征如下：

（1）经济增长绿化度区域差异大，呈东西部两极分化

从经济增长绿化度的区域分布来看，经济增长绿化度呈东西部两极分化，东部片区经济增长绿化度排名靠前，而西部地区排名靠后。

经济增长绿化度排名前五位的集中连片特困地区中，东部有2个，中部有2个，西部有1个；排名第6位至第11位的片区中，有3个片区均位于西部。秦巴山区在人均地区生产总值、工业固体废物综合利用率位列第一名，土地产出率排名也十分靠前，故经济增长绿化度排名第1位。罗霄山区虽然在单位地区生产总值能耗、第三产业增加值比重这两个子指标中名次较靠后，在其余子指标的得分排名也较为靠前，故经济增长绿化度排在第2位。滇桂黔石漠化片区在工业固体废物综合利用率、第三产业增加值比重名列前茅，整体情况较好，经济增长绿化度排名第3位。武陵山区、大别山区经济增长绿化度各项指标均名列中游，经济增长绿化度排名位于第4位与第5位。大兴安岭南麓片区各项指标排在各片区下游，经济增长绿化度排在最末。六盘山片区、乌蒙山片区、燕山—太行山片区整体排名靠后。对比发现，大兴安岭南麓片区、六盘山片区、乌蒙山片区、燕山—太行山片区排名之所以靠后，主要是因为工业固体废物综合利用率指标得分低，导致片区经济增长绿化度排名不佳。

对比经济增长绿化度的子指标发现，东北部、中部西部的单位地区生产总值能耗、单位地区生产总值二氧化硫排放量指标与西部的差距最大，其次是工业固体废物综合利用率和第三产业增加值比重指标。相对而言，在工业固体废物综合利用率指标上，除去东北区域，其他

地区的差距较小，各片区该指标基本都在 50% 以上；差异最大的指标是单位地区生产总值二氧化硫排放量，大兴安岭南麓片区、罗霄山区等与乌蒙山片区相差十余倍，此外，东西部在单位地区生产总值能耗指标上也存在较大差距。在经济增长绿化度的 6 个指标中，有 3 个指标与节能减排工作相关，分别是单位地区生产总值能耗、单位地区生产总值二氧化硫排放量和工业固体废物综合利用率。

（2）经济增长绿化度是衡量绿色减贫效果的重要依据

对比各片区经济增长绿化度指数排序与绿色减贫指数排序后发现，11 个参评片区名次变动在 3 名及以内的片区达 9 个，占总参评片区的 82%。名次变动 4 位及以上的片区有 2 个，占参评片区数量的 18%，分别是吕梁山片区和滇西边境片区（见表 2-13）。

表 2-13　2016 年 11 个片区绿色减贫指数与经济增长绿化度排名比较差异

片区	中国绿色减贫指数排名	经济增长绿化度排名	名次变动
罗霄山区	1	2	−1
滇西边境片区	2	6	−4
大别山区	3	5	−2
秦巴山区	4	1	3
武陵山区	5	4	1
滇桂黔石漠化片区	6	3	3
燕山—太行山片区	7	9	−2
乌蒙山片区	8	10	−2
大兴安岭南麓片区	9	11	−2
六盘山片区	10	8	2
吕梁山片区	11	7	4

在名次差异较大的 2 个片区中，中部和西南部各 1 个。从表 2-13 中可以发现，滇西边境片区经济增长绿化度排名第 6 位，而绿色减贫指数排在第 2 位，吕梁山片区经济增长绿化度排第 7 位，而绿色减贫指数排在第 11 位。其中原因可能是：绿色减贫指数是由经济增长绿化度、资源利用与环境保护程度、社会发展能力、扶贫开发与减贫效果四部分构成的，其中一个维度很难直接影响其总体评分。吕梁山片区则具有相反的情形，经济增长绿化度程度适中，但绿色减贫指数较低，其原因在于前面所提及的单个指标不能决定整体情况。可见，在绿色减贫指数评价中，尽管某些片区的绿色经济发展水平相对落后，但扶贫开发与减贫效果、社会发展能力等指标对相关片区的绿色减贫指数排名具有重要的补充和拉动作用。

2．2016 年片区经济增长绿化度比较分析

在绿色减贫指数测度体系中，片区经济增长绿化度指数占绿色减贫指数总权重的 28.57%，共由 6 个二级指标构成，二级指标权重为 4.76%。从指标构成来看，经济增长绿化度指标主要是由表 2-14 中的 6 个指标加权组合而成。

表 2-14　片区绿色发展绿化度二级指标、权重及指标属性

指标序号	指标	权重（%）	指标属性
1	人均地区生产总值	4.762	正
2	单位地区生产总值能耗	4.762	逆
3	单位地区生产总值二氧化硫排放量	4.762	逆
4	土地产出率	4.762	正
5	工业固体废物综合利用率	4.762	正
6	第三产业增加值比重	4.762	正

注：本表内容由本报告课题组召开的多次课题座谈会研讨确定。

在片区经济增长绿化度测度体系中，衡量经济发展的指标主要有人均地区生产总值（单位：元／人）和第三产业增加值比重（单位：%）两个指标。综合来看，武陵山区在这两个指标上均表现良好，其人均地区生产总值和第三产业增加值比重排名较为靠前；而乌蒙山片区在经济发展方面处于劣势，两个指标在所有片区的排名均较为靠后；吕梁山片区、大兴安岭南麓片区则存在较为严重的分化现象，前者人均地区生产总值低，第三产业增加值比重高，后者则恰恰相反（见图 2-4）。由此可以说明，武陵山区在这些片区中，经济实力较强，且第三产业发展势头良好；而吕梁山片区和乌蒙山片区则需要进一步扩大经济总量，提升人均地区生产总值；大兴安岭南麓片区需要提升第三产业增加值。其他片区如大别山区和滇西边境片区等，在人均地区生产总值与第三产业增加值方向上仍有进一步提升的空间。

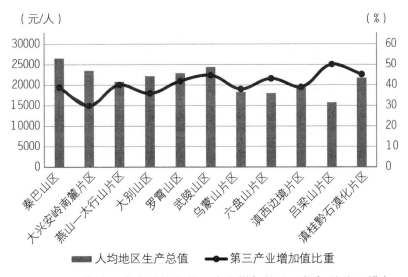

图 2-4 人均地区生产总值和第三产业增加值比重指标的片区排名

在片区经济增长绿化度测度体系中，衡量环境污染和能耗的指标主要有单位地区生产总值能耗（单位：吨标准煤／万元）和单位地区生产总值二氧化硫排放量（单位：吨／万元）两个指标。综合来看，吕梁山片区、燕山—太行山片区、乌蒙山片区在这两个指标上均表现较好，而罗霄山区、大别山区两个指标均较高，能耗和环境污染较严重，罗霄山区单位地区生产总值能耗最高（见图2-5）。由于这两个指标是逆指标，即指标值越大则排名越靠后，说明吕梁山片区和燕山—太行山片区在环境保护和降低能耗方面做得很好，而罗霄山区、大别山区在经济发展的同时需要注重提升能源利用效率，减少环境污染物排放，降低能源消耗率。

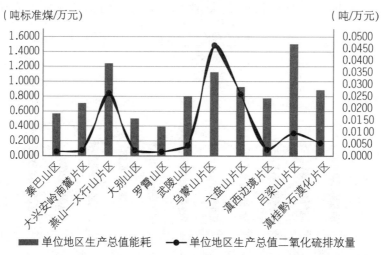

图2-5　单位地区生产总值能耗和单位地区生产总值二氧化硫排放量
指标的片区排名

在片区经济增长绿化度测度体系中，衡量土地利用效率的指标主要是土地产出率（单位：万元／千公顷）。燕山—太行山片区位列第一，而大兴安岭南麓片区位列最后一名（见图2-6）。说明燕山—太行山片区在土地利用过程中，土地得到较充分利用，产出率较高；而大兴安岭南麓片区土地利用率低，需要进一步提升土地使用效率。

（万元/千公顷）

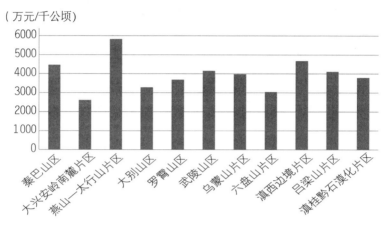

图 2-6　土地产出率指标的片区排名

在片区经济增长绿化度测度体系中，工业固体废物综合利用率是衡量工业固体废物回收利用、资源循环使用效率和绿色可持续发展的重要指标。秦巴山区、滇桂黔石漠化片区、滇西边境片区和大别山区的工业固体废物综合利用率均超过 80%，燕山—太行山片区该指标最低，仅 48.97%（见图 2-7）。此外，吕梁山片区、罗霄山区的工业固体废物综合利用率相对较高，六盘山片区、乌蒙山片区以及武陵山区等地需进一步提升工业废物综合利用率。

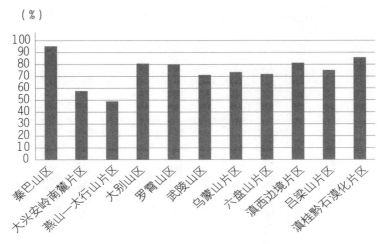

图2-7 工业固体废物综合利用率指标的片区情况

3. 2016年和2014年片区经济增长绿化度比较分析

将各片区2016年和2014年的经济增长绿化度指数排名对比后发现，共有10个片区的二级指标排名变化在4位及以上（见表2-15）。

表2-15 2016年和2014年片区绿色经济增长绿化度变化4位及以上的指标

片区	二级指标	2016年排名	2014年排名	位次变化
大兴安岭南麓片区	第三产业增加值比重	11	2	−9
	工业固体废物综合利用率	10	3	−7
燕山—太行山片区	人均地区生产总值	7	2	−5
	土地产出率	1	10	9
罗霄山区	土地产出率	8	3	−5
武陵山区	人均地区生产总值	2	7	5
乌蒙山片区	土地产出率	6	2	−4

续表

片区	二级指标	2016 年排名	2014 年排名	位次变化
六盘山片区	人均地区生产总值	10	6	-4
滇桂黔石漠化片区	人均地区生产总值	6	11	5
秦巴山区	单位地区生产总值能耗	3	7	4
	土地产出率	3	7	4
	工业固体废物综合利用率	1	10	9
滇西边境片区	土地产出率	9	1	-8
	工业固体废物综合利用率	3	9	6
大别山区	土地产出率	2	6	4

注：变动值为正数表明排名上升，负数表明排名下降。

2016 年，大兴安岭南麓片区的第三产业增加值比重排名情况比
2014 年下降了 9 个名次，由 2014 年的第 2 位降至 2016 年的第 11 位，
第三产业发展减缓；工业固体废物综合利用率由 2014 年的第 3 名下降
为 2016 年的第 10 名，说明对于废物的回收利用需要引起重视，不能
仅仅局限于产量的增加，资源的利用同样是至关重要的。

燕山—太行山片区的土地产出率名次上升了 9 位，由 2014 年的第
10 位升至 2016 年的第 1 位，表明土地生产效率大幅度增加，这与技术
的不断革新是分不开的；人均地区生产总值下降 5 位。

秦巴山区在单位地区生产总值能耗、土地产出率、工业固体废物
综合利用率这三个指标上均有明显上升，说明秦巴山区在能源利用以
及土地效用方面有了飞速提高，不仅节省下大量资源，同时又使得产

能日益加强。

滇西边境片区土地产出率由 2014 年的第 1 位降至 2016 年的第 9 位；工业固体废物综合利用率由 2014 年的第 9 位上升至 2016 年的第 3 位，说明土地利用效率有所下降，但针对资源的利用程度不断加强。

武陵山区、滇桂黔石漠化片区在人均地区生产总值指标上，有大幅度上升，而六盘山片区在人均地区生产总值指标方面排名有所下降。

罗霄山区、乌蒙山片区土地产出率分别由 2014 年的第 3 位降至 2016 年的第 8 位，由第 2 位降至第 6 位，与此相反大别山区的土地产出率由 2014 年的第 6 位上升至 2016 年的第 2 位。

4. 简要总结

通过我国 11 个集中连片特困地区经济增长绿化度指数测算结果可以看出，秦巴山区、罗霄山区、滇桂黔石漠化片区、武陵山区、大别山区经济增长绿化度指数较高，排名靠前；六盘山片区、燕山—太行山片区、乌蒙山片区、大兴安岭南麓片区经济增长绿化度指数较低，排名靠后。经济增长绿化度作为绿色减贫指数的一级指标在指标测算和衡量绿色减贫程度中占有非常重要的地位。同时，在经济增长绿化度下属的二级指标中，单位地区生产总值能耗、单位地区生产总值二氧化硫排放量、工业固体废物综合利用率等关于能源利用效率和污染物排放的指标，对于经济增长绿化度的指标贡献度非常高。在今后的发展中，各片区应减少经济发展过程中的污染物排放，减少能源损耗，提升能源、资源利用率，贯彻绿色发展理念和发展方式，提升片区绿色发展指数。

（三）资源利用与环境保护程度指数比较

大力推进绿色减贫事业，需要我们协调并统筹减贫与资源、环境的发展。资源利用与环境保护程度衡量的是地区资源丰富度和对生态与环境保护的关注度，是绿色减贫指数的重要内涵之一。

本部分基于片区比较的视角，利用中国绿色减贫指数片区测算体系，测算出了中国 11 个集中连片特困地区的资源利用与环境保护程度情况，在此基础上分析并描述各片区在资源利用与环境保护程度方面的现状、特点及基本格局，对各地区之间差异情况进行比较，得到我们对片区资源利用与环境保护的启示。

1. 资源利用与环境保护程度的测算结果

在中国绿色减贫指数片区测算体系中，资源利用与环境保护程度指标由人均森林面积、森林覆盖率、单位耕地面积化肥施用量 3 项指标构成。各项二级指标的权重及其指标属性见表 2-16。

表 2-16　各片区资源利用与环境保护程度二级指标、权重及指标属性

指标序号	二级指标	权重（%）	指标属性
1	人均森林面积	4.762	正
2	森林覆盖率	4.762	正
3	单位耕地面积化肥施用量	4.762	逆

注：本表内容由课题组召开多次专家座谈会研讨确定。

根据中国绿色减贫指数片区测算体系中资源利用与环境保护程度的评价体系和权重标准，得出 11 个片区 2016 年资源利用与环境保护程度指标和二级指标的测度结果以及排名（见表 2-17）。

表 2-17　2016 年中国 11 个集中连片特困地区资源利用与环境保护程度指数及排名

指标 片区	资源利用与环境保护程度		二级指标					
			人均森林面积		森林覆盖率		单位耕地面积化肥施用量	
	指数值	排名	原值	排名	原值	排名	原值	排名
罗霄山区	0.335	1	0.0036	7	73.9787	1	609.9530	10
滇西边境片区	0.292	2	0.0099	2	66.5191	2	392.3001	6
滇桂黔石漠化片区	0.262	3	0.0047	6	61.8588	3	492.1269	9
武陵山区	0.261	4	0.0060	5	61.6864	4	437.6347	8
秦巴山区	0.233	5	0.0074	4	56.8475	5	390.3513	5
乌蒙山片区	0.181	6	0.0031	9	48.4882	6	258.9627	2
燕山—太行山片区	0.089	7	0.0033	8	33.2255	7	346.0822	4
大别山区	0.083	8	0.0008	11	32.4012	8	751.1552	11
六盘山片区	0.044	9	0.0098	3	25.4284	9	252.5776	1
吕梁山片区	0.022	10	0.0025	10	22.2754	10	434.1612	7
大兴安岭南麓片区	0.015	11	0.0104	1	20.6221	11	293.3747	3

注：1. 本表根据片区测算体系中资源利用与环境保护程度的指标体系，依各指标 2016 年数据测算而得；2. 本表各片区按照资源利用与环境保护程度的指数值从大到小排序。资料来源：根据《中国统计年鉴》《中国城市统计年鉴》、国务院扶贫办统计数据等测算。

2. 资源利用与环境保护程度指数比较分析

为了全面比较各片区资源利用与环境保护程度的差异，我们根据中国绿色减贫指数片区测算体系对 11 个片区的资源利用与环境保护程度指标的测度结果进行分析。

根据表 2-17 的测算结果单独列出资源利用与环境保护程度指数及其排名进行片区之间的比较分析，见表 2-18。

表2-18 资源利用与环境保护程度指标指数值及排名

指标 地区	资源利用与环境保护程度	
	指数值	排名
罗霄山区	0.335	1
滇西边境片区	0.292	2
滇桂黔石漠化片区	0.262	3
武陵山区	0.261	4
秦巴山区	0.233	5
乌蒙山片区	0.181	6
燕山—太行山片区	0.089	7
大别山区	0.083	8
六盘山片区	0.044	9
吕梁山片区	0.022	10
大兴安岭南麓片区	0.015	11

注：根据表 2-17 所制。

同时，根据表 2-18 中各片区的资源利用与环境保护程度的指数值绘制出图 2-8。其中，横轴为资源利用与环境保护程度指数值，资源利用与环境保护程度指数值越高，其条框就越长。

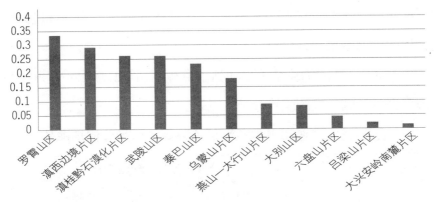

图 2-8　资源利用与环境保护程度指数排名片区比较

注：根据表 2-18 中相关数据绘制。

根据表 2-18 和图 2-8 对 11 个片区进行排名说明。从排名情况上看，排在资源利用与环境保护程度指标前 5 位（指数得分为正）的依次是：罗霄山区、滇西边境片区、滇桂黔石漠化片区、武陵山区、秦巴山区。排在资源利用与环境保护程度指标后 6 位的地区分别是：乌蒙山片区、燕山—太行山片区、大别山区、六盘山片区、吕梁山片区、大兴安岭南麓片区。

结合表 2-17、表 2-18 和图 2-8，可以发现 11 个片区资源利用与环境保护程度呈现如下特点：

（1）资源利用与环境保护程度指数得分普遍较低，提升空间较大

从全国 11 个片区来看，资源利用与环境保护程度的指数得分均较低，其中吕梁山片区和大兴安岭南麓片区得分最低，与排名靠前的罗霄山区和滇西边境片区存在较大差距，最高分与最低分相差超过 20 倍。从各片区资源利用与环境保护程度指数测算结果来看，云南省该项指标执行情况较佳，滇西边境片区和滇桂黔石漠化片区得分均靠前，分别排在第 2 位和第 3 位。排名第 7 位至第 11 位的 5 个片区，与前 5

个片区有很大差距，第 7 名的燕山—太行山片区与第 6 名的乌蒙山片区相差也超过两倍。整体来看，资源利用与环境保护程度指数得分情况普遍不理想，改善和提升空间较大。

（2）东中部面临较大的资源与环境压力，东部尤甚

资源利用与环境保护程度指数排名前 6 位中，西部地区有 4 个，中部地区有 2 个。排在资源利用与环境保护程度指标后 5 位的地区有 1 个在西部地区——六盘山片区（列 9 位）；有 2 个位于中部地区——大别山区（列 8 位）与吕梁山片区（列 10 位）；东部地区 1 个，东北部地区 1 个，分别是燕山—太行山片区（列 7 位）、大兴安岭南麓片区（列 11 位）。这些数据反映了位次靠后地区面临较大的资源与环境压力。

在排名靠后的片区中，东部、中部和西部均有入选，表明资源利用与环境保护问题并非个别片区所独有，具有一定的普遍性，同时也说明该问题的重要性和紧迫性。为达到绿色减贫效果，资源利用和环境保护是其中重要的内容，需要妥善处理资源与环保同减贫与经济发展的关系。

（3）资源利用与环境保护程度指数排名与绿色减贫指数排名差异较小

从片区来看，大部分片区资源利用与环境保护程度指数排名与绿色减贫指数排名差距不大，差距基本在 0—3 位。只有个别片区绿色减贫指数与资源利用与环境保护程度指数排名存在明显差异：大别山区绿色减贫指数居第 3 位，而资源利用与环境保护程度排名居第 8 位，名次相差 5 位；除此之外，其他片区差异都较小（见表 2-19）。

分析其中两个片区资源利用与环境保护程度和绿色减贫指数差异

较大的原因，我们认为，大别山区虽然存在资源利用与环境保护程度方面的不足，但是由于其经济增长绿化度、社会发展能力、扶贫开发与减贫效果相对其他片区都较好，四方面综合后形成了大别山区绿色减贫指数排名居前。

表 2-19　分区域片区绿色减贫指数和资源利用与
环境保护程度排名差异比较

区域	片区	绿色减贫指数排名	资源利用与环境保护程度排名	位次差距
东北地区	大兴安岭南麓片区	9	11	2
东部地区	燕山—太行山片区	7	7	0
中部地区	大别山区	3	8	5
	罗霄山区	1	1	0
	吕梁山片区	11	10	-1
	武陵山区	5	4	-1
西部地区	六盘山片区	10	9	-1
	滇西边境片区	2	2	0
	秦巴山区	4	5	1
	滇桂黔石漠化片区	6	3	-3
	乌蒙山片区	8	6	-2

注：本表根据片区测算体系中绿色减贫指数和资源利用与环境保护程度指数得分值排名得到。

3. 资源利用与环境保护程度和其二级指标对比分析

该部分将对资源利用与环境保护程度及其二级指标进行对比分析，表 2-20 列示了各片区所对应的二级指标以及总排名。

表 2-20　资源利用与环境保护程度二级指标排名

指标\地区	资源利用与环境保护程度指标			总排名
	人均森林面积	森林覆盖率	单位耕地面积化肥施用量	
罗霄山区	7	1	10	1
滇西边境片区	2	2	6	2
滇桂黔石漠化片区	6	3	9	3
武陵山区	5	4	8	4
秦巴山区	4	5	5	5
乌蒙山片区	9	6	2	6
燕山—太行山片区	8	7	4	7
大别山区	11	8	11	8
六盘山片区	3	9	1	9
吕梁山片区	10	10	7	10
大兴安岭南麓片区	1	11	3	11

注：根据表 2-17 所制。

根据表 2-20 可以发现，资源利用与环境保护程度指标排名中排名第一的是罗霄山区，且指数值相对其他片区较高。从二级指标来看，森林覆盖率在各地区中排名第 1 位，但人均森林面积排名第 7 位，单位耕地面积化肥施用量排名第 10 位。资源利用与环境保护程度指标排名中排最后一名的是大兴安岭南麓片区，其二级指标森林覆盖率排名最后一位，但人均森林面积却位于第 1 位，单位耕地面积化肥施用量位于第 3 位。通过对罗霄山区和大兴安岭南麓片区的观察，二级指标人均森林面积相差并不多，在这三个二级指标中并不属于影响力较大的指标，而通过表 2-20 可以看出，森林覆盖率和总排名一模一样，说明提升地区森林覆盖率是提高资源利用与环境保护程度的重中之重。

在片区资源利用与环境保护程度测度体系中，衡量片区生态资源丰裕度的指标主要是人均森林面积和森林覆盖率（图2-9）。从人均森林面积来看，居前三位的依次是大兴安岭南麓片区、滇西边境地区、六盘山片区，居最后三位的依次是乌蒙山片区（第9位）、吕梁山片区（第10位）、大别山区（第11位），而从森林覆盖率来看，居前三位的依次是罗霄山片区、滇西边境片区、滇桂黔石漠化片区，居最后三位的依次是六盘山片区（第9位）、吕梁山片区（第10位）、大兴安岭南麓片区（第11位）。大兴安岭南麓片区森林覆盖率排名最后一位，但是人均森林面积排名第一，主要是由于该片区地广人稀，可以从以下数据看出：2010年末该片区规划国土面积为14.5万平方公里，但总人口只有833.3万人，而同期罗霄山片区2010年末规划国土面积5.3万平方公里，总人口达1170.1万人。罗霄山区森林覆盖率排名第一，这主要得益于罗霄山及周边地区植被数量和种类分布较多以及存在的一些天然常绿阔叶林、针阔叶林区，仅罗霄山脉中段万洋山中的天然常绿阔叶林、针阔叶林区面积就达3400公顷。此外，图2-9反映的森林覆盖率和人均森林面积并没有呈现基本一致的趋势，主要由于各片区在规划国土面积、森林总面积、人口总数量三方面存在较大差异。

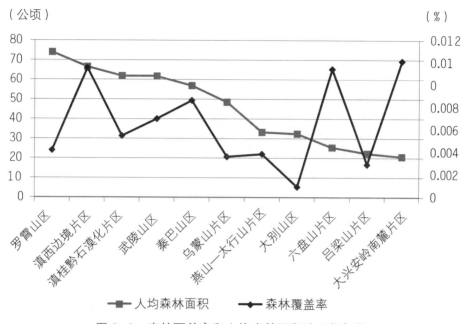

图 2-9　森林覆盖率和人均森林面积片区指标值

　　在片区资源利用与环境保护程度测度体系中，衡量片区环境保护程度的指标主要是单位耕地面积化肥施用量（见图 2-10），由于该指标是逆指标，所以从单位耕地面积化肥施用量指标看，位居前三名的依次是六盘山片区、乌蒙山片区、大兴安岭南麓片区，位居最后三名的依次是滇桂黔石漠化片区（9 位）、罗霄山区（10 位）、大别山区（11 位），该指标值越大表明环境保护程度越差。由此可见，六盘山片区、乌蒙山片区和大兴安岭南麓片区环境保护程度较佳。

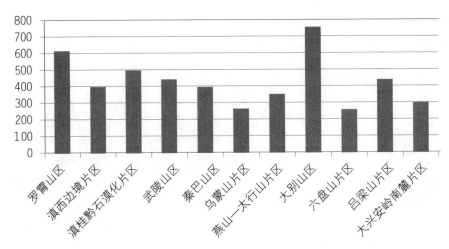

图 2-10　单位耕地面积化肥施用量片区指标值

4.2016 年和 2014 年片区资源利用与环境保护程度比较分析

将各片区 2016 年和 2014 年的资源利用与环境保护程度指数排名对比后发现，各片区在资源利用与环境保护程度上排名变动基本不大，在二级指标排名上仅有个别指标有所变化，其中共有 9 个片区的二级指标排名变化在 4 位及以上，且集中在实现安全饮水人数比重指标上（见表 2-21）。

表 2-21　2016 年和 2014 年片区资源利用与
环境保护程度变化 4 位及以上的指标

片区	二级指标	2016 年排名	2014 年排名	位次变化
罗霄山区	实现安全饮水人数比重	2	9	7
	人均森林面积	7	1	−6
武陵山区	人均森林面积	5	10	5
乌蒙山片区	单位耕地面积化肥施用量	2	9	7
六盘山片区	单位耕地面积化肥施用量	1	5	4

续表

片区	二级指标	2016 年排名	2014 年排名	位次变化
滇桂黔石漠化片区	实现安全饮水人数比重	8	4	-4
	单位耕地面积化肥施用量	9	1	-8
秦巴山区	实现安全饮水人数比重	9	5	-4
滇西边境片区	实现安全饮水人数比重	4	11	7
大别山区	实现安全饮水人数比重	1	7	6
吕梁山片区	实现安全饮水人数比重	6	1	-5

注：变动值为正数表明排名上升，负数表明排名下降。

对于实现安全饮水人数比重指标来说，罗霄山区、滇西边境片区、大别山区处于上升趋势，而滇桂黔石漠化片区、秦巴山区、吕梁山片区处于下降趋势，虽然从排名看整体片区有升有降，但是如果从原值角度看，整体上升明显，均有很大提高，说明实现安全饮水人数覆盖比率大幅度增加，越来越多的人能够安全用水。

对于单位耕地面积化肥施用量指标，乌蒙山片区、六盘山片区上升较为明显，而滇桂黔石漠化片区下降幅度很大，说明合理运用肥料对于滇桂黔石漠化片区的发展具有重大作用。

5. 简要总结

总的来看，11 个片区在资源利用与环境保护程度方面还存在一定差距，少部分片区完成得较好。这种区域差异也为我们因地制宜地选择合适的绿色减贫模式提供了可能。立足当地的资源和环境现状，可以得到以下两点启示：

第一，各片区应因地制宜将经济发展和减贫相结合。在某些生态环境较好的片区，可以发展具有地区特色的绿色产业，比如生态休闲旅游、生态林果业，帮助贫困群众脱贫致富。第二，注重环境保护和资源有效利用有机结合。杜绝人为破坏森林资源等不良现象，通过立法对不法行为进行约束，同时与监管有效结合，促进资源的合理利用和环境的有效保护。

（四）社会发展能力指数比较

社会发展能力指数衡量的是地区人民生活水平、教育、卫生、社会保障等社会各方面的综合发展情况，是绿色减贫指数的重要内涵之一。

本部分从片区比较的视角，采用中国绿色减贫指数片区测算体系，测算了中国 11 个集中连片特困地区的社会发展能力指数，分析并描述了各片区在社会发展能力方面的基本情况，并对各片区之间的差异进行了比较，进而得到关于绿色减贫与社会发展能力的相关启示。

1. 社会发展能力的测算结果及比较分析

在中国绿色减贫指数片区测算体系中，社会发展能力指标由农村恩格尔系数、城乡收入比、新型农村合作医疗参合率、有卫生室行政村比例、新型农村养老保险参保率、高中阶段教育毛入学率共 6 项指标构成。各项二级指标的权重及其指标属性见表 2-22。

表2-22　各片区社会发展能力二级指标、权重及指标属性

指标序号	指标	权重（%）	指标属性
1	农村恩格尔系数	4.762	逆
2	城乡收入比	4.762	逆
3	新型农村合作医疗参合率	4.762	正
4	有卫生室行政村比例	4.762	正

续表

指标序号	指标	权重（%）	指标属性
5	新型农村养老保险参保率	4.762	正
6	高中阶段教育毛入学率	4.762	正

注：本表内容由课题组召开多次专家座谈会研讨确定。

　　根据中国绿色减贫指数片区测算体系中社会发展能力的评价体系和权重标准，得出 11 个片区社会发展能力指标和二级指标的测度结果以及总排名（见表 2-23）。

表 2-23 2016 年中国 11 个集中连片特困地区社会发展能力指数及排名

片区	社会发展能力		二级指标										
			农村恩格尔系数		城乡收入比		新型农村合作医疗参合率		有卫生室行政村比例		新型农村养老保险参保率		高中阶段教育毛入学率	
	指标值	排名	原值	排名	原值	排名	原值	排名	原值	排名	原值	排名	原值	排名
大别山区	0.74	1	36.64	8	2.32	2	96.54	4	87.35	2	83.14	4	76.88	6
燕山—太行山片区	0.70	2	30.30	2	2.92	6	93.86	7	81.13	5	64.92	9	79.26	5
罗霄山区	0.69	3	34.92	5	2.72	3	97.51	2	77.47	7	93.41	1	73.96	8
大兴安岭南麓片区	0.67	4	30.63	3	2.29	1	88.33	8	80.25	6	41.13	11	69.17	9
六盘山片区	0.66	5	35.51	7	2.98	7	96.50	5	82.47	4	68.18	8	80.81	1
武陵山区	0.63	6	36.87	9	2.73	4	99.88	1	67.01	10	78.80	6	79.77	3
秦巴山区	0.63	7	40.16	11	2.78	5	94.57	6	83.51	3	68.79	7	79.55	4
滇西边境片区	0.62	8	35.09	6	3.23	10	81.16	10	95.84	1	83.47	3	67.07	10
乌蒙山片区	0.58	9	37.03	10	2.98	8	96.85	3	74.45	8	82.50	5	66.90	11

续表

指标 片区	社会发展能力		二级指标													
			农村恩格尔系数		城乡收入比		新型农村合作医疗参合率		有卫生室行政村比例		新型农村养老保险参保率		高中阶段教育毛入学率	
	指标值	排名	原值	排名	原值	排名	原值	排名	原值	排名	原值	排名	原值	排名
滇桂黔石漠化片区	0.51	10	33.97	4	3.02	9	87.83	9	53.04	11	60.43	10	76.59	7
吕梁山片区	0.50	11	29.72	1	3.88	11	36.54	11	67.15	9	88.88	2	80.23	2

注：本表各片区按照社会发展能力的指数值从大到小排序。资料来源：根据《中国统计年鉴》《中国城市统计年鉴》，国务院扶贫办统计数据等测算。

2. 社会发展能力指数比较分析

为了全面比较各片区社会发展能力的差异，我们根据中国绿色减贫指数片区测算体系对 11 个片区的社会发展能力指数的测度结果进行分析。

根据表 2-23 的测算结果单独列出社会发展能力指数得分及其排名，进行片区之间的比较分析，见表 2-24。

表 2-24　2016 年中国 11 个集中连片特困地区社会发展能力指数及总排名

地区＼指标	社会发展能力	
	指数值	排名
大别山区	0.74	1
燕山—太行山片区	0.70	2
罗霄山区	0.69	3
大兴安岭南麓片区	0.67	4
六盘山片区	0.66	5
武陵山区	0.63	6
秦巴山区	0.63	7
滇西边境片区	0.62	8
乌蒙山片区	0.58	9
滇桂黔石漠化片区	0.51	10
吕梁山片区	0.50	11

注：本表根据表 2-23 整理而得。

同时，根据表 2-24 中各片区的社会发展能力指数值绘制出图 2-11。其中，横轴为社会发展能力指数值。社会发展能力指数值越高，其条框就越长；相反，社会发展能力指数值越低，其条框就越短。

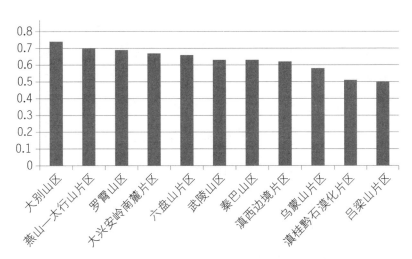

图 2-11 社会发展能力指数排名片区比较

注：根据表 2-24 中相关数据所制。

为了全面比较各片区社会发展能力的差异，我们将根据表 2-23、表 2-24 和图 2-11 对 11 个片区的社会发展能力指数的测度结果进行比较分析。

根据表 2-23、表 2-24 和图 2-11 对 11 个片区进行排名说明。从排名情况上看，排在社会发展能力指数前 5 位的依次是：大别山区、燕山—太行山片区、罗霄山区、大兴安岭南麓片区、六盘山片区。排在社会发展能力指标后 6 位的地区分别是：武陵山区、秦巴山区、滇西边境片区、乌蒙山片区、滇桂黔石漠化片区、吕梁山片区。

具体来看可以发现 11 个片区社会发展能力方面的总体特点如下：

（1）片区社会发展能力指数差异较小

从全国 11 个片区来看，社会发展能力指数得分相对差异较小，第一名的大别山区得分为 0.74，最后一名的吕梁山片区得分为 0.5，整体均处于 0.5 到 0.75 的区间范围，较为集中。特别是燕山—太行山片区、罗霄山区、大兴安岭南麓片区、六盘山片区、武陵山区、秦巴山区、滇西边境片区均处于 0.6 到 0.7，说明大部分片区社会发展能力指数集中在此水平上。

（2）区域间和区域内社会发展能力差异性均较显著

一方面，区域间社会发展能力存在差异性，总体上呈现中部、东部及东北地区较好、西部偏低的局面。社会发展能力指数排名前 5 位中，东部地区有 1 个，中部地区有 2 个，东北地区有 1 个，西部地区有 1 个，其中排在首位的是属于中部的大别山区。排在社会发展能力指数后 6 位的地区有 4 个在西部地区，分别是秦巴山区（第 7 位）、滇西边境片区（第 8 位）、乌蒙山片区（第 9 位）、滇桂黔石漠化片区（第 10 位）；有 2 个位于中部地区，分别是武陵山区（第 6 位）、吕梁山片区（第 11 位）。另一方面，区域内社会发展能力差异性也比较显著：同为中部地区的大别山片区与吕梁山片区位次相差达到 10 位；同为西部地区的六盘山片区和滇桂黔石漠化片区的位次相差达到 5 位。

（3）中部地区社会发展能力指数排序与绿色减贫指数排序基本一致

社会发展能力影响片区绿色减贫，测算结果表明，中部地区社会发展能力指数排序与绿色减贫指数排序基本一致，变化幅度不超过两位。变动较大的主要集中在中部地区以及东北地区，名次变动比较多的是大兴安岭南麓片区、燕山—太行山片区、滇西边境片区、六盘山片区，幅度均超过 5 位，其他片区的名次变动基本保持在 3 位左右。其中，有 6 个片区的绿色减贫指数相对于社会发展能力指数是上升的（见表 2-25）。

分析其中三个片区社会发展能力指数排名和绿色减贫指数排名差

异较大的原因，我们认为，对于滇西边境片区，由于其在经济增长绿化度、资源利用与环境保护程度等的优势弥补社会发展能力带来的不足，从而在绿色减贫指数排名上前进较多。而对于大兴安岭南麓片区、燕山—太行山片区、六盘山片区，尽管其在社会发展能力方面表现较好，但是由于在扶贫开发与减贫效果、资源利用与环境保护程度等方面落后从而使得综合后的绿色减贫指数相对社会发展能力指数偏后。

表 2-25　分区域片区绿色减贫指数与社会发展能力排名差异比较

区域	省区	绿色减贫指数排名	社会发展能力指数排名	位次差距
东北地区	大兴安岭南麓片区	9	4	−5
东部地区	燕山—太行山片区	7	2	−5
中部地区	罗霄山区	1	3	2
	大别山区	3	1	−2
	吕梁山片区	11	11	0
	武陵山区	5	6	1
西部地区	秦巴山区	4	7	3
	滇西边境片区	2	8	6
	六盘山片区	10	5	−5
	滇桂黔石漠化片区	6	10	4
	乌蒙山片区	8	9	1

注：本表根据中国绿色减贫测算体系整理而得。

3. 社会发展能力和其二级指标对比分析

为了深入剖析各片区社会发展能力情况，下面对社会发展能力二级指标排名进行说明，并对片区之间社会发展能力进行对比分析。社会发展能力的二级指标排名见表 2-26。

表2-26 社会发展能力二级指标排名

片区	农村恩格尔系数	城乡收入比	新型农村合作医疗参合率	有卫生室行政村比例	新型农村养老保险参保率	高中阶段教育毛入学率	总排名
大别山区	8	2	4	2	4	6	1
燕山—太行山片区	2	6	7	5	9	5	2
罗霄山区	5	3	2	7	1	8	3
大兴安岭南麓片区	3	1	8	6	11	9	4
六盘山片区	7	7	5	4	8	1	5
武陵山区	9	4	1	10	6	3	6
秦巴山区	11	5	6	3	7	4	7
滇西边境片区	6	10	10	1	3	10	8
乌蒙山片区	10	8	3	8	5	11	9
滇桂黔石漠化片区	4	9	9	11	10	7	10
吕梁山片区	1	11	11	9	2	2	11

注：根据表2-23中相关数据制得。

具体来看，社会发展能力指数排名首位的是大别山区。从二级指标来看，大别山区的6个二级指标除去农村恩格尔系数与高中阶段教育毛入学率，其余排名基本都较为靠前，其中有2个二级指标居第2位，2个二级指标居第4位，综合后使得社会发展能力指数最终居首位。这与该片区本身具备的一定社会发展能力基础优势以及《大别山片区区域发展与扶贫攻坚规划 (2011—2020 年)》等政策规划的支持有一定关系。社会发展能力指标排名最后一位的是吕梁山片区，其中 2 个二级指标即城乡收入比、新型农村合作医疗参合率居最后一位，说明该地区社会发展能力整体基础较落后，是未来扶贫开发需要重点关注的地区。

在片区社会发展能力测度体系中，衡量片区农村居民生活水平的指标主要是农村恩格尔系数（见图 2-12）。从农村恩格尔系数来看，位居前 3 位的依次是吕梁山片区、燕山—太行山片区和大兴安岭南麓片区，说明该地区农村居民人均纯收入较高，食物支出在消费总支出中所占的比重相对较小，从而恩格尔系数较低，排名相对靠前。而位居后三位的依次是秦巴山区（11 位）、乌蒙山片区（10 位）和武陵山区（9 位），说明这几个片区农村居民人均纯收入相对偏低。

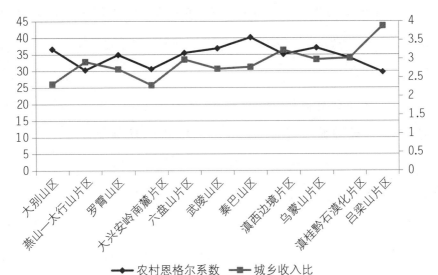

图 2-12　农村恩格尔系数和城乡收入比片区指标值

在片区社会发展能力测度体系中，衡量片区城乡收入差距的指标主要是城乡收入比（见图 2-12）。从城乡收入比来看，居前 3 位的依次是大兴安岭南麓片区、大别山区、罗霄山区。而居最后 3 位的是吕梁山片区（第 11 位）、滇西边境片区（第 10 位）、滇桂黔石漠化片区（第 9 位），一定程度上可以说明位次靠后的几个片区城乡收入不平等现象比较突出，所以当地政府应该注重统筹城乡经济社会发展能力，对当地农村经济发展给予适当的政策倾斜。

在片区社会发展能力测度体系中，衡量片区农村卫生事业发展情况的指标主要是有卫生室行政村比例（见图 2-13）。从有卫生室行政村比例来看，各片区整体差异不大，中西部贫困地区卫生条件逐渐趋同。相对而言，居前 3 位的滇西边境片区、大别山区和秦巴山区有卫生室行政村比例均超过 80%，第一名的滇西边境片区达到 95.84%，但是排名最后一位的滇桂黔石漠化片区仅为 53.04%，两者差距悬殊，进一步提高这些有卫生室行政村比例较低的片区的农村卫生服务体系，使卫生条件大为改善，让贫困地区和贫困人口拥有更多健康保障是接下来的主要目标。

在片区社会发展能力测度体系中，衡量片区教育事业发展情况的指标主要是高中阶段教育毛入学率（见图 2-13）。从高中阶段教育毛入学率来看，居前 3 位的依次是六盘山片区、吕梁山片区和武陵山区，均在 80% 左右，很大程度得益于当地对于教育的重视以及普及。居最后 3 位的是乌蒙山片区（第 11 位）、滇西边境片区（第 10 位）、大兴安岭南麓片区（第 9 位），这 3 个片区的高中阶段教育毛入学率均低于 70%。从区域上来看，东中西部地区均有部分片区高中阶段教育毛入学率较低，应加大对教育的投入，培养更多高素质人才，从而更好地为减贫事业做贡献。

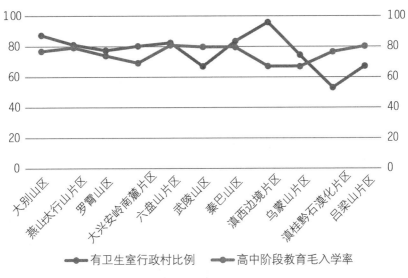

图 2-13　有卫生室行政村比例和高中阶段教育毛入学率片区指标值

　　在片区社会发展能力测度体系中，衡量片区社会保障体系发展情况的指标主要是新型农村合作医疗参合率和新型农村养老保险参保率（见图 2-14）。综合来看，新型农村合作医疗参合率普遍高于新型农村养老保险参保率，除极少数片区以外，各片区差异较小，说明各片区在社会医疗保障水平方面相对较高。从新型农村合作医疗参合率来看，居前 3 位的依次是武陵山区、罗霄山区、乌蒙山片区，而居后 3 位的是吕梁山片区（第 11 位）、滇西边境片区（第 10 位）、滇桂黔石漠化片区（第 9 位），除去吕梁山片区为 36.54%，其他片区尽管排名靠后，但新型农村合作医疗参合率均在 80% 以上，整体情况仍然较好。从新型农村养老保险参保率来看，居前 3 位的依次是罗霄山区、吕梁山片区、滇西边境片区，主要是分布在中部地区，说明这些地区社会保障以及农村老年人生活保障制度相对来说比较完善。而居后 3 位的是大兴安岭南麓片区（第 11 位）、滇桂黔石漠化片区（第 10 位）、燕山—

太行山片区（第 9 位），这些地区大部分集中于东部和东北地区，新型农村养老保险参保率在 40%—60%，社会保障工作在这几个片区仍存在较大的完善空间。

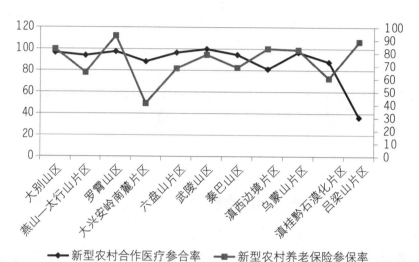

图 2-14　新型农村合作医疗参合率和新型农村养老保险参保率片区指标值

4. 2016 年和 2014 年片区社会发展能力比较分析

将各片区 2016 年和 2014 年的社会发展能力指数排名对比后发现，共有 8 个片区的二级指标排名变化在 4 位及以上（见表 2-27），且二级指标变动主要集中在有卫生室行政村比例、高中阶段教育毛入学率、新型合作医疗参合率等。

表 2-27　2016 年和 2014 年片区社会发展能力排名变化 4 位及以上的指标

片区	二级指标	2016 年排名	2014 年排名	位次变化
罗霄山区	新型农村合作医疗参合率	2	6	4
武陵山区	新型农村合作医疗参合率	1	5	4
	高中阶段教育毛入学率	3	8	5

续表

片区	二级指标	2016 年排名	2014 年排名	位次变化
乌蒙山片区	新型农村合作医疗参合率	3	11	8
六盘山片区	有卫生室行政村比例	4	8	4
滇桂黔石漠化片区	有卫生室行政村比例	11	1	−10
滇西边境片区	新型农村合作医疗参合率	10	1	−9
	高中阶段教育毛入学率	8	2	−6
吕梁山片区	新型农村合作医疗参合率	11	7	−4
	新型农村养老保险参保率	2	8	6
大兴安岭南麓片区	高中阶段教育毛入学率	9	4	−5

注：变动值为正数表明排名上升，负数表明排名下降。

在新型农村合作医疗参合率方面，罗霄山区、武陵山区和乌蒙山片区均有大幅度提升，说明在医疗的基本保障方面发展迅速，普及率大大提高；与此相反，2016 年滇西边境片区和吕梁山片区的排名情况比 2014 年下降幅度较大，说明滇西边境片区和吕梁山片区在社会医疗保障方面的发展速度相比其他片区较为缓慢。

在有卫生室行政村比例方面，六盘山片区有卫生室行政村比例排名情况 2016 年比 2014 年上升了 4 个名次，从某种意义上说明六盘山片区的卫生事业发展速度较快，位次大幅度提升；而滇桂黔石漠化片区却从 2014 年的第一名下降到 2016 年的最后一名。

在新型农村养老保险参保率方面，吕梁山片区 2016 年的新型农村养老保险参保率较 2014 年提升了 6 个名次，农村养老保障获得长足发展。

在高中阶段教育毛入学率方面，武陵山区由 2014 年的第 8 名上升到 2016 年的第 3 名，而滇西边境片区与大兴安岭南麓片区分别由第 2 名下降到第 8 名，第 4 名下降到第 9 名，说明这两个片区在教育普及方面需要进一步加强。

5. 简要总结

社会发展能力情况是影响绿色减贫的重要方面，且社会发展能力涵盖的内容也非常广泛。整体来看，11 个片区在社会发展能力方面还存在一定差距，且有个别片区差异性比较突出。进行片区社会发展能力方面的比较后，我们可以得出以下几点启示。

第一，片区的经济社会发展能力必须充分考虑到当地农民的收入情况。打赢脱贫攻坚战，其中最重要的就是促进农民持续增收，而增收又注重提高农村居民人均纯收入，这对于促进减贫事业、社会和谐发展都具有重要意义。第二，片区的社会发展能力需要统筹协调发展。片区统筹发展需要做到：一是统筹区域发展，包括中部、西部、东北地区片区间的发展；二是统筹城乡发展，逐步缩小片区城乡发展差距；三是统筹社会事业发展，包括片区卫生医疗、社会保障、教育等的协调发展。

（五）扶贫开发与减贫效果指数比较

绿色减贫涉及经济、社会、资源、环境、人口等诸多方面，体现出可持续发展的复杂性和系统性。在系统性、综合性、协调性扶贫政策的支持下，如何更好地反映扶贫政策整体效果，是值得我们深思的问题。扶贫开发与减贫效果指标衡量的是地区扶贫政策支持下贫困人口生活质量，可以反映出贫困广度、贫困深度和贫困强度的变化，是绿色减贫指数的重要内涵之一。

本节从片区比较的视角，采用中国绿色减贫指数评价体系（片区比较），测算了中国 11 个集中连片特困地区的扶贫开发与减贫效果情况，分析并描述各片区在扶贫开发与减贫效果方面的现状、特点及基本格局，比较各片区在扶贫开发与减贫效果方面的差异，得到在扶贫开发与减贫效果方面的启示。

1. 扶贫开发与减贫效果的测算结果

在中国绿色减贫指数评价体系（片区比较）中，扶贫开发与减贫效果指标由贫困人口占总农村人口比重、农村人均纯收入增长率、通电行政村比重等 6 项测算指标构成。各项二级指标的权重及其指标属性见表 2-28。

表 2-28　片区扶贫开发与减贫效果二级指标、权重及指标属性

指标序号	二级指标	权重（%）	指标属性
1	贫困人口占总农村人口比重	4.762	逆
2	农村人均纯收入增长率	4.762	正
3	通电行政村比重	4.762	正
4	通路行政村比重	4.762	正
5	有效灌溉面积占基本农田面积比重	4.762	正
6	实现安全饮水人数比重	4.762	正

注：本表内容是由本报告课题组召开的多次专家座谈会研讨确定的。

根据中国绿色减贫指数评价体系（片区比较）中扶贫开发与减贫效果的评价体系和权重标准，得出 11 个片区扶贫开发与减贫效果指标排名（见表 2-29）。

表2-29 2016年中国11个集中连片特困地区扶贫开发与减贫效果排名

片区	扶贫开发与减贫效果		贫困人口占总农村人口比重		农村人均纯收入增长率		通电行政村比重		通路行政村比重		有效灌溉面积占基本农田面积比重		实现安全饮水人数比重	
	指标值	排名	原值	排名	原值	排名	原值	排名	原值	排名	原值	排名	原值	排名
罗霄山区	0.76	1	7.0	2	10.6	9	100	1	72.7	3	70.5	1	97.9	2
大别山区	0.75	2	7.3	3	9.6	11	100	1	72.1	4	69.4	2	98.1	1
滇西边境片区	0.73	3	15.1	8	13.6	1	99.74	9	82.5	1	55.3	4	97.3	4
吕梁山片区	0.69	4	19.4	11	11.1	4	99.98	6	65.6	7	65.4	3	94.5	6
大兴安岭南麓片区	0.68	5	6.4	1	12.4	2	100	1	64.6	8	49.6	5	93.3	7
武陵山区	0.63	6	11.2	4	11.0	6	99.99	5	69.3	5	44.5	7	86.6	11
燕山—太行山片区	0.63	7	14.3	6	11.1	5	99.96	7	52.8	11	48.5	6	96.1	5

二级指标

续表

片区	扶贫开发与减贫效果		二级指标										
			贫困人口占总农村人口比重		农村人均纯收入增长率		通电行政村比重		通路行政村比重		有效灌溉面积占基本农田面积比重		实现安全饮水人数比重	
	指标值	排名	原值	排名	原值	排名	原值	排名	原值	排名	原值	排名	原值	排名
滇桂黔石漠化片区	0.60	8	16.4	9	10.9	7	100	1	66.9	6	36.1	9	92.8	8
六盘山片区	0.58	9	13.6	5	12.1	3	99.79	8	63.3	9	25.3	10	97.8	3
乌蒙山片区	0.58	10	17.6	10	10.0	10	99.42	10	63.1	10	43.4	8	86.9	10
秦巴山区	0.57	11	14.5	7	10.6	8	99.01	11	78.7	2	24.4	11	92.3	9

注：本表根据资源利用与环境保护程度的指标体系，依据各指标 2016 年数据测算而得。数据主要来源于国务院扶贫办数据统计库，部分省区市 2017 年及 2016 年统计年鉴。

为了全面比较各片区扶贫开发与减贫效果的差异，我们根据中国绿色减贫指数评价体系（片区比较）对 11 个片区的扶贫开发与减贫效果指标的测度结果进行分析。同时，根据表 2-29 中各片区的扶贫开发与减贫效果的指数值绘制出图 2-15。其中，横轴为扶贫开发与减贫效果的指数值，扶贫开发与减贫指数值越高，其条框就越长；相反，扶贫开发与减贫指数值越低，其条框就越短。

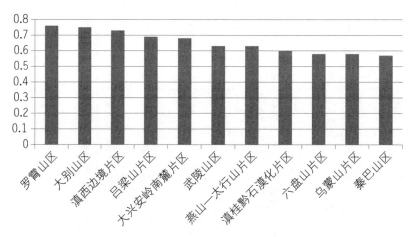

图 2-15　2016 年扶贫开发与减贫效果指数排名片区比较

注：根据表 2-29 中相关数据绘制。

从图 2-15 中可以看出，罗霄山区、大别山区、滇西边境片区排名前三，吕梁山片区、大兴安岭南麓片区、武陵山区分列第 4 位、第 5 位和第 6 位，说明这几个片区扶贫开发与减贫效果较为显著。滇桂黔石漠化片区、六盘山片区、乌蒙山片区、秦巴山区均排名靠后，说明这几个片区扶贫开发与减贫效果相对较差，有进一步提高和改善的空间。

结合表 2-29 和图 2-15，可以发现 11 个片区资源利用与环境保护程度呈现如下几个特点。

（1）扶贫开发与减贫效果的片区间差异较大

从表 2-29 和图 2-15 中可以看出，整体来说 2016 年扶贫开发与减贫指标多数地区差异较大，东北地区、东部和中部地区的指数情况普遍比西部地区占优势，前 5 位片区中，西部地区仅滇西边境片区上榜，西部地区面临的扶贫开发与减贫形势相对更加严峻，这与西部地区基础社会薄弱、贫困地区生态和资源较为脆弱均有较大的关系。

（2）东部和中部片区扶贫效果较佳，片区内部存在较大差异

根据表 2-29，扶贫开发与减贫效果指数排名前 6 位中，东部地区有 1 个，是大兴安岭南麓区（第 5 位）；中部地区有 4 个，分别为罗霄山区（第 1 位）、大别山区（第 2 位）、吕梁山片区（第 4 位）、武陵山区（第 6 位）；西部地区有 1 个为滇西边境片区（第 3 位）。排在后 5 位的地区有 4 个在西部地区，分别是秦巴山区（第 11 位）、乌蒙山片区（第 10 位）、六盘山片区（第 9 位）、滇桂黔石漠化片区（第 8 位）；有 1 个位于东部地区，即燕山—太行山片区（第 7 位）。这些数据反映了位次靠后地区扶贫开发与减贫效果并不明显。西部地区经济水平较为落后的同时，减贫效果也较为落后。

此外，对于西部片区，秦巴山区位于第 11 位，与居第 3 位的滇西边境片区差异较大，这反映了扶贫开发与减贫效果在西部地区存在较大的内部差异。

（3）扶贫开发与减贫效果对片区绿色减贫的影响分析

根据表 2-30，从片区来看，各片区绿色减贫指数和扶贫开发与减贫效果指数排名大多数片区差异较小，仅大兴安岭南麓片区、吕梁山片区、秦巴山区相差较大，其他片区绿色减贫指数和扶贫开发与减

效果指数差距不大,差距基本在 [-1,1]。这在一定程度上也表明,扶贫开发与减贫效果和绿色减贫指数之间存在较强的关联,即二者之间基本存在正相关的关系,同时也表明现阶段我国开展开发工作,在注重绿色与经济发展方面做了大量工作。

表2-30 2016年区域片区绿色减贫指数与
扶贫开发与减贫效果排名差异比较

区域	片区	绿色减贫指数排名	扶贫开发与减贫效果排名	位次差距
东部地区	大兴安岭南麓片区	9	5	-4
	燕山—太行山片区	7	7	0
中部地区	大别山区	3	2	-1
	罗霄山区	1	1	0
	吕梁山片区	11	4	-7
	武陵山区	5	6	1
西部地区	六盘山片区	10	9	-1
	滇西边境片区	2	3	1
	秦巴山区	4	11	7
	滇桂黔石漠化片区	6	8	2
	乌蒙山片区	8	10	2

2. 扶贫开发与减贫效果及其二级指标对比分析

利用2016年数据,根据中国绿色减贫指数指标体系测算后,11个片区扶贫开发与减贫效果的二级指标详细排名如表2-31所示。

表2-31 2016年扶贫开发与减贫效果二级指标排名

片区	扶贫开发与减贫效果指标						总排名
	贫困人口占总农村人口比重	农村人均纯收入增长率	通电行政村比重	通路行政村比重	有效灌溉面积占基本农田面积比重	实现安全饮水人数比重	
罗霄山区	2	9	1	3	1	2	1
大别山区	3	11	1	4	2	1	2
滇西边境片区	8	1	9	1	4	4	3
吕梁山片区	11	4	6	7	3	6	4
大兴安岭南麓片区	1	2	1	8	5	7	5
武陵山区	4	6	5	5	7	11	6
燕山—太行山片区	6	5	7	11	6	5	7
滇桂黔石漠化片区	9	7	1	6	9	8	8
六盘山片区	5	3	8	9	10	3	9
乌蒙山片区	10	10	10	10	8	10	10
秦巴山区	7	8	11	2	11	9	11

从表2-31中可以发现，扶贫开发与减贫效果指标排名中排名第1的是罗霄山区，且相关指数排名相对其他片区比较高，通电行政村比重和有效灌溉面积占基本农田面积比重均排名第1，通路行政村比重、贫困人口占总农村人口比重和实现安全饮水人数比重这三个指标排名均较

为靠前，分别排在第3位、第2位和第2位。这与其受国务院扶贫办加大扶贫开发支持力度等重要决策有一定关系。这说明罗霄山区人们生活质量整体水平较其他片区高，扶贫开发与减贫效果相对显著。

扶贫开发与减贫效果指标排名中排名最后一位的是秦巴山区，其二级指标贫困人口占总农村人口比重、农村人均纯收入增长率、通电行政村比重、有效灌溉面积占基本农田面积比重、实现安全饮水人数比重指标排名均较为靠后，分列第7位、第8位、第11位、第11位、第9位。造成这种结果的原因可能是乌蒙山片区处于西南地区云贵高原，由于地形、地势复杂加上水土流失、地震等自然灾害较为频发，水、电、路、农牧等基础设施建设难度较大，且自然灾害破坏力强，导致该片区扶贫开发与减贫效果整体较差。

总体来看，通电行政村比重的片区区分度较弱，11个片区均达到或超过99%；农村人均纯收入增长率和通路行政村比重与减贫效果总排名差异性较大，主要表现在部分片区减贫效果排名靠后而二级指标排名靠前，以及部分片区二级指标的绝对值较小，以秦巴山区为例，减贫效果总排名最后，但是二级指标通路行政村比重却排在第2位，以大别山区为例，减贫效果总排名为第2位，但是二级指标农村人均纯收入增长率却排在最后一位；贫困人口占总农村人口比重和有效灌溉面积占基本农田面积比重与减贫效果排名基本吻合，但需要注意的是，部分地区相关指标的绝对值较低。

3. 2016年和2014年片区扶贫开发与减贫效果比较分析

将各片区2016年和2014年的扶贫开发与减贫效果指数排名对比后发现，共有9个片区的二级指标排名变化在4位及以上（见表2-32），且二级指标变动主要集中在农村人均纯收入增长率、实现安全饮水人数比重这两个指标。

表 2-32 2016 年和 2014 年片区扶贫开发与减贫效果排名变化 4 位及
以上的指标

片区	二级指标	2016 年排名	2014 年排名	位次变化
罗霄山区	农村人均纯收入增长率	9	4	-5
乌蒙山片区	农村人均纯收入增长率	10	3	-7
	实现安全饮水人数比重	10	1	-9
六盘山片区	贫困人口占总农村人口比重	5	10	5
	实现安全饮水人数比重	3	11	8
	农村人均纯收入增长率	3	7	4
滇桂黔石漠化片区	实现安全饮水人数比重	8	2	-6
滇西边境片区	通路行政村比重	1	10	9
吕梁山片区	农村人均纯收入增长率	4	10	6
	有效灌溉面积占基本农田面积比重	3	8	5
燕山—太行山片区	农村人均纯收入增长率	5	11	6
	通路行政村比重	11	2	-9
大别山区	实现安全饮水人数比重	1	6	5
秦巴山区	实现安全饮水人数比重	9	4	-5

注：变动值为正数表明排名上升，负数表明排名下降。

在农村人均纯收入增长率方面，罗霄山区与乌蒙山片区分别由
2014 年的第 4 位和第 3 位下降到 2016 年的第 9 位与第 10 位，处于一
个下降趋势，与此相反，六盘山片区、吕梁山片区和燕山—太行山片
区有较大幅度的提升，说明其人均纯收入增长率稳步提高。

在实现安全饮水人数比重方面，乌蒙山片区、滇桂黔石漠化片区和秦巴山区有较大幅度下降，而六盘山片区由 2014 年的第 11 位上升到 2016 年的第 3 位，大别山区由 2014 年的第 6 位上升到 2016 年的第 1 位，说明这两个片区在安全饮水普及方面取得很大成效，使得农户的基本生活条件得以改善。

4. 简要总结

总体来看，11 个片区在扶贫开发与减贫效果方面存在一定差异性，片区内部亦有较大的差异性，某些指标表现良好、某些指标仍需继续努力和完善，且有个别指标在 11 个片区整体表现不佳。这种区域差异也为我们因地制宜地选择合适的绿色减贫模式提供了可能。因此，扶贫政策的制定不能一概而论，应根据各个片区不同的特点制定相对应且有效的政策措施，重点提高片区内相对薄弱和落后的环节，坚持以人为本，努力提高基础设施建设水平和贫困人口生活质量水平，使扶贫开发政策的减贫效果实现整体水平的提高。

五、中国减贫指数的县域比较分析

本部分测度了中国 11 个集中连片特困地区中 505 个贫困县（市、区）的绿色减贫指数，对一级指标经济增长绿化度、资源利用与环境保护程度、社会发展能力和扶贫开发与减贫效果与部分二级指标分别进行分析，并与 2014 年的数据进行了对比，总结发展特点。

（一）绿色减贫总指数比较

利用 2016 年和 2014 年的数据，根据中国绿色减贫指数指标体系测算，总体来说，2016 年，在测算的 505 个贫困县（市、区）中，有保康县、桂东县、漾濞彝族自治县、石门县、中方县、靖州苗族侗族自治县、永平县、安化县、会同县、通道侗族自治县、勐腊县、会昌县、上犹县、莲花县、锦屏县等 252 个贫困县（市、区）的绿色减贫水平高于全国平均水平，绥宁县、剑阁县、固始县、辰溪县、上林县、桐梓县、永寿县、淮滨县、瓮安县、米脂县、贵定县等 253 个贫困县（市、区）的绿色减贫水平低于全国平均水平。

2014 年，在测算的 505 个贫困县（市、区）中，有上犹县、互助土族自治县、团风县、印江土家族苗族自治县、靖州苗族侗族自治县、来凤县、宣化县、井冈山市、宿松县、罗田县、炎陵县、岳西县、桂东县、安仁县、宜章县、五峰土家族自治县、潜山县等 255 个贫困县（市、区）的绿色减贫水平高于全国平均水平，景谷傣族彝族自治县、松桃苗族自治县、美姑县、越西县等 249 个贫困县（市、区）的绿色减贫水平低于全国平均水平。

为方便读者，根据"中国 505 个贫困县（市、区）绿色减贫指数及排名"，绘出 2016 年和 2014 年中国绿色减贫指数排名前 20 的贫困县（市、区）和排名后 20 的贫困县（市、区）的比较，如图 2-16 和图 2-17 所示：

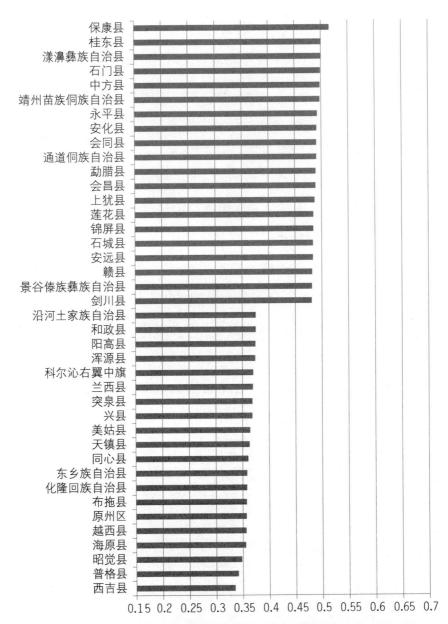

图 2-16　2016 年中国绿色减贫指数排名前 20 的贫困县（市、区）和
排名后 20 的贫困县比较

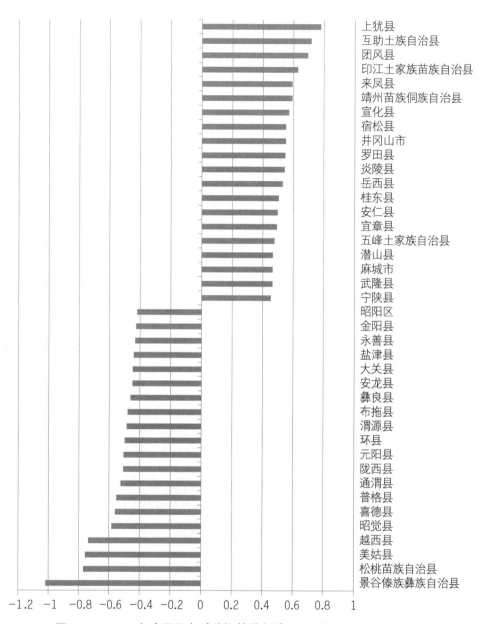

图 2-17 2014 年中国绿色减贫指数排名前 20 的贫困县（市、区）和
排名后 20 的贫困县（市、区）比较

（二）绿色减贫指数体系一级指标比较

本部分测度了 2016 年中国 505 个贫困县（市、区）的绿色减贫指数体系的一级指标，将其与 2014 年的数据进行对比，总结发展特点。

1. 经济增长绿化度

2016 年，在测算的 505 个贫困县（市、区）中，如图 2-18 所示，一级指标经济增长绿化度排名前 20 的县（市、区）有商州区、山阳县、洛南县、周至县、保康县、西乡县、井冈山市、丹江口市、华池县、长顺县、天柱县、天等县、汝阳县、太白县、安化县、绥德县、雷山县、略阳县、巫山县、龙州县；排名处于后 20 的县（市、区）有泸水县、贡山独龙族怒族自治县、兰坪白族普米族自治县、克东县、福贡县、霍邱县、麟游县、明水县、康保县、青冈县、湟中县、兰西县、张北县、宣恩县、龙江县、沽源县、突泉县、化隆回族自治县、康乐县、甘南县。

2014 年，在测算的 505 个贫困县（市、区）中，如图 2-19 所示，一级指标经济增长绿化度排名前 20 的县（市、区）有绥德县、米脂县、望奎县、长武县、明水县、淳化县、团风县、中方县、永寿县、瑞金市、青冈县、兰西县、湟源县、吴堡县、麻城市、蕲春县、潜山县、佳县、安化县、隆安县；排名处于后 20 的县（市、区）有福贡县、红河县、元阳县、金平苗族瑶族傣族自治县、绿春县、南江县、平武县、平昌县、兰坪白族普米族自治县、江城哈尼族彝族自治县、泸水县、贡山独龙族怒族自治县、康保县、沽源县、仪陇县、尚义县、康县、宣汉县、怀安县、万源市。

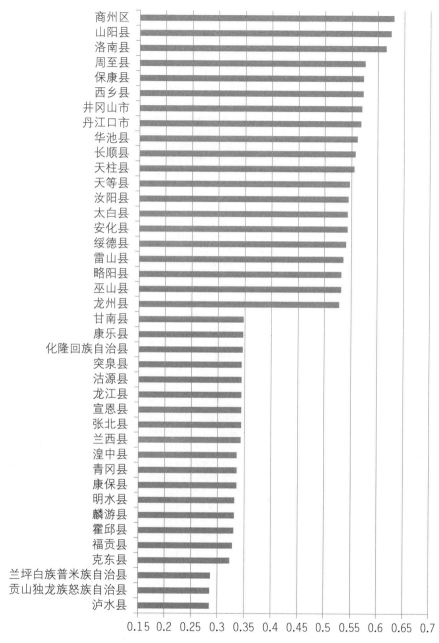

图 2-18　2016 年经济增长绿化度排名前 20 的贫困县（市、区）和

排名后 20 的贫困县（市、区）比较

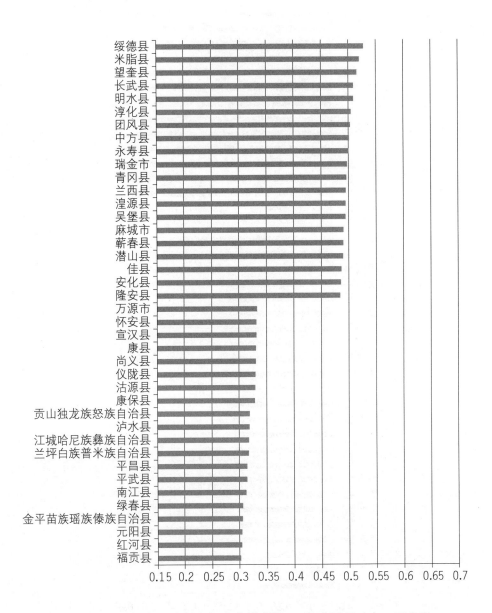

图 2-19　2014 年经济增长绿化度排名前 20 的贫困县（市、区）和
排名后 20 的贫困县（市、区）比较

通过 2016 年与 2014 年数据对比，可以发现一级指标经济增长绿化度在 2016 年整体上有了明显的提高，2014 年排名前 20 的县（市、区）平均值为 0.500，排名后 20 的县（市、区）平均值为 0.319，而 2016 年排名前 20 的县（市、区）平均值为 0.562，排名后 20 的县（市、区）平均值为 0.331，整体上有了明显的提升，说明这两年内经济增长绿化程度进一步加强，2016 年经济增长绿化度排名前 3 的洛南县、山阳县、商州区，指数值达到 0.6 以上，相比 2014 年是一个不小的突破。但需要注意的是，2014 年排名后 20 的县均在 0.3 以上，而在 2016 年有 3 个县分别是泸水县、贡山独龙族怒族自治县、兰坪白族普米族自治县，分值处于 0.3 以下，说明在经济增长绿化程度整体提高的同时，不同县发展的不均衡进一步扩大，在发展过程中平衡发展将是未来的目标。

2. 资源利用与环境保护程度

2016 年，在测算的 505 个贫困县（市、区）中，如图 2-20 所示，一级指标资源利用与环境保护程度排名前 20 的县（市、区）有勐腊县、凌云县、会昌县、融水县、炎陵县、融安县、安远县、那坡县、乐业县、贡山独龙族怒族自治县、阿尔山市、桂东县、田林县、上犹县、寻乌县、资源县、凤山县、井冈山市、五峰土家族自治县、赤水市；排名处于后 20 的县（市、区）有环县、绥德县、陇西县、同心县、寿县、海原县、兰西县、富裕县、通渭县、望奎县、镇赉县、大安市、林甸县、望江县、米脂县、兴县、临洮县、景泰县、甘南县、安定区。

2014 年，在测算的 505 个贫困县（市、区）中，如图 2-21 所示，一级指标资源利用与环境保护程度排名前 20 的县（市、区）有太白县、宁陕县、留坝县、佛坪县、竹溪县、阿尔山市、勐腊县、双柏县、桂东县、镇坪县、上犹县、安远县、慈利县、栾川县、炎陵县、五峰土家族自治县、凤山县、凌云县、赤水市、寻乌县；排名处于后 20 的县（市、区）有子洲县、东乡族自治县、临夏市、绥德县、临洮县、陇西县、环县、兰西县、寿县、富裕县、望奎县、会宁县、同心县、大安市、林甸县、天镇县、镇赉县、海原县、霍邱县、通渭县。

通过 2016 年与 2014 年数据对比，可以发现一级指标资源利用与环境保护程度变化不大，基本与 2014 年数据持平，县的排名整体基本保持稳定。整体上看，资源利用与环境保护程度不高，可提升空间较大，两极分化较为严重，排名靠前的勐腊县、凌云县、会昌县是排名靠后的景泰县、甘南县、安定区的几十倍，故未来的发展目标是，一方面提升整体资源利用与环境保护程度的水准，另一方面实现不同县城的整体发展，减少不平衡因素。

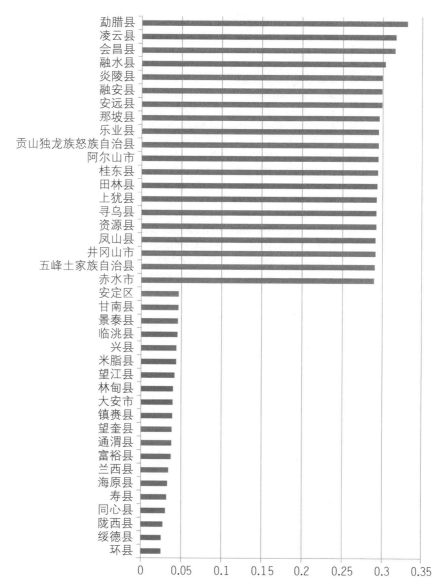

图 2-20 2016 年资源利用与环境保护程度排名前 20 的贫困县（市、区）和
排名后 20 的贫困县（市、区）比较

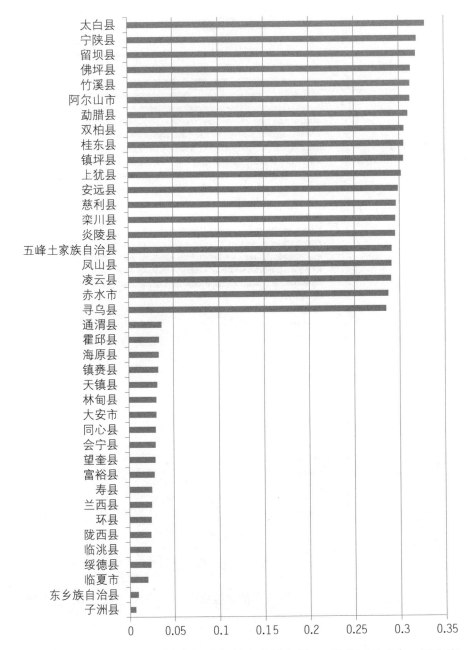

图 2-21　2014 年资源利用与环境保护程度排名前 20 的贫困县（市、区）和

排名后 20 的贫困县（市、区）比较

3. 社会发展能力

2016 年，在测算的 505 个贫困县（市、区）中，如图 2-22 所示，一级指标社会发展能力排名前 20 的县（市、区）有武冈市、临夏市、望都县、阜平县、张北县、龙江县、石门县、泾川县、涞水县、易县、唐县、卢氏县、榆中县、阳原县、平泉县、丰都县、涞源县、镇原县、新蔡县、平塘县；排名处于后 20 的县（市、区）有马山县、凌云县、美姑县、贞丰县、普格县、那坡县、望谟县、从江县、昭觉县、正安县、德保县、榕江县、台江县、越西县、田林县、乐业县、黎平县、剑河县、雷山县、原州区。

2014 年，在测算的 505 个贫困县（市、区）中，如图 2-23 所示，一级指标社会发展能力排名前 20 的县（市、区）有红安县、靖州苗族侗族自治县、汾西县、长阳土家族自治县、孝昌县、新宁县、彭水苗族土家族自治县、桂东县、秭归县、五峰土家族自治县、邵阳县、安仁县、柘城县、玉龙纳西族自治县、太湖县、蕲春县、来凤县、永和县、祥云县、岳西县；排名处于后 20 的县（市、区）有美姑县、越西县、景谷傣族彝族自治县、宕昌县、金阳县、新晃侗族自治县、布拖县、普格县、喜德县、昭觉县、古丈县、渭源县、通渭县、陇西县、雷波县、积石山保安族东乡族撒拉族自治县、东乡族自治县、淳化县、泸溪县、天等县。

通过 2016 年与 2014 年数据的比较，不难看出，社会发展能力排名靠后的县有了一定程度的提高，2016 年均在 0.3 上下，后 20 正在向 0.35 看齐。在排名靠前的县里，整体数据保持稳定，但县城调整较大，例如武冈市在 2016 年一跃成为第 1 名，而在 2014 年处于 20 名以后的位置；而像红安县、靖州苗族侗族自治县、汾西县等在 2014 年排名靠前的县（市、区），在 2016 年却排在 20 名之后。

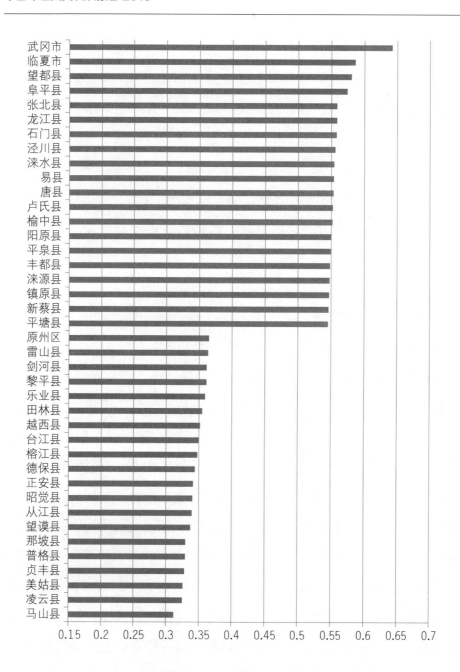

图 2-22　2016 年社会发展能力排名前 20 的贫困县（市、区）和
排名后 20 的贫困县（市、区）比较

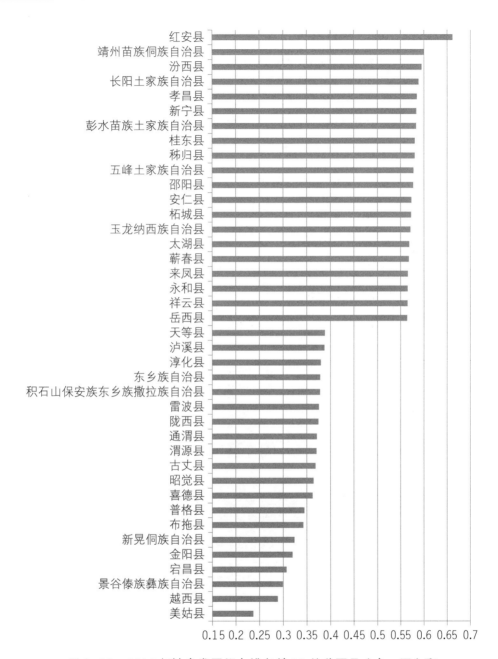

图 2-23　2014 年社会发展能力排名前 20 的贫困县（市、区）和

排名后 20 的贫困县（市、区）比较

4. 扶贫开发与减贫效果

2016 年，在测算的 505 个贫困县（市、区）中，如图 2-24 所示，一级指标扶贫开发与减贫效果排名前 20 的县（市、区）有永平县、光山县、宁陵县、柘城县、漾濞彝族自治县、太湖县、勐海县、田阳县、丰都县、通道侗族自治县、霍邱县、石屏县、剑川县、赣县、贡山独龙族怒族自治县、兰考县、茶陵县、宾川县、横山县、桂东县；排名处于后 20 的县（市、区）有喜德县、美姑县、西吉县、布拖县、越西县、邵阳县、昭觉县、金阳县、城步苗族自治县、淅川县、巴东县、普格县、沿河土家族自治县、从江县、晴隆县、石阡县、台江县、郧西县、雷波县、原州区。

2014 年，在测算的 505 个贫困县（市、区）中，如图 2-25 所示，一级指标扶贫开发与减贫效果排名前 20 的县有孝昌县、民权县、罗田县、马边彝族自治县、莲花县、宜章县、赣县、郸城县、霍邱县、石城县、宁陵县、潜山县、融安县、涟源市、岳西县、商城县、隆化县、万全县、花垣县、周至县；排名处于后 20 的县（市、区）有景谷傣族彝族自治县、松桃苗族自治县、安龙县、从江县、武都区、盐津县、大关县、沈丘县、城口县、巫山县、合水县、永善县、施秉县、环县、吴堡县、龙山县、三穗县、安定区、思南县、昭觉县。

通过 2016 年与 2014 年数据的比较，扶贫开发与减贫效果排名前 20 的县（市、区）整体变化不大，数据保持稳定；排名处于后 20 的县（市、区）整体上有非常明显的提高，平均值由 2014 年的 0.406 上升到 0.518，最低值由 0.3 上升到 0.5 左右，可以说这两年内扶贫开发与减贫效果趋向于平衡发展，同时这也是未来发展的主要目标。

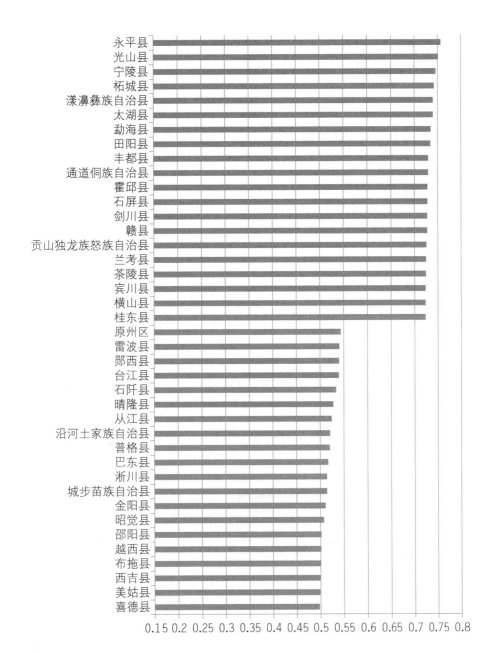

图 2-24　2016 年扶贫开发与减贫效果排名前 20 的贫困县（市、区）和
排名后 20 的贫困县（市、区）比较

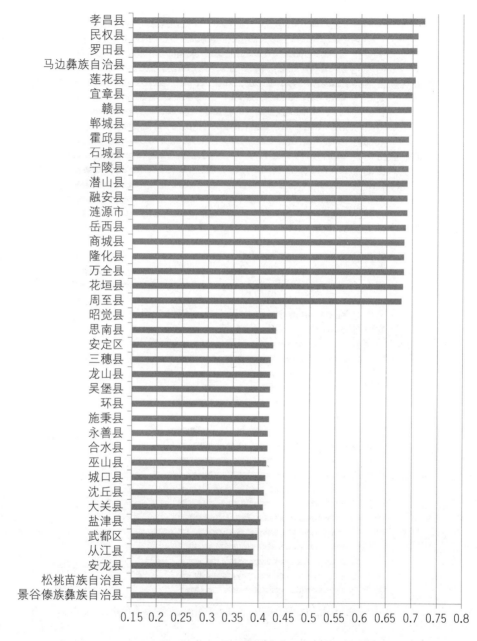

图 2-25 2014 年扶贫开发与减贫效果排名前 20 的贫困县（市、区）和

排名后 20 的贫困县（市、区）比较

（三）绿色减贫指数体系部分二级指标比较

本部分根据指标数据的变化程度，选取了 2016 年中国 505 个贫困县（市、区）的绿色减贫指数体系部分二级指标，与 2014 年的数据进行对比，并总结其特点。

1. 单位地区生产总值能耗

单位地区生产总值能耗作为中国绿色减贫指数指标体系中一级指标经济增长绿化度的二级指标，是逆向指标，在 2014—2016 年数据变化较为明显。

2016 年，在参与测算的 505 个贫困县（市、区）中，如图 2-26 所示，二级指标单位地区生产总值能耗排名前 20 的县（市、区）有屏边县、海原县、汾西县、永和县、隰县、大宁县、吉县、隆林县、西林县、田林县、乐业县、凌云县、那坡县、靖西县、德保县、田阳县、广南县、丘北县、麻栗坡县、西畴县；排名后 20 的县（市、区）有兴国县、城步苗族自治县、洞口县、隆回县、城口县、沈丘县、商水县、靖远县、邵阳县、新宁县、朝天区、旺苍县、巫溪县、云阳县、芷江侗族自治县、奉节县、巫山县、山阳县、洛南县、商州区。其中，前 20 的县（市、区）平均值为 0.069 吨标准煤 / 万元，后 20 的县（市、区）平均值为 2.207 吨标准煤 / 万元，两级差距明显，相差几十倍之多。

2014 年，在参与测算的 505 个贫困县（市、区）中，如图 2-27 所示，二级指标单位地区生产总值能耗排名前 20 的县有五台县、湟中县、湟源县、田阳县、德保县、靖西县、那坡县、凌云县、乐业县、田林县、西林县、隆林县、莲花县、吉县、大宁县、隰县、永和县、汾西县、六枝特区、水城县；排名后 20 的县（市、区）有来凤县、五峰土家族自治县、海原县、井冈山市、炎陵县、宜章县、汝城县、桂东县、安仁县、秭归县、兰考县、光山县、新县、商城县、固始县、潢川县、淮滨县、赣县、上犹县、宁都县。其中，前20的县（市、区）平均值为 0.477 吨标准煤／万元，后20的县（市、区）平均值为 2.118 吨标准煤／万元。

通过 2016 年与 2014 年数据的比较，可以看出排名前 20 的县（市、区）能耗平均值有较大程度的下降，说明针对能耗减少方面的政策实施，在一些县城已经取得很大成效，但需注意排名后 20 的县（市、区）能耗平均值并无下降趋势，相反还有小幅度的上升，像屏边县、海原县等，还有大幅度的上升，说明贫困县能耗两极差距进一步扩大，均衡全面的政策落实是未来的发展目标。

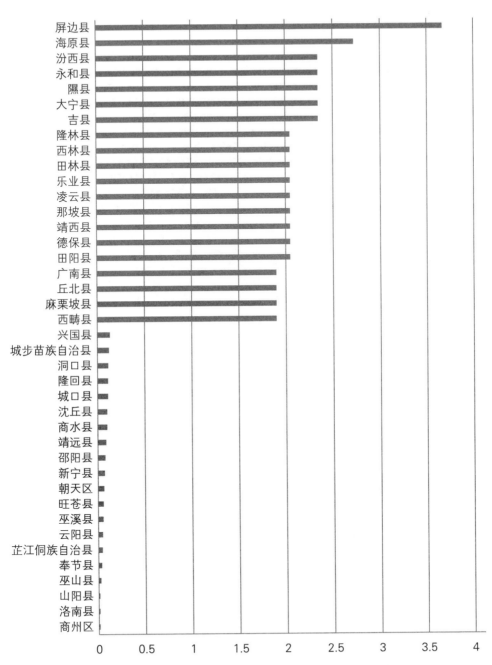

图 2-26　2016 年单位地区生产总值能耗排名前 20 的贫困县（市、区）和

排名后 20 的贫困县（市、区）比较

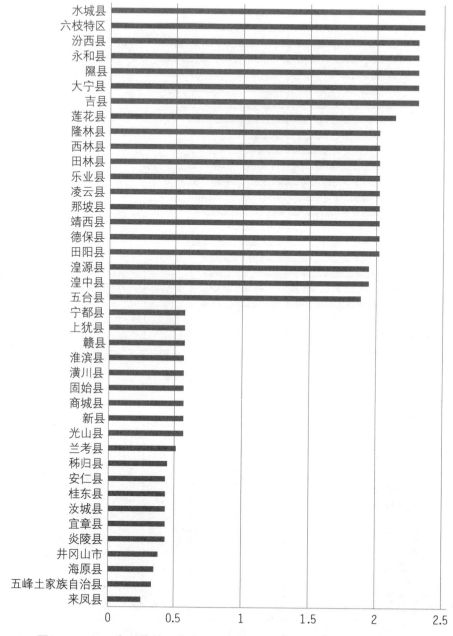

图 2-27　2014 年单位地区生产总值能耗排名前 20 的贫困县（市、区）和
排名后 20 的贫困县（市、区）比较

2．单位耕地面积化肥施用量

单位耕地面积化肥施用量作为中国绿色减贫指数指标体系中一级指标、资源利用与环境保护程度的二级指标，是逆向指标，在 2014—2016 年数据变化较为明显。

2016 年，在参与测算的 505 个贫困县（市、区）中，如图 2-28 所示，二级指标单位耕地面积化肥施用量排名前 20 的县（市、区）有淮滨县、鹤峰县、沈丘县、建始县、淮阳县、团风县、寻乌县、红安县、兰考县、会昌县、潢川县、安远县、蕲春县、宁陵县、郧阳区、五峰土家族自治县、长顺县、龙里县、惠水县、三都县；排名后 20 的县（市、区）有宣化县、张北县、康保县、沽源县、尚义县、蔚县、阳原县、兰坪白族普米族自治县、化德县、泸水县、井冈山市、福贡县、临夏县、临夏市、宁陕县、镇原县、永靖县、华池县、广河县、和政县。其中，前 20 的县（市、区）平均值为 1147.48 公斤，后 20 的县（市、区）平均值为 93.94 公斤。

2014 年，在参与测算的 505 个贫困县（市、区）中，如图 2-29 所示，二级指标单位耕地面积化肥施用量排名前 20 的县（市、区）有团风县、会泽县、宣威市、长阳土家族自治县、禄劝彝族苗族自治县、寻甸回族彝族自治县、恩施市、利川市、建始县、巴东县、宣恩县、咸丰县、孝昌县、秭归县、五峰土家族自治县、鹤峰县、宿松县、淮阳县、太康县、新蔡县；排名后 20 的县（市、区）有黄平县、商都县、紫阳县、宣化县、张北县、康保县、沽源县、尚义县、蔚县、阳原县、怀安县、万全县、宕昌县、宁陕县、泸水县、福贡县、贡山独龙族怒族自治县、兰坪白族普米族自治县、化德县、城口县。其中，前 20 的县（市、区）平均值为 114.26 公斤，后 20 的县（市、区）平均值为 1089.9 公斤。

通过 2016 年与 2014 年数据的比较，可以看出排名前 20 的县（市、区）单位耕地面积化肥施用量有一定程度的下降，相反，排名后 20 的县（市、区）单位耕地面积化肥施用量有所上升，说明新的技术、新的健康可持续性理念正在逐步进入一些县城，但尚未全面普及，两极差距仍旧十分明显，均衡可持续发展是未来的首要目标。

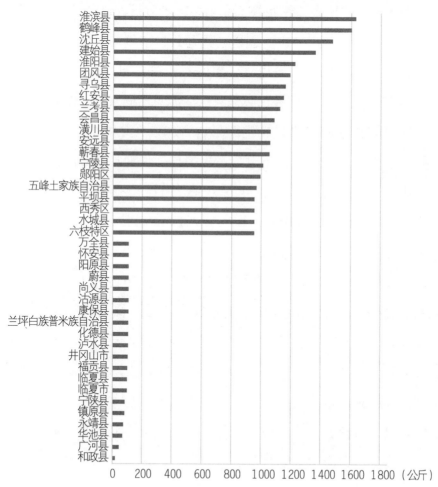

图 2-28　2016 年单位耕地面积化肥施用量排名前 20 的贫困县（市、区）和
排名后 20 的贫困县（市、区）比较

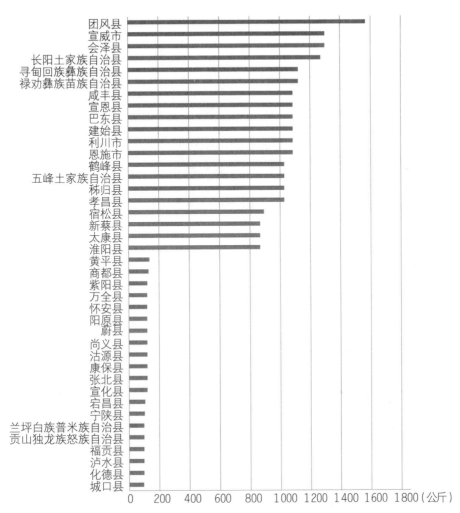

图 2-29　2014 年单位耕地面积化肥施用量排名前 20 的贫困县（市、区）和
排名后 20 的贫困县（市、区）比较

3. 城乡收入比

城乡收入比作为中国绿色减贫指数指标体系中一级指标社会发展
能力的二级指标，是逆向指标，2014—2016 年数据变化较为明显。

2016 年，在参与测算的 505 个贫困县（市、区）中，如图 2-30
所示，二级指标城乡收入比排名前 20 的县（市、区）有汾西县、大宁县、永和县、兰坪白族普米族自治县、兴县、福贡县、石楼县、泸水县、红河县、贡山独龙族怒族自治县、五台县、隰县、岢岚县、鹤庆县、庄浪县、吉县、寻甸回族彝族自治县、岚县、南涧彝族自治县、禄劝彝族苗族自治县；排名后 20 的县（市、区）有潢川县、屏山县、镇平县、宁明县、明水县、榆中县、镇巴县、青冈县、略阳县、皋兰县、龙州县、崆峒区、洋县、临夏市、利辛县、望奎县、克东县、平武县、泾川县、龙江县。排名后 20 的县（市、区）平均值为 1.708，排名前 20 的县（市、区）平均值为 4.537。

2014 年，在参与测算的 505 个贫困县（市、区）中，如图 2-31 所示，二级指标城乡收入比排名前 20 的县有澜沧拉祜族自治县、凌云县、乐业县、隆林县、兰坪白族普米族自治县、册亨县、康县、凤山县、环县、龙胜县、融水县、三江县、东兰县、巴马县、马边彝族自治县、马山县、武都区、西和县、西林县、罗城县；排名后 20 的县（市、区）有龙江县、泰来县、宣化县、康保县、沽源县、尚义县、蔚县、阳原县、怀安县、万全县、皋兰县、炎陵县、宜章县、汝城县、桂东县、安仁县、新宁县、武隆县、靖州苗族侗族自治县、长阳土家族自治县。排名前 20 的县（市、区）平均值为 1.809，排名后 20 的县（市、区）平均值为 4.526。

通过 2016 年与 2014 年数据的比较，可以看出整体城乡收入比变化不大，排名前 20 的县（市、区）有小幅度提升，排名后 20 的县（市、区）有一定程度的下降。但是有一些个别县如汾西县、大宁县、永和县城乡收入比大幅度提高，说明其贫富差距加大，会引起一系列不利于经济发展的问题，在经济发展的同时，缩小贫富差距同样是重要目标。

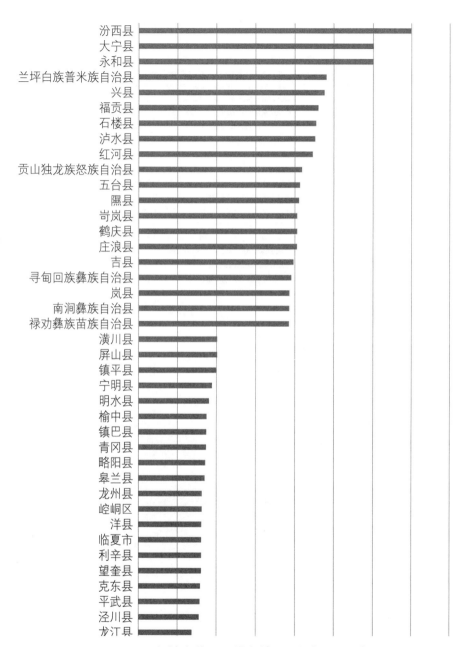

图 2-30 2016 年城乡收入比排名前 20 的贫困县（市、区）和
排名后 20 的贫困县（市、区）比较

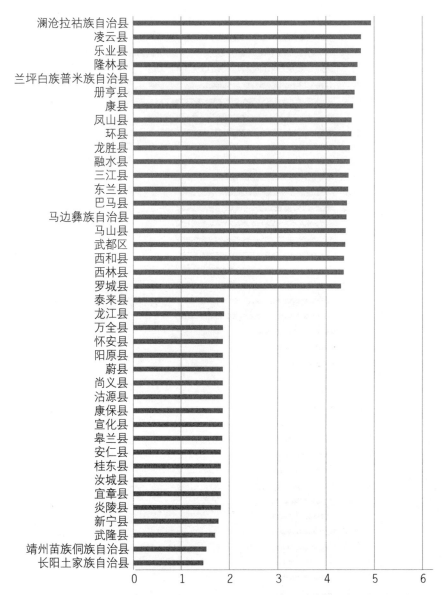

图 2-31　2014 年城乡收入比排名前 20 的贫困县（市、区）和

排名后 20 的贫困县（市、区）比较

4. 贫困人口占总农村人口比重

贫困人口占总农村人口比重作为中国绿色减贫指数指标体系中一

级指标扶贫开发与减贫效果的二级指标，是逆向指标，在 2014—2016 年数据变化较为明显。

2016 年，在参与测算的 505 个贫困县（市、区）中，如图 2-32 所示，二级指标贫困人口占总农村人口比重排名前 20 的县有福贡县、兰坪白族普米族自治县、贡山独龙族怒族自治县、山阳县、泸水县、大宁县、柞水县、石楼县、澜沧拉祜族自治县、房县、彝良县、紫阳县、武定县、绿春县、岚皋县、江城哈尼族彝族自治县、屏边县、永善县、元阳县、大关县；排名后 20 的县（市、区）有永新县、道真仡佬族苗族自治县、横山县、甘南县、周至县、黔江区、瓮安县、云阳县、西秀区、正宁县、武隆县、赤水市、秀山土家族苗族自治县、玉龙纳西族自治县、皋兰县、龙江县、望都县、丰都县、井冈山市、兰考县。排名前 20 的县（市、区）平均值为 2.111，排名后 20 的县（市、区）平均值为 34.377。

2014 年，在参与测算的 505 个贫困县（市、区）中，如图 2-33 所示，二级指标贫困人口占总农村人口比重排名前 20 的县（市、区）有大宁县、汾西县、永和县、贡山独龙族怒族自治县、石楼县、福贡县、望谟县、屏边县、隰县、澜沧拉祜族自治县、绿春县、清水县、兰坪白族普米族自治县、那坡县、吉县、三都县、静乐县、北道区、元阳县、乐业县；排名后 20 的县（市、区）有霍邱县、丰都县、潢川县、淮阳县、兰考县、商水县、临泉县、寿县、镇平县、湄潭县、兰西县、颍上县、凤冈县、黔江区、望奎县、周至县、龙江县、阿尔山市、印江土家族苗族自治县、水城县。排名前 20 的县（市、区）平均值为 0.087，排名后 20 的县（市、区）平均值为 51.081。

通过 2016 年和 2014 年数据的比较，整体上看贫困人口占总农村人口比重有了明显的下降，排名后 20 的县（市、区）平均值从 51.081 下降到 34.377，且像大宁县、汾西县、永和县、贡山独龙族怒族自治县，在 2014 年比例高达 60%，而到 2016 年不足 40%，说明脱贫工作对于农村各户帮助效果明显。

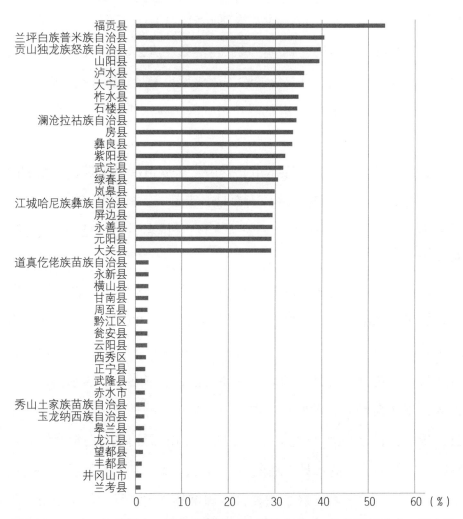

图 2-32　2016 年贫困人口占总农村人口比重排名前 20 的贫困县（市、区）和
排名后 20 的贫困县（市、区）比较

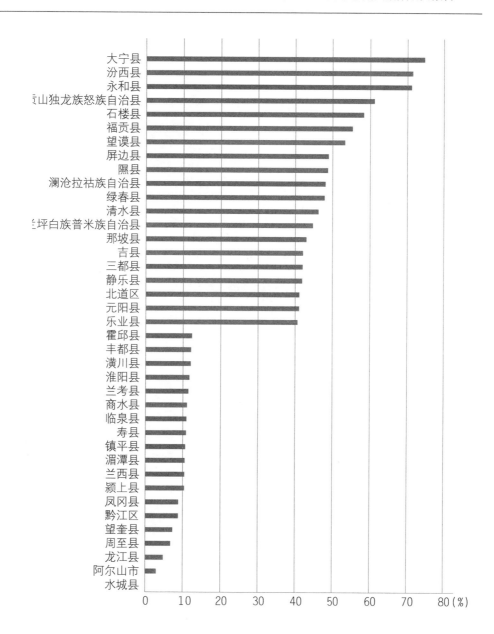

图 2-33 2014 年贫困人口占总农村人口比重排名前 20 的贫困县（市、区）和
排名后 20 的贫困县（市、区）比较

第三篇

专题报告：中国绿色减贫专题研究报告

一、深度贫困地区的绿色减贫与发展研究

在中国脱贫攻坚深入推进并取得决定性进展的同时，深度贫困地区由于其贫困程度深、扶贫成本高、脱贫难度大，已然成为我国现阶段脱贫攻坚的"重中之重、坚中之坚"。深度贫困地区的脱贫攻坚既要确保完成短期脱贫任务，又要着眼长远，实现可持续脱贫和发展，要走绿色减贫之路，因为绿色减贫理念融合了可持续发展、绿色发展与精准扶贫思想，依托深度贫困地区特有的绿色资源，宏观层面以可持续发展和全面建成小康社会为目标，中观层面以区域协调发展和乡村振兴为目标，微观层面以创新精准扶贫方式和激发内生动力为目标，推进深度贫困地区实现顺利脱贫。

根据国家深度贫困地区的划定范围（"三区三州"），四川将高原藏区和大小凉山彝区纳入深度贫困地区，涉及"三州一市"（阿坝州、甘孜州、凉山州和乐山市），共计45个县。其中，高原藏区32个县，包括阿坝州13个县、甘孜州18个县以及凉山州1个县。大小凉山彝区共13个县，包括凉山州10个县和乐山市3个区县。截至2016年底，四川45个深度贫困县共有3993个贫困村，建档立卡人口18万户73.9万人，占四川尚未脱贫人口的27.2%。深度贫困地区具有生存环境恶劣、地质条件复杂、生态环境脆弱、经济基础薄弱以及经济机会相对

缺乏等多重贫困因素叠加的特点，脱贫成本高，脱贫难度大，是脱贫攻坚最难啃的硬骨头。复杂的地质条件和脆弱的生态环境是四川深度贫困地区贫困的"第一天性"因素。2017 年，阿坝州九寨沟县 7.0 级地震、凉山州普格县山洪泥石流和四川茂县叠溪山体滑坡事件均发生在四川深度贫困地区，复杂的地质条件是四川深度贫困地区致贫的重要客观原因。从四川生态安全战略格局来看，四川深度贫困地区主要处于川滇森林及生物多样性生态功能区、若尔盖草原湿地生态功能区和大小凉山水土保持和生物多样性生态功能区，多为限制和禁止开发区，其生态功能属性限制了产业发展的路径选择。

绿色减贫作为一项创新的扶贫方式和理念，以认清深度贫困地区发展特殊性为前提，以构建绿色产业体系为主要路径，以完善基本公共服务体系为重要支撑，最终实现深度贫困地区经济、社会、生态协调发展。

第一，认清与重视深度贫困地区特殊性是破解深度贫困地区贫困问题的基础和前提。在制定国家、地区和部门的各类规划时，要充分考虑深度贫困地区的特殊性诉求，酌情出台仅针对深度贫困地区扶贫开发的专项规划，要更加注重各类政策措施向深度贫困地区倾斜。步入脱贫攻坚期，各类扶贫开发政策要更加侧重深度贫困地区，特别是在资金支持、物资配备、发展机会等方面重点向深度贫困地区倾斜，针对不同类型、不同区域的贫困特征，制定差异化的扶贫脱贫政策，采取分类指导的办法，切实提高政策的实施效果，有计划、有步骤、有重点地推进各项工作。要加强对深度贫困地区的资金支持，拓宽融资渠道，要分门别类设置扶持深度贫困地区发展资金，并在一般资金划拨过程中建立专门的款项目录以应对深度贫困地区脱贫的特殊要求。要加强对深度贫困地区人口的培训，深度贫困地区劳动力培训要以充分考虑地区文化特殊性为前提，以技能培训为依托，改进和加大针对深度贫困人口生存与发展能力的培训，增强贫困人口脱贫致富的内生动力。

第二，探索和创新民族自身特色的绿色减贫产业体系是深度贫困地区脱贫的重要途径。要实现深度贫困地区的长期可持续发展，必须走一条经济、社会、生态、扶贫共赢的道路。首先要将深度贫困地区的特殊性与绿色产业发展理念结合起来，立足深度贫困地区的本土特色，投入专项资金，认真评估、充分挖掘深度贫困地区的风俗、习性与传统，注重对深度贫困地区独特性的保护与传承，在尊重深度贫困地区发展的基础上形成特色鲜明的产业发展理念。其次是促进深度贫困地区生态资源与绿色产业发展模式相结合，以绿色生态资源为依托，推进生态农业与深度贫困地区旅游、林业、文化、康养等产业深度融合，积极发展生态产业新业态，形成绿色生态产业新体系。由于深度贫困地区地理环境、绿色资源禀赋差异大，不同民族、不同区域要根据其绿色资源条件和农业资源禀赋因地制宜发展具有自身特色的产业模式，同时积极对现有绿色生态资源的资产化、市场化和产业化发展进行探索，借助互联网、大数据等现代信息化手段，充分发挥区域绿色禀赋优势和后发优势。最后要推动深度贫困地区文化资源与绿色产业发展模式相结合，进一步加大对深度贫困地区文化资源的培养、保护、交流和宣传，充分挖掘深度贫困地区梯田、草药、建筑等的文化潜力，发挥其民族特色资源、历史文化资源、红色革命资源的减贫作用，将文化与绿色产业有机衔接，拓宽深度贫困地区脱贫路径。

第三，完善基本公共服务体系是深度贫困地区脱贫的重要支撑。贫困的消除绝不仅仅是收入和资产的增加，更重要的是公共服务的均等化。必须加快基础设施和公共服务设施建设，解决深度贫困地区外通内联的区域交通通道，推进深度贫困地区交通项目建设；加快实施深度贫困地区重点水源、大型灌区设施建设与节水改造、农村饮水安全巩固提升等水利工程建设；加快推进深度贫困地区农村电网改造升级和配电网建设；加快实施深度贫困地区农村义务教育薄弱学校改造、基层卫生计生服务体系建设等社会事业领域重大工程，提升深度贫困地区基本公共服务能力。

第四，完善绿色减贫的投融资机制，推进绿色投资精准化是深度贫困地区脱贫的资金保障。要在深度贫困地区形成多层次阶梯形资金筹集绿色通道，通过明确的资金筹措、任务划分，提高资金融通和使用效益。推进绿色资金使用精准化，逐步提升绿色资金的减贫效率，对于有生产条件和能力的贫困农户，直接扶持绿色产业发展项目，按照规定的方式内容和标准补助扶贫资金。

第五，提升深度贫困地区贫困人口可持续脱贫能力是扶贫脱贫的落脚点和动力源泉。深度贫困地区脱贫成效最终落脚点在于群众是否获得持续的脱贫能力，绿色减贫作为一种新的扶贫方式和理念，强调赋权和目标群众的广泛参与，以提升深度贫困地区贫困人口的可持续脱贫能力。因此，深度贫困地区劳动力技能的提升要充分考虑深度贫困地区文化特殊性，要以适应需求且能够有实际收效为第一要务，不断改进和加大针对深度贫困户生存与发展能力的培训，在扶贫项目的选择、决策和实施过程中，要自觉增强深度贫困群众的有效参与，激发深度贫困群众的内生动力，不断完善参与和激励机制，提升绿色减贫政策的群众满意度。

二、少数民族地区的绿色减贫与发展研究

前一节介绍了深度贫困地区绿色减贫发展思路，接续前一节的内容，我们提出，深度贫困地区中还存在一类典型特殊群体，即少数民族。少数民族不仅分布在深度贫困地区，同时也存在于其他区域。在这种情况下，制定适合少数民族群体和少数民族地区，尤其是深度贫困地区的绿色减贫路径，将成为 2020 年实现农村贫困人口脱贫，贫困县全部摘帽奋斗目标的重中之重。

整体上看，走少数民族地区和少数民族群体的绿色减贫之路，首先是需要依托少数民族深度贫困地区特有的绿色资源，核心是从长远角度实现可持续脱贫和发展。在发展路径上，结合石志乐和张琦（2018）的研究，我们认为从微观层面上要以创新精准扶贫方式和激发内生动力为基础性思路，中观层面上要以乡村振兴和协调区域发展为主线，宏观层面上要以可持续发展和全面建成小康社会为奋斗目标。

（一）少数民族地区的贫困困境

要构建并实现少数民族地区和少数民族群体的绿色可持续发展，首先要厘清少数民族地区和群体的贫困特征。诸多研究表明，我国少数民族受区域地理、历史文化等因素影响，有其自身的特殊性，因而其贫困特征也具有特殊性（杨浩等，2015；汪三贵等，2016；刘华军，2016）。具体来讲：

第一，尽管少数民族地区在过去的 5 年中取得了明显的减贫成效，但从绝对和相对贫困程度上，仍处于更深层次的贫困状态。结合我国农村贫困监测数据，2017 年我国民族八省区贫困人口从 2016 年的 1411 万人减少到 1032 万人，减贫速度为 26.9%，比上年快 4.8 个百

分点；贫困发生率从 2016 年的 9.3% 下降到 6.9%，下降 2.4 个百分点。但在上述成就背后，其民族地区的贫困发生率始终显著高于同期全国的贫困发生率（3.1%）。李实等（2017）也指出，以少数民族为例，如果考察农村民族八省区贫困人口占全国贫困人口规模的比重，从 2010年的 30.42% 上升到 2016 年的 32.55%，同时少数民族群体的贫困发生率和贫困深度均要更高。上述数据直观地表明我国少数民族地区和少数民族群体处于更深层次的贫困状态，其陷入贫困的概率和程度均高于全国一般水平。

第二，少数民族文化、生产特性与当前普世扶贫理念的冲突。少数民族地区历史、文化特殊，由此形成了少数民族特殊的生产生活方式，进而形成相对独立的民族文化以及独特的少数民族价值观、道德体系与行为模式（刘华军，2016），与当前我国的普世性开发式扶贫理念可能有所差别。少数民族特殊的资源配置和生产方式、特殊的消费习惯、特殊的资源资本积累方式等，形成了少数民族特殊的生计方式，与现代文化、现代扶贫理念有所冲突。

第三，少数民族地区的深度贫困地理特性。我国少数民族贫困地区一般来讲地处偏远，地形地貌以高原、裸岩、岩溶、干旱和高寒阴湿地区为主。根据国务院扶贫办所公布的 14 个扶贫开发的集中连片特困地区，除秦巴山区、吕梁山片区、燕山—太行山片区、大别山区和罗霄山区外，其他主要片区都是少数民族聚居区。根据汪三贵等（2012）以及石志乐和张琦（2018）研究发现，恶劣的自然生态条件会对少数民族发展造成限制，抑制手段主要包括：水土条件制约了农业生产率，从而抑制农户收入增长；多变的气候和恶劣的地质条件导致自然灾害频发，加剧了少数民族农户生计的脆弱性，导致少数民族农户更容易陷入贫困的恶性循环；山区地形造成交通成本高的问题，不仅限制了少数民族与现代化和市场化的对接，同时也限制了少数民族商品与外界的对接，进一步限制了少数民族群体增收空间；脆弱和恶劣的自然生态环境，也抑制了面向少数民族的扶贫资金的使用效率。

第四，少数民族地区和人群适应现代化发展的能力较弱。在尊重少数民族文化的基础上，如何令少数民族地区和少数民族群体适应现代化发展是一个重大课题。首要的根源源于少数民族群体的人力资本，其主要理由在于少数民族地区深度贫困人口接受现代学校教育有限，难以适应现代化经济发展要求。石志乐和张琦（2108）调研发现，少数民族地区贫困人口普遍只有小学以下文化程度，有些甚至不会说汉语，这限制了少数民族适应现代化，影响了劳动力外出迁移的可能性。进一步，由于少数民族地区农户的受教育水平有限，也容易造成家庭生产投资方面资源合理配置性弱化问题。例如，少数民族的一个绿色发展优势在于特殊产业，由于少数民族地区特色产业培植力度不够，导致地方产业选择未能充分考虑市场开拓、产品更新等问题。

第五，从宏观上看，少数民族地区扶贫资金投入不足，少数民族农户分享经济增长的机会和能力不高。石志乐和张琦（2018）结合调研结果提出，云南、江西、湖南、四川等不少地方的少数民族深度贫困地区，地方财政困难，长期入不敷出。投资资金不足问题在少数民族深度贫困地区尤为明显，受地理环境等因素影响，导致人力资本相对昂贵、投资成本高，由此形成少数民族深度贫困地区的地方财政缺口较大。此外，汪三贵等（2012）指出，尽管少数民族扶贫重点县的农户比全国农户有了更快的收入增长速度，但是细分少数民族和汉族群体，则前者收入增长速度落后于后者，并且这种趋势一直存在。不仅如此，经济增长"益民族地区"大于"益民族农户"，少数民族农户在收入分配格局中的地位有所恶化，少数民族地区群众难以从经济增长的过程中获取对应发展收益。

（二）少数民族地区绿色减贫思路构想和路径研究

1. 少数民族地区绿色减贫思路构想

破解少数民族地区绿色减贫困境，要同时着眼于当前的实际情况和长远可持续发展。而依托少数民族地区特有的绿色资源，有利于实现少数民族贫困地区减贫和可持续发展的长期目标。具体来讲：

第一，少数民族绿色减贫思路的重要性在于，将绿色发展与扶贫脱贫有机融合，有利于实现全面建成小康社会可持续发展奋斗目标，形成包容性、益贫式的增长发展路径。要求绿色发展与经济、社会、生态环境实现长期稳定和谐发展，有利于重构我国扶贫脱贫的动力机制，建立以环境保护与开发为核心的绿色减贫新范式。

第二，在我国脱贫攻坚长效机制与乡村振兴有效衔接的重要发展战略思路基础上，绿色减贫是充分尊重贫困地区和少数民族特色，充分挖掘区域优势绿色资源与本土特色的发展路径，体现出因地制宜的重要性（万君和张琦，2017）。张琦（2014、2015）测度了我国11个片区绿色减贫指数，结果显示包括少数民族地区在内的特殊贫困地区，绿色资源非常丰富。由此，少数民族地区绿色减贫的重要思路是充分认识区域资源禀赋异质性，形成乡村历史文化、地理区位特色，实现区域的优势互补。

第三，结合前文，具体到少数民族群体，绿色减贫要以激发内生动力为目标。因此，在积极探索绿色生态的基础上，要精准对接精准扶贫到人到户的思路，综合考虑贫困人口的接受能力、适应能力，逐步增强新型扶贫方式的收入提升效果。对应地，需要结合少数民族地区的特殊文化、制度和政策，出台相应配合性政策，在制度、技术、人才等方面逐渐形成创新思路，如充分利用太阳能、光伏、低碳等绿色资源，合理形成对应产业并激发少数民族内生发展动力。

2. 少数民族地区绿色减贫路径分析

绿色减贫作为一项创新的扶贫方式和理念，我们提出，要以认清少数民族地区特殊性为前提，以构建绿色产业体系为主要路径，以完善基本公共服务体系为重要支撑，最终实现少数民族地区和群体的减贫、可持续增收和生态协调发展。具体来讲：

第一，厘清少数民族地区特殊性。融合少数民族地区特殊性制定绿色发展路径是破解少数民族地区贫困问题的前提。只有充分考虑少数民族地区脱贫的特殊性诉求，才能够规划出更适合少数民族地区的绿色发展路径，尤其在资金资助、基础设施建设以及发展机会设计等方面，要有侧重性地针对少数民族地区，通过制度设计的异化达到因地制宜、采取分类指导的目标，切实提高政策的实施效果。

第二，以绿色产业体系的构建为绿色减贫的主要路径。根据张琦（2015）对绿色贫困的定义，将其分为正向绿色贫困、逆向绿色贫困和混合型绿色贫困三种类型，其中，正向绿色贫困指因缺乏绿色和生态环境保护体系而导致的贫困；逆向绿色贫困指拥有丰富绿色资源和自然生态体系，但因交通不便、资源开发及产业发展落后导致的贫困；混合型绿色贫困指介于二者之间的绿色贫困类型。对号入座，我国少数民族地域中，同时包括了三种绿色贫困类型：正向绿色贫困如西北干旱地区，逆向绿色贫困如西南山区及丘陵地区，混合型绿色贫困如四省藏区（青海、四川、云南、甘肃）和西藏地区。归纳来看，三种贫困类型的根本性诱因在于缺乏绿色资源的开发和保护，而一个重要的原因在于缺少带来当地资源开发保护的动力源——绿色经济开发。因此，少数民族地区绿色减贫思路的第一条重要思路是进行绿色经济发展，形成配套绿色产业，并将相关产业链引入少数民族区域和群体发展当中。

第三，以完善基本公共服务体系作为绿色减贫重要支撑。贫困消除的内涵不仅在于收入和资产的增加，还包括公共服务均等化发展，以及各类群体享有发展的公平机会。为实现上述目标，针对少数民族地区，需要加快与绿色发展以及少数民族群体发展相关的基础设施和公共服务设施建设，解决少数民族地区交通问题，克服地理缺陷，提升农田水利基础设施改造，改善农业生产条件，提升义务教育质量以及加强基层卫生服务体系建设，提升少数民族群体人力资本，在此基础上，形成绿色产业与个人发展、市场融入、人力资本等方面的顺利对接和匹配。

（三）政策建议

综上所述，关于少数民族绿色减贫的路径和思路，我们提出如下建议：

第一，提升少数民族人口的可持续脱贫能力。石志乐和张琦（2018）、万君和张琦（2017）的研究指出，提升少数民族人口的可持续脱贫能力是绿色减贫新理念下的重要目标，其重要方式在于强调赋权和目标群众的广泛参与。要在上述核心理念基础上和发展绿色产业基础上，不断完善少数民族在绿色产业链条中的激励机制，令绿色减贫思路逐渐转变为少数民族地区群众脱贫致富的核心支撑。同时，要充分考虑少数民族文化特殊性，设计出适应地区需求且有增收效果的技能培训内容，提升少数民族群体的劳动技能，提高处于一般贫困和深度贫困少数民族群众的有效参与性，激发其内生动力。

第二，探索民族自身特色的绿色减贫产业体系。本节始终强调的一个核心是，要制定适用于少数民族区域和群体因地制宜的绿色产业发展模式。在此核心要义基础上，首先，要将少数民族的特殊性与绿色产业发展理念结合起来，即要立足于少数民族地区的本土特色，充分尊重少数民族的风俗、习性与传统，充分挖掘少数民族绿色发展潜力，逐渐形成特色鲜明的少数民族产业发展理念。其次，在促进少数民族地区生态资源与绿色产业发展模式相结合的基础上，要以绿色生态资源为依托，进一步推进生态农业、旅游、文化、康养等产业发展，以产业新业态形成绿色生态产业新体系。例如，可以挖掘梯田、草药、建筑等的文化潜力，发挥其民族特色资源、历史文化资源、红色革命资源的减贫作用，将文化与绿色产业有机衔接，拓宽少数民族深度贫困地区脱贫路径。最后，可以充分依托互联网、大数据等现代信息化手段，发挥少数民族地区绿色生态禀赋优势和后发优势。

第三，因地制宜探索少数民族地区特殊的区域管理和组织方式。少数民族深度贫困地区的组织管理方式具有很强的特殊性，与汉族地区村民代表产生方式有所不同，少数民族村民代表往往是各家族或氏族最有影响力的人。如果对少数民族地区的特殊性认识不够，则容易导致各类扶贫政策措施脱离实际。故此，要因地制宜地结合少数民族的特殊性，在通用扶贫措施的基础上，设计出针对性更强的政策，提高扶贫资金和扶贫政策的有效性。

第四，拓宽少数民族地区发展的融资渠道。资金是少数民族地区绿色发展与区域发展的重要支撑。前文分析，少数民族地区往往存在投入资金回报率较低的问题，但是考虑到长远发展，扶持少数民族贫困地区发展的力度仍需要不断加大。故此，建议一方面厘清少数民族地区绿色发展适应的发展内容，同时，分门别类设置扶持民族地区发展资金，此外，要建立少数民族深度贫困地区的多层次阶梯形资金筹集绿色通道，并做到专款专用，集中资金建设关键项目和主要工程。故此，要加大资源整合力度，将各部门的扶贫资源形成合力，在推进绿色资金使用精准化的同时，提高融资服务的便民性，为少数民族地区脱贫提供便捷高效的服务。

三、老区与边境地区的绿色减贫与发展研究

革命老区是党和人民军队的根，老区和老区人民为中国革命胜利和社会主义建设做出了重大牺牲和重要贡献。边境地区地处我国对外开放的前沿，是确保国土安全和生态安全的重要屏障，在全国改革发展稳定大局中具有重要战略地位。我国人口多，地域广，区域发展不平衡，城乡发展不均衡，城乡发展差距大，农村贫困人口多，革命老区和边境地区由于特殊的历史原因，整体经济发展较慢，贫困人口相对集中，如何有效推动革命老区和边境地区经济发展，如何有效解决革命老区和边境地区贫困人口脱贫问题，成为我国脱贫攻坚的重要任务。由于我国革命老区和边境地区的历史特殊性，绿色减贫成为促进革命老区和边境地区发展、实现贫困人口脱贫的重要手段。

从 1984 年起，党和政府陆续把贫困人口比较集中的地区划分为18 个片区，其中，井冈山和赣南地区、闽西南和闽东北地区、陕北地区、沂蒙山区、吕梁山区、太行山区、大别山区、武陵山区、秦巴山区、西海固地区等全部或大部分是老区县。据统计，在全国 832 个国

家扶贫开发工作重点县和集中连片特殊困难地区县中，老区县有 357 个，占贫困县总数的 43%；建档立卡老区贫困村近 4 万个，占全国贫困村总数的 37%；建档立卡老区贫困人口近 3000 万人，占全国贫困人口总数的 33%。[①] 从边境地区来看，我国陆地与 14 个国家接壤，陆地边境线长 2.2 万公里，其中 1.9 万公里在民族地区。边境地区国土面积 197 万平方公里，人口 2300 多万人，其中少数民族人口近一半，有 30 多个民族与周边国家同一民族毗邻而居。截至 2017 年底，边境 9 省（区）的贫困人口为 978.6 万人，比 2010 年减少 3875.4 万人，减少了 79.84%，占全国农村贫困人口的 32.13%，这也意味着目前有将近三分之一的农村贫困人口集中在边境省份。

表 3-1　2010—2017 年边境 9 省（区）农村贫困人口数量（万人）

年份 地区	2010	2011	2012	2013	2014	2015	2016	2017
内蒙古	258	160	139	114	98	76	53	37
辽宁	213	157	146	126	117	86	59	24
吉林	216	140	103	89	81	69	57	41
黑龙江	239	155	130	111	96	86	69	29.6
甘肃	862	722	596	496	417	325	262	189
广西	1012	950	755	634	540	452	341	246
云南	1468	1014	804	661	574	471	373	279
西藏	117	106	85	72	61	48	34	20
新疆	469	353	273	222	212	180	147	113

数据来源：历年中国农村贫困监测报告。

[①]　何立峰：《扎实推进革命老区开发建设与脱贫攻坚》，《行政管理改革》2016 年第 6 期。

针对革命老区和边境地区的历史文化、自然地理等特殊条件，我国在脱贫攻坚期内认真贯彻习近平总书记关于扶贫工作的重要论述，实施精准扶贫精准脱贫战略，着力推动革命老区和边境全面建成小康社会。

一是有针对性地制定革命老区和边境地区脱贫攻坚指导意见。2015 年 12 月，中共中央办公厅、国务院办公厅印发了《关于加大脱贫攻坚力度支持革命老区开发建设的指导意见》，强调以支持贫困老区为重点，全面加快老区小康建设进程；以扶持困难群体为重点，全面增进老区人民福祉；以集中解决突出问题为重点，全面推动老区开发开放。这一文件对老区脱贫攻坚与开发建设的总体要求、工作重点、主要任务、支持政策、组织领导等问题作出了明确规定。2017 年 5 月，国务院办公厅印发《兴边富民行动"十三五"规划》，文件指出，到 2020 年，边境地区同步全面建成小康社会，基础设施进一步完善，服务发展和保障边防能力全面提升；民生保障水平进一步提高，边民安居守边条件全面改善；特色优势产业较快发展，支撑群众居边致富作用全面增强；深度融入"一带一路"建设，沿边开发开放水平显著提高；生态环境保护取得明显成效，经济社会与生态环境实现协调发展；民族团结基础进一步夯实，边境地区安定和谐局面更加巩固。

二是不断扩大贫困老区和边境地区的扶持范围。2011 年 10 月初，国务院办公厅印发的《关于山东沂蒙革命老区参照执行中部地区有关政策的通知》提出 18 个沂蒙山老区县（市、区）在安排中央预算内投资等资金时参照执行中部地区政策。2012 年 6 月，国务院印发的《关于支持赣南等原中央苏区振兴发展的若干意见》中提出对地跨赣、闽、粤的原中央苏区实施特别扶持政策，强调要优先解决民生问题、夯实农业基础、推动城乡统筹发展、加快基础设施建设、培育壮大特色优势产业、加强生态建设和环境保护、发展繁荣社会事业、促进基本公共服务均等化。这样，中央财政对老区的扶持范围由中西部地区扩大到东部地区。同时，积极支持湘鄂赣、太行、海陆丰等欠发达老区加快发展。我国"兴边富民"计划覆盖了内蒙古、辽宁、吉林、黑龙江、广西、云南、西藏、甘肃、新疆9个省（区）的140个陆地边境县（市、区、旗）和新疆生产建设兵团的58个边境团场。

三是结合革命老区和边境地区特点，积极发挥绿色减贫的优势。一方面，革命老区通过红色旅游带动贫困县加快发展。中共中央办公厅、国务院办公厅印发的《2011—2015年全国红色旅游发展规划纲要》《2016—2020年全国红色旅游发展规划纲要》明确了全国红色旅游发展的指导思想、基本原则、发展目标、主要任务、保障措施、组织领导等，为全国红色旅游发展指明了方向，推动了老区的经济发展。相比较而言，《2016—2020年全国红色旅游发展规划纲要》"更加突出强调红色旅游的理想信念教育功能，更加突出强调红色旅游的脱贫攻坚作用，更加突出强调红色旅游的内涵式发展"。另一方面，边境地区以筑牢国家生态安全屏障、加强边境地区生态建设、推进边境地区环境污染治理等为核心，围绕生态护边加强边境地区生态文明建设。加快实施以青藏高原生态屏障、黄土高原—川滇生态屏障、东北森林带、北方防沙带等为主体的生态安全战略。大力推进重大生态工程建设，加强重点区域、流域生态建设和环境保护，构筑以草原和天然林为主体、生态系统良性循环、人与自然和谐相处的国家生态安全屏障。

专栏　生态护边工程

（1）边境生态安全保障工程。对生态区域重要、森林草原病虫鼠害和森林草原火灾多发的地区，加大支持力度，尽快建立森林草原病虫鼠害防治和森林草原防火体系。科学划定并严守生态保护红线。健全山水林田湖一体治理机制，加强国土绿化和草原生态修复。

（2）人居环境综合整治工程。着力开展农村人居环境综合整治行动，结合美丽乡村和新农村建设加快农村污水治理。加强排污管（沟）、污水处理设施、垃圾无害化处理设施等建设。把发展庭院经济与村寨绿化亮化美化结合起来，建设绿色村庄，充分挖掘和弘扬人与自然和谐相处的传统文化，完善村规民约，健全各项管理制度，把沿边村寨建设成为卫生整洁、生态优良、留得住乡愁的美丽村寨。

（3）边境地区动植物疫病防控工程。完善进出境动植物疫病疫情联防联控周边合作机制，探索建立边境动物疫病控制区，防范动植物疫病疫情跨境传播。强化外来入侵物种监测预警，建立入侵生物阻截带，防治外来物种入侵。

党的十八大以来，在党和政府的领导下，老区脱贫攻坚已经取得了阶段性胜利。如江西省井冈山市，2016 年底的贫困发生率降至 1.6%，低于 2% 的全国贫困县退出标准。根据国务院扶贫办《关于反馈江西省井冈山市退出专项评估情况意见的函》，经江西省人民政府批准，井冈山市于 2017 年 2 月 26 日正式宣布在全国率先脱贫摘帽。2017 年 3 月 27 日，河南省人民政府宣布兰考县退出国家级扶贫开发工作重点县，正式摘下"贫困帽"。除井冈山、兰考外，2017 年全国还有 26 个县（市、区）宣布脱贫。在 2017 年宣布脱贫摘帽的 28 个县（市、区）中，江西省井冈山市、吉安县，河北省望都县、海兴县、南皮县，河南省兰考县、滑县，重庆市黔江区、秀山县，四川省南部县、广安

区，贵州省赤水市等是老区县。2018 年 8 月 17 日，国务院扶贫办举行新闻发布会，宣布 40 个国家级贫困县（市、区）脱贫摘帽，其中有 29 个是老区县。国家贫困监测调查数据显示，2010 年，边境扶贫县低于 1274 元标准的贫困人口约 83.1 万人，"十一五"期间，贫困人口减少了 78.9 万人，平均每年减少 15.8 万人；贫困发生率为 13%，"十一五"期间下降了 13.3 个百分点，平均每年下降 2.7 个百分点。边境扶贫县的贫困程度重于扶贫重点县的平均水平，2010 年的贫困发生率比扶贫重点县（8.3%）高 4.7 个百分点，是全国平均水平（2.8%）的 4.8 倍，边境地区需要进一步发挥地形地貌、生态环境、区域禀赋和矿物资源等优势，通过绿色减贫实现脱贫致富。

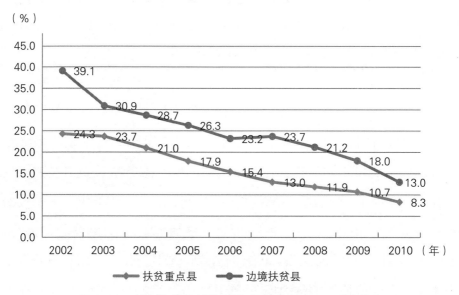

图 3-1　边境扶贫县的贫困发生率（2002—2010 年）

数据来源：中国农村贫困监测报告（2011）。

四、乡村振兴与绿色减贫研究

党的十九大报告提出实施乡村振兴战略，既表明农村工作一直是全党工作的重中之重，也对未来较长时期的农村工作指明了具体的方向。乡村振兴战略是党中央着眼"两个一百年"奋斗目标和"三农"问题作出的战略安排，乡村振兴不仅是经济的振兴、社会的振兴、文化的振兴、治理的振兴，也包括生态的振兴。党的十九大提出的新时代乡村振兴战略目标与总体要求，本身就包含着乡村振兴必须坚持"生态优先、绿色发展"的深刻寓意。脱贫攻坚是党和国家对人民的郑重承诺，更是当前农村工作的重点。在未来一个时期，扶贫脱贫与乡村振兴必然相互交织、交汇并存，有必要将绿色减贫融入乡村振兴，立足"两个一百年"奋斗目标，提升脱贫攻坚和乡村振兴的速度和效果。

（一）乡村振兴战略的意义

"三农"问题是我国全面建成小康社会进程中的短板，解决"三农"问题，实现农村发展、农业进步、农民富裕的美好农村生活景象，是党和国家致力的焦点和重点。新农村建设、美丽乡村建设、全面深化改革等利农措施，在改善农村经济、发展农业、提高农民收入、丰富农民生活等方面都取得了重要成果和成效，乡村振兴战略是对解决"三农"问题战略的进一步升华和完善，将为建成富强民主文明和谐美丽的社会主义现代化强国添砖加瓦，将为中华民族的伟大复兴贡献重要力量，全面落实推进乡村振兴战略意义重大。

1. 乡村振兴战略是马克思主义中国化的又一重大实践

首先，乡村振兴战略是在新的历史阶段下，综合了我国的主要矛盾变化、经济模式变化、农村农民农业发展现状的变化，创造性提出的符合我国国情、建设需求和发展进程的战略决策。其次，"三农"问题是关系国计民生的重大问题，乡村振兴战略的提出是顺应时代发展要求、顺应社会发展趋势、顺应人民发展需要的举措，是通过充分利用马克思主义原理结合中国国情，综合分析和判断，果断决策并坚持执行的战略策略。最后，乡村振兴战略是在坚持中国共产党的领导下，不断发展、创造、创新的科学性和实用性的实践，必将指引中国农村建设事业更加蓬勃发展，指引农民生活更加丰富多彩，指引中国现代化经济更加有机系统地发展。

2. 乡村振兴战略是实现共同富裕的重要举措

习近平总书记在党的十九大报告中明确指出，实施乡村振兴战略要坚持农业农村优先发展，按照产业兴旺、生态宜居、乡风文明、治理有效、生活富裕的总要求，建立健全城乡融合发展体制机制和政策体系，加快推进农业农村现代化。改革开放以来，我国经济飞速发展，实现了一部分地区先富起来的目标，坚持"农村农业优先发展"有利于实现"先富带后富"，缩小贫富差距和两极分化。产业兴旺是融汇农村和城市的产业模式，创新农业，融合工业，多方面、多渠道、多体系地使农村脱离单一的经济发展模式，以达到全面富裕的目的。生态宜居、乡风文明是生态文明建设的重要内容，倡导人与自然和谐相处，提倡绿色发展、有机发展、可持续发展，创造生态好、环境好、素养高的农村新景象、新气象、新形象。治理有效是实现政府和农民之间的协调统一。治理有效不仅要求政府能办事、会办事，还要积极主动去办事，要求农民敢提问、敢质疑、敢参与、能参与、会参与，以便实现自治、法治和德治的有机结合。生活富裕是发展的出发点和落脚点，是小康目标的总要求，改善和解决"三农"问题也将在总要求的指导下不断推进和发展，最终实现农民小康、全面小康、共同富裕。中国特色乡村振兴战略是构建现代化经济体系中不可或缺的部分，是中国特色社会主义道路上的重要节点，是党和国家对亿万中国人民关怀和仁爱的体现，是党和国家为实现中华民族伟大复兴"鞠躬尽瘁"的体现，是党和国家引领世界社会主义国家发展新导向"敢为天下先"的体现。

（二）绿色减贫是实现乡村振兴的必由之路

1. 严峻的自然环境挑战迫切要求绿色发展

改革开放 40 年来，"三农"发展固然解决了近 14 亿人口的吃饭问题，使中国人的饭碗主要装中国人生产的粮食，使保障国家粮食安全有了坚实根基，也通过农村剩余劳动力的有序转移，大大支持了工业化与城镇化进程，为国家现代化贡献了应尽之力。但不得不承认，长期以来的粗放式发展，尤其是对于自然生态系统与周边自然环境的损害和破坏，造成如今农业生产后继乏力、农村生活难以忍受、农民增收不可持续。农村本来是生态涵养的主体区和生态文明的主战场，但目前农村环境污染及生态环境破坏已成为制约中国农村健康、可持续发展的主要因素之一，通过绿色手段助力脱贫攻坚、实现乡村振兴迫在眉睫。中国农村环境污染突出表现在以下三个方面：

一是耕地污染。根据中国生态环境部公布的 2017 年土地环境状况相关数据，中国中等及中等以下质量的耕地占比超过 70%，可见中国耕地质量状况整体偏低。由于中国耕地保护长时间受到忽视，含有过量重金属的化肥以及生活污水、工业废水等的肆意排放，使中国耕地点位超标率逼近 20%，耕地污染形势十分严峻。

二是垃圾污染。在无机物产品的大量消费下，农村生活垃圾无节制地增多，除此之外，大量的建筑垃圾、生活垃圾和工业废渣也从城市运到了农村。由于消费方式的差异，农村的垃圾成分复杂。此外，由于一些农村仍然缺乏垃圾收集、处理和运输的设施，很多农户在村庄的空地或者周边随意堆放垃圾。即使有的村庄设置了垃圾回收箱，但也没有将垃圾合理分类。到 2016 年，中国农村地区经过处理的垃圾只有 50%，而年农村垃圾总量已达到 1.5 亿吨。由此可见农村垃圾对环境污染的严重程度。

三是废水污染。截至 2015 年底，中国对农村生活污水进行治理的行政村为 61995 个，仅占总数的 11.4%，可以看出，城乡在污水治理的范围及效率上存在较大差距。农村污水主要有日常生活污水和生产污水两类，日常生活污水包括厕所污水、厨房污水以及洗衣污水等；生产污水包括畜牧养殖业、农产品加工业以及一些民营企业或者城市排放的酸性、含重金属的废水。

农村的生态环境日渐受到破坏，这必将影响农村的振兴与开发，不符合新时代绿色可持续发展路径，因此以绿色减贫为支撑实现扶贫减贫和乡村振兴刻不容缓。

2. 生态环境脆弱区和贫困地区的高度耦合要求坚持绿色减贫

我国的农村地区、贫困地区往往是自然资源富集区，又是重要的生态屏障区和生态脆弱区；既是经济发展、生态保护战略区，又是经济社会相对落后和贫困人口聚集区，具有一般性贫困与生态性贫困叠加的特征。中国社会科学院农村发展研究所原所长李周曾经分析贫困与生态脆弱地区的关系，指出在 20 世纪 90 年代，生态敏感地区内 76% 的县为贫困县，比如宁夏曾经是贫困发生率很高的地区，特别是宁夏南部的西海固，它的生态敏感地区和贫困地区完全重合，所有的贫困县处于生态敏感地区，所有的生态敏感地区也都是贫困县。2011年实施新的扶贫规划以后，国家划分了14个集中连片特困地区，绝大多数都在山区和高原地区，其中许多集中连片特困地区与生态脆弱地区高度重合。生态脆弱与贫困之间形成了错综复杂的关系，在生态脆弱的贫困地区，环境退化和贫困互为因果，打破这个因果链就需要走绿色减贫之路。党的十九大报告指出了实施乡村振兴战略，并明确了乡村发展总体要求。如若不遵循绿色发展，生态宜居就难以实现，乡村振兴就成了无源之水、无本之木。绿色减贫基于可持续的发展理念，要求经济发展必须在资源和环境的承载力范围之内，尊重自然发展规律，实现人与自然的良性循环发展。贫困地区可以依托其自然条件优势，转变发展方式，实现绿色资源的产业化、资本化，让青山绿水成为长效脱贫致富的动力源泉。贫困地区的农村在解决当前问题的基础上，应当着眼未来，将脱贫攻坚融入乡村振兴战略，坚持走绿色减贫之路，不断夯实乡村振兴的基础。

3. 未来破解相对贫困的关键是绿色减贫

2020年以后，相对贫困问题很可能是制约乡村振兴速度和效果的关键性因素，尤其是会影响农村的社会公平。扶贫脱贫既是攻坚战也是持久战。脱贫的速度、数量和质量要服从攻坚战，实现2020年脱贫的目标；也要服从持久战，实现"真脱贫"，能够实现贫困人口长效脱贫、少返贫的效果，贫困人口和贫困地区在未来较长一个时期也能够实现较好、高质量的发展。但由于种种原因，在脱贫攻坚的过程中，出现了"造盆景"和"垒大户"的现象，贫困人口内部出现了一些不公平，一些贫困人口的生产生活情况仍然亟待改善。还有一些不是贫困人口但处在贫困人口边缘的人群，由于缺乏相关政策的支持，近几年生产生活条件改善较慢。有必要尽快探索解决相对贫困问题，尽早形成缓解相对贫困的制度框架。通过解决相对贫困问题，加速乡村振兴的发展，确保乡村全面振兴，农业强、农村美、农民富全面实现。绿色减贫是可持续性最强的脱贫手段，也是实现乡村振兴的重要支撑。

4. 绿色减贫成为新时代经济发展的必然趋势

从 2008 年开始，联合国环境规划署倡议绿色经济，日本和美国等众多发达国家相继推出了"绿色新政"，通过绿色经济刺激发展、消除贫困。生态环境保护和消除贫困是全球面临的共同任务。2018 年，以绿色可持续发展为会议主题的第一届经济管理与绿色发展国际会议，探讨众多领域在绿色可持续方向上的问题与研究热点。2016 年，《巴黎协定》正式生效，表明了世界各国今后以可持续发展为目标的坚定决心。随着环境意识的深入，未来人类的进步与发展也离不开保护生态环境和可持续发展。目前全球正面临着较为严重的环境危机，各国为应对气候变暖纷纷采取不同措施。可见，发展绿色经济、保护生态平衡、走可持续发展道路已经成为国际发展的必然趋势。

目前绿色减贫的理论和政策还不是很成熟，实践模式仍在探索中，但现阶段的研究成果还是值得深入研究的。从最近几年中国的脱贫实践中，我们可以发现绿色减贫理论在时代的进步中有了新的创新。第一，中国绿色减贫已经从理念发展成具体的减贫政策和相关制度，结合中国本土国情，在探索新的减贫发展模式的过程中不断推进绿色减贫的创新实践。从最近几年的中国绿色减贫新路径就可以看出绿色减贫的模式和实践创新。比如，已经实施的光伏扶贫，还有正在探索的构建绿色资产定价体系，建立绿色交易平台。在大数据时代，"互联网＋扶贫"把减贫脱贫与新时代信息技术相结合。同时大力提倡旅游减贫和文化扶贫，走新型扶贫道路。第二，绿色减贫不仅是一种开发式扶贫，更是一种可持续性扶贫。第三，绿色减贫可以有效实现精准扶贫，一方面补充了精准扶贫的发展路径，另一方面有利于评价和考核精准扶贫。

（三）绿色减贫为乡村振兴奠定绿色基础

绿色减贫模式突破了经济脱贫的局限，从生态可持续发展、经济可持续发展和社会可持续发展角度出发，把生态优化、经济发展与社会效益统一起来，形成更符合发展理念的综合发展战略。党的十八大以来，中国绿色减贫取得一定的成效，积累了一定的有中国特色的经验，为乡村振兴奠定了绿色基础。

1. 绿色减贫唤醒人们的绿色意识，为乡村振兴奠定思想基础

绿色减贫实践使人们逐渐认识到生态环境的保护与经济发展之间并不是矛盾和对立的绝对关系。随着社会文化水平的不断提高，人们对发展的定义也逐渐变得宽泛，发展不仅仅停留在经济发展的层面，更不简单地等同于 GDP 增长，一个地区或者国家的生态环境质量、社会文化水平以及未来发展潜力都是发展的重要内容。"绿水青山就是金山银山"，破坏了绿水青山的金山银山，宁可不要；以贫困地区人身健康为代价的发展，宁可不要；损害贫困地区根本利益的发展，宁可不要。在发展观念、环境意识上，落实到每个公民、每个家庭、每个单位、每个组织的资源节约、环境友好、生态保护等行为上。将绿色发展、生态文明纳入社会主义核心价值观宣传当中，加强绿色发展、生态文化的宣传教育，倡导勤俭节约、绿色低碳、文明健康的生活方式和消费模式，提高全社会生态文明意识。

2. 绿色减贫强化绿色产业带动效应，为乡村振兴奠定产业基础

绿色减贫的目标不仅仅停留在贫困地区的脱贫层面，而是以乡村振兴为长期目标。推进实施乡村振兴战略时，提出产业兴旺、生态宜居、乡风文明、治理有效和生活富裕 5 项任务，从绿色减贫的实践来看，也同样围绕这几项内容进行。绿色减贫强调在发展中要尊重自然、顺应自然、保护自然，特别强调转变发展理念，同时也强调体制创新、机制创新、科技创新，强调转变生产方式。贫困地区在绿色减贫中重视价值、文化层面的影响，重点以培育绿色发展和生态文化作为重要支撑。通过近几年的实践，绿色减贫已经深入人心，旅游扶贫、绿色农业产业扶贫、光伏扶贫、电商扶贫、易地扶贫搬迁等绿色减贫模式成效显著，证明了绿色减贫具有巨大生机与活力。在乡村振兴和脱贫攻坚双重攻坚战的路上，有必要继续推动绿色减贫实践，在农村形成绿色减贫、绿色发展的总体氛围。

3. 绿色减贫着力提升贫困人口脱贫能力，为乡村振兴奠定人才基础

随着中国特色社会主义进入新时代，我国社会主要矛盾已经转化为人民日益增长的美好生活需要和不平衡不充分的发展之间的矛盾。贫困地区也不例外，从绿色减贫的实践中可以看出，贫困人口需要的不仅仅是对经济方面的满足，也是对文化、社会保障、医疗、卫生以及生态环境等综合方面的满足。同时，贫困人口需要的也不仅仅是资金或物质层面的满足，同时也需要提供其长期发展的能力以及与非贫困地区享有同等的权利。绿色减贫之路从本质来看是通向可持续发展之路，强调机会平等地增长，为贫困人口创造越来越多的机会，为贫困人口提供创造或提升其能力的方式。通过观念引导、教育指导以及

信息传递等途径，提升贫困人口的自主脱贫意识和能力，激发贫困地区可持续发展的内在动力，避免返贫现象或者代际贫困的出现。

（四）绿色减贫助力乡村振兴的路径

到 2020 年，既要打赢脱贫攻坚战，又要基本形成乡村振兴制度框架和政策体系。面对双重任务，必须借助绿色减贫理念，审时度势，找准问题，把握主攻方向，攻克艰难险阻。

1. 以绿色减贫理念为引领，优化乡村产业结构

推进绿色减贫与乡村振兴，首先要转变观念，摒弃"唯 GDP 论英雄"等增长观念，坚持"绿水青山就是金山银山"的理念，将绿色减贫理念贯穿于乡村产业发展的始终，自觉把绿色发展、循环发展、低碳发展、可持续发展作为乡村振兴的基本途径，推动经济生态化、生态经济化，把生态优势转化为产业优势、可持续发展优势，实现百姓富与生态美的统一。目前，东部地区的产业结构正在进行较大调整，环保标准更为严格，许多高污染高排放企业在"梯度转移"的口号下，搬到中西部地区。因此，要避免这种产业转移带来的污染转移。中西部的贫困地区在脱贫攻坚过程中，不能简单地接受东部地区的产业转移，而应该是资本、技术和人才的整体转移、优化转移。在此过程中，贫困地区需要构建科技含量高、资源消耗低、环境污染少的产业结构和生产方式，大幅提高经济绿色化程度，加快发展绿色产业，加大对落后产能的淘汰力度，严控高污染产业的发展，形成经济社会发展绿色增长点。在贫困地区建立一批有优势、有特色、有市场、有价值的绿色农产品生产基地，使之成为实现贫困地区脱贫致富的重要支柱产业。

2. 优化乡村生态环境，为乡村振兴铺满绿色底色

实施乡村振兴战略，打赢脱贫攻坚战，必须以绿色发展引领乡村振兴，把"绿色"作为乡村振兴"底色"，打好农村人居环境整治这场硬仗，努力建设农业强、农村美、农民富的新时代乡村。开展农村环境整治，建设美丽乡村，须因地制宜、精准施策。我国地域广阔，乡村发展差异较大、村情千差万别。农村环境整治应根据各地区经济社会发展水平分类指导、分别规划，并综合考虑地理条件、民风民俗等因素，科学确定目标任务，把握好整治力度、建设深度、推进速度和农民接受程度，既尽力而为又量力而行。首先，要加强农村基础设施建设。只有做好垃圾处理、卫生改厕、村道硬化等工作，农村才能美起来。当前，重点是实施乡村基础设施建设工程，加快补齐农村人居环境和公共服务基础设施短板，告别"污水靠蒸发，垃圾靠风刮"的状况，早日实现农村垃圾、污水收集处理设施全覆盖。其次，注重生态与扶贫互促共进。积极发挥乡村生态资源优势，努力造就"一个农业基地就是一个旅游景点、一座乡村民居就是一道怀旧风景、一道农家土菜就是一份童年回忆"，激活乡村发展新动能。

3. 完善绿色科技和人才体系，为乡村振兴提供智力支持

一方面，要完善绿色农业科技创新体系，强化重大技术攻关和转化应用。围绕绿色农产品加工贮藏技术、绿色农业防控技术、绿色农产品新品种推广以及绿色储粮技术研究等，开展绿色农业关键技术联合攻关、集成组装配套、试验示范推广，构建支撑农业绿色发展的科技创新体系。建立以县（市）主导产业为基础，粮经饲协调发展、种养加统筹结合、农村一二三产业融合的绿色农业产业体系。选择有基础、有条件的地区，创建一批农业绿色高效发展样板区和循环低碳农

业示范区，推广先进绿色发展模式。

另一方面，要进一步加快构建新型绿色人才体系，按照"爱农业、懂技术、善经营"的要求，围绕绿色农业和优势特色产业发展需要，把节约利用农业资源、保护产地环境、提升生态服务功能作为重点内容纳入培训范畴，培养一批具有绿色发展理念、掌握绿色生产技术技能的农业人才和新型职业农民，为脱贫攻坚和乡村振兴提供持续人才支撑和智力保障。

4. 培育和提高绿色意识，形成"绿色"和"健康"生活的新风尚

在开展脱贫攻坚工作的同时，应不断提高农民生态文化水平和增强资源环境忧患意识。一方面，着力提高农民生态文化水平。发挥各种大众媒体在生态文化知识中的积极宣传作用，利用广播、报纸杂志、电视机、移动通信设备、网络平台等媒体，在发布农业相关信息之余，进行生态文化、生态产业知识、生态农业科技知识的宣传和普及，让农户了解粗放型的农业增长方式，例如焚烧秸秆、随意排放养殖废弃物、过度喷洒农药等对生态系统造成的严重损害，鼓励广大贫困户利用符合生态文明要求的理念来脱贫致富，同时，倡导已经富裕起来的农民要节约资源，防止浪费。另一方面，着力增强农民资源环境忧患意识。积极开展贴近农民实际的环保活动，充分发挥基层党组织、贫困村第一书记、大学生志愿者、大学生村官等群体的先锋带头作用，让生态保护走进农户家庭，引导农户爱护自然环境，保护生态资源，推动生态保护事业向纵深发展。深入推进城乡生态文明建设，引导农户形成"绿色"和"健康"生活的新风尚，提升农村污水处理技术，加快城乡垃圾处理设施建设，推进养殖排泄物无害化处理，打造生态农业示范区、生态公益林示范区、资源节约模范区等。

5. 构建绿色减贫机制，促进乡村可持续发展

绿色与生存是共生的，绿色发展和脱贫攻坚之间具有很强的内在关联性，这为贫困地区构建绿色减贫机制提供了可能。一方面，绿色减贫机制使脱贫攻坚和乡村振兴的目标变得精准化和绿色化。实践表明，我们不能以发展为由破坏绿色环境，同样也不能以保护绿色环境为由拒绝发展，任何以牺牲绿色环境为代价的经济发展终将走向失败。绿色减贫机制给脱贫攻坚和乡村振兴带来了旺盛的生命力和新的契机。绿色减贫运用绿色先导的全新发展理念来构建脱贫攻坚策略，符合时代发展的潮流，实现产业生产经营各个环节绿色化，使脱贫攻坚的目标变得更加精准化和绿色化，在进行脱贫项目选择和实施的过程中，实现绿色利益和经济利益兼顾，实现乡村地区的绿色长久发展。另一发面，绿色减贫机制是预防贫困人口返贫的长久有效手段。在现实生活中，尽管有政府资金补贴、专家技术指导、国家政策倾斜等方面的支持，但还是存在着一些贫困人口脱贫不久之后又重新陷入贫困的现象。究其原因，主要在于贫困户是依靠外在的"输血"来实现脱贫，自身缺少"造血"的功能。绿色减贫机制有助于从根本上降低贫困人口返贫的风险，促使贫困户在经济发展中选择经济效益好的，有利于节约资源和保护环境的产业，而这些产业往往具有良好的"造血"功能，推动实现贫困人口的脱贫致富和乡村的全面振兴。

6. 建立完善绿色评价体系，以绿色考评倒逼绿色减贫

落实绿色减贫理念的关键，是将生态文明建设和生态环境保护纳入地方党政领导干部的考核当中，以此倒逼党委、政府重视绿色减贫在乡村振兴中的重要性。如何判定乡村发展水平，如何判定贫困地区是否脱贫，单纯地依靠经济发展水平评价已经不能适应新时代乡村发

展的需要。需要调整评价体系，构建多维度、全方位的绿色评价体系。为此，需要积极探索并制定适宜贫困地区、乡村地区的绿色减贫评价体系，形成以经济增长绿色化程度、资源利用与环境保护程度、社会发展能力、扶贫开发与减贫效果等维度为核心的考核指标体系，综合考虑村庄规划、卫生厕所、垃圾处理、污水处理、道路硬化、生态保护、生态修复、生态补偿等要素，以绿色考评倒逼贫困地区脱贫攻坚和乡村振兴的良性发展。

五、绿色减贫与提升脱贫质量研究

2018 年 2 月，习近平总书记在成都主持召开打好精准脱贫攻坚战座谈会并强调，要按照党中央统一部署，把提高脱贫质量放在首位，聚焦深度贫困地区，扎实推进各项工作。"十三五"规划也明确提出到 2020 年要实现约 5000 万贫困人口脱贫目标。实现扶贫目标、补齐脱贫短板，既要精准扶贫、精准脱贫，更要把提高脱贫质量放在首位落到实处。

（一）提升脱贫质量的重大意义

当前，全国扶贫形势已经发生了明显的变化，开始从注重全面推进帮扶向更加注重深度贫困地区攻坚转变，从注重减贫进度向更加注重脱贫质量转变。习近平总书记反复强调要把提高脱贫质量放在首位，这充分体现了以习近平同志为核心的党中央强烈的历史担当和真挚的为民情怀，为深入推进扶贫攻坚工作提供了根本遵循。

1. 提升脱贫质量是习近平总书记一以贯之的扶贫思想

习近平总书记一直强调，要防止急躁症，警惕"大跃进"，确保脱贫质量。2017 年，在中共中央政治局第三十九次集体学习时，习近平总书记指出，有条件的地方可以提前完成，但要量力而行、真实可靠、保证质量，不要勉为其难、层层加码，让脱贫成效真正获得群众认可、经得起实践和历史检验。在 2016 年召开的东西部扶贫协作座谈会上，习近平总书记明确，要坚持时间服从质量，科学确定脱贫时间，不搞层层加码。2017 年春节前夕，在河北张北县考察时还强调："扶贫工作必须务实，脱贫过程必须扎实，脱贫结果必须真实。"在 2018 年 2 月 12 日召开的打好精准脱贫攻坚战座谈会上，习近平总书记更是把提高脱贫质量放在了全面打好脱贫攻坚战的首位，确保脱贫攻坚既不降低标准、影响质量，也不调高标准、吊高胃口，始终沿着正确的方向扎实深入推进。由此可见，提升脱贫质量是习近平总书记一以贯之的扶贫思想。

2. 提升脱贫质量是准确把握扶贫工作特点和规律的正确决策

客观地来讲，脱贫攻坚大局已定，总体上完成任务问题不大。当前，扶贫脱贫工作主要突出注重进度服从质量。2017 年初，国务院扶贫领导小组对部分省区市党委责任实施考核，一个突出的问题就是脱贫质量不高。比如，有突击式脱贫的，搞面子工程把资金和资源集中投入迎检乡村等。从这些现象不难看出，如果说过去大家搞脱贫攻坚战把主要精力用在"赶进度"和"保量"上，那么现在必须要注重"保质"。如何既保量又保质？既需要各级党委和政府、社会力量等主动作为、合力推动，也需要贫困地区和贫困群众转变观念、自我施压，确保收入稳定有保障和脱贫质量有保证。可以说，实现从"保量"向"保质"的科学转变，正是在对我国扶贫工作阶段性特点与规律的科学认识和准确把握的基础上，作出的正确选择。

3. 提升脱贫质量是确保扶贫成果经得起检验的政治责任

作为新时期三大攻坚战之一，打赢脱贫攻坚战是担当，更是承诺。

不仅对中华民族，而且对人类社会都是具有深远历史意义的千秋伟业。脱贫攻坚是习近平总书记亲自带领省市县乡村五级书记一起抓的一把手工程。各级领导干部务必要树牢"把提高脱贫质量放在首位，书写经得起历史检验的脱贫攻坚时代答卷"的思想和理念，自觉强化责任担当、攻坚克难、狠抓落实，按照党中央决策部署和工作要求，不折不扣地完成脱贫攻坚任务，用脱贫攻坚的实绩接受党和人民的检验。从讲政治的高度重视提高脱贫质量，体现和检验的是"义不容辞地把精准扶贫精准脱贫责任扛在肩上"的真担当。因此，提高脱贫质量既体现政治责任与时代担当，更是检验政治责任与时代担当的"试金石"。

（二）绿色减贫是提升脱贫质量最有效的方式

绿色减贫思想根植于"两山"理论，以绿色发展理念为价值指引，是新时代精准扶贫方略的核心内容与发展要求，同时也是推进精准扶贫方略、提升脱贫质量最有效的方式和最科学的路径选择。深刻领会绿色减贫思想对于我们打赢脱贫攻坚战，实现2020年全面建成小康社会的奋斗目标，不仅具有深刻的理论价值，更具有重大的现实指导意义。

1. 绿色减贫思想有利于贫困地区人民思维理念的改善与提升

绿色减贫思想核心价值内涵便是在扶贫开发的过程中贯彻绿色发展理念，走人与自然和谐共生的社会主义生态文明之路。以往的粗放式扶贫过程中，更注重的是"输血"。资金、政策给予了贫困人口相应支持与倾斜，极少甚至根本就没有顾及生态环境的价值与意义。往往在摆脱贫困的过程中忽视甚至漠视生态环境而一味地追求自身贫困的改善。这种脱贫之路虽然可以收到一时的扶贫效果，从长远来看，实质上往往是竭泽而渔的毁灭式发展路径。绿色减贫思想不仅追求脱贫的经济效益，更注重在摆脱贫困的过程中生态理念价值的追求与聚焦。

通过绿色减贫理念的引导，贫困地区人民的思维理念更能朝着社会主义生态文明理念迈进，更有利于贫困地区人民树立科学思维理念。

2. 绿色减贫思想有利于贫困地区生态环境的改善与提升

生态环境是人类赖以生存的基础，具有最普惠的民生福祉属性。党的十八大之后，以习近平同志为核心的党中央立足于我国脱贫攻坚的实际，直面矛盾问题，提出了绿色发展理念和精准扶贫方略。绿色发展理念指引之下的精准扶贫方略实质上就是绿色减贫思想。绿色减贫思想从根本上纠正了以往那种以牺牲生态环境为代价而单纯追求扶贫脱贫经济指标的固有思维。绿色减贫思想有利于贫困地区生态环境的改善和提升，有利于从根本上杜绝以牺牲环境为代价的经济增长与脱贫指数，更有利于在绿色发展理念指引之下开展科学的脱贫攻坚实践。

3. 绿色减贫思想有利于实现新时代扶贫资源的有效配置

以往的粗放式扶贫方式难以实现资源的优化配置，造成了扶贫资源的巨大浪费。精准扶贫方略从根本上杜绝了粗放式扶贫存在的体制与机制弊端，实现了资源的合理利用与优化配置。绿色减贫思想通过人与生态环境和谐共生的价值理念指引，深入贯彻绿色生产力理念，将自然资源、经济资源以及社会资源深度融合，通过绿色循环的发展体系，大力提升了资源配置的效率，进而实现了经济效益、社会效益与生态效益的最大化。

4. 绿色减贫思想有利于实现精准脱贫精准扶贫与区域经济的融合发展

绿色减贫思想是一种科学的价值理念，在这一科学价值理念的指引下，精准脱贫与精准扶贫才能实现与区域经济的融合发展与协调共进。以往的粗放式扶贫很少顾及扶贫脱贫效果与本地区区域经济的协调发展，所造成的后果往往是扶贫脱贫效果与当地区域经济发展不协调、不匹配。不仅造成了资源的巨大浪费，更会影响精准扶贫与精准脱贫的长远效果。不能与本地区域经济融合发展、协调共进的扶贫脱贫很难获得长久的生命力，在瞬息万变的市场洪流中只能是孤军奋战。因此，唯有与本地的区域经济融合发展才能获得长久的生命力，精准扶贫与精准脱贫的可持续性才能得以彰显。摆脱贫困是一个世界性的难题，我国在绿色发展理念指引下所走出的绿色减贫、精准扶贫、精准脱贫之路已经焕发出了强大的生命力，在实践中成功使数亿中国人民走出了贫困，不仅走出了一条中国特色的减贫脱贫之路，书写了人类反贫困斗争史上"最伟大的故事"，更为世界减贫治理贡献了中国智慧与中国方案。

（三）通过绿色减贫提升脱贫质量的实践创新

1. 绿色农业产业化扶贫创新实践——第一产业创新

我国大部分贫困人口居住在农村，通过发展生产脱贫一批最直接的产业就是农业。通过探索创新农业产业化发展途径提升扶贫效果，包括培育新型农业生产经营主体、创新农产品经营模式、促进一二三产业融合发展等途径。2012 年，《国务院关于支持农业产业化龙头企业发展的意见》中指出要从 8 个不同方面着手探索农业产业化的发展途径，包括加强标准化生产基地建设、大力发展农产品加工、创新流通方式、推动龙头企业集聚、加快技术创新、完善利益联结机制、开拓国际市场、健全农业产业化工作推进机制。2015 年 11 月 29 日发布的《中共中央 国务院关于打赢脱贫攻坚战的决定》中进一步指出要加强贫困地区农民合作社和龙头企业培育，发挥其对贫困人口的组织和带动作用，支持贫困地区发展农产品加工业，加快一二三产业融合发展，让贫困户更多分享农业全产业链和价值链增值收益。2016 年，国务院印发的《"十三五"脱贫攻坚规划》中指出要立足贫困地区的资源禀赋，充分发挥农民合作组织和龙头企业等市场主体的作用，开展农林产业扶贫。一方面可以优化发展种植业，积极发展养殖业，大力发展林产业；另一方面可以深度挖掘农业多种功能，培育壮大新产业、新业态，推进农业与旅游、文化、健康养老等产业深度融合。从以上的政策安排可以看出，我国农业产业化政策的逐步完善将有助于促进贫困地区利用当地的农业资源实现经济发展，进而达到脱贫致富的目的。

2. 光伏扶贫创新实践——第二产业创新

光伏扶贫是绿色减贫新途径，通过帮助贫困家庭在屋顶、庭院、荒山野坡等地安装光伏发电站的形式促进贫困户增收，这种扶贫方式有利于促进人民群众生活方式的变革，开辟贫困人口增收新渠道。2014 年 10 月 11 日，国家能源局、国务院扶贫办联合印发《关于实施光伏扶贫工程工作方案》，计划利用 6 年时间开展光伏扶贫工程，并在安徽、宁夏等 6 省（区）30 个县市开展首批光伏扶贫试点。从实施成效来看，2015 年，光伏扶贫工程帮助全国近 43 万建档立卡贫困户实现增收，其中包括 8.8 万户失能贫困户，助力 956 个贫困村摆脱了无集体收入的窘境。2016 年，国家发展改革委、国家能源局等 5 个部门联合下发《关于实施光伏发电扶贫工作的意见》，明确表示在 2020 年前，要以整村推进的方式，保障 16 个省 471 个县约 3.5 万个建档立卡贫困村的 200 万建档立卡无劳动能力贫困户（包括残疾人），每年每户增收 3000 元以上。

3. 旅游扶贫创新实践——第三产业创新

旅游扶贫是通过开发贫困地区丰富的旅游资源，使旅游业成为当地的经济发展动力，通过旅游资源的开发带动当地经济增长和人民收入水平的提高。在贫困地区通过发展旅游推动贫困人口收入增长，是一种兼顾扶贫和生态环境保护的有效途径。加大乡村旅游开发力度，加强保护传统村落和少数民族特色村寨，采取多种方式吸引农村居民参与旅游开发。2013 年，国家旅游局与国务院扶贫办联合印发《关于联合开展"旅游扶贫试验区"工作的指导意见》，并批复设立江西赣州、吉安及河北阜平、内蒙古阿尔山 4 个国家级旅游扶贫试验区，明确了利用试验区的示范带动作用，探索旅游扶贫新模式的创新路径及标准。从目前的情况看，4 个试验区的旅游扶贫工作取得了明显成效。2014 年 1 月，中共中央办公厅、国务院办公厅印发《关于创新机制扎实推进农村扶贫开发工作的意见》，明确要统筹考虑贫困地区旅游资源，要重点支持贫困地区发展乡村旅游，计划到 2020 年支持 6000 个贫困村开展乡村旅游和休闲农业。2016 年 12 月，国务院印发《"十三五"旅游业发展规划》，明确提出大力发展乡村旅游，实施乡村旅游扶贫工程。2017 年，中共中央、国务院印发的《关于深入推进农业供给侧结构性改革加快培育农业农村发展新动能的若干意见》提出了"田园综合体"的概念，支持有条件的乡村建设集创意农业、循环农业、农事体验等于一体的田园综合体，鼓励农民参与，促使农民受益。

4. 易地扶贫搬迁实践——绿色减贫与统筹区域发展的创新

易地搬迁遵循自然规律与经济规律，对于居住在生态环境承载力较差地区的贫困户来说，他们的脱贫离不开产业的发展，但是产业发展很容易对当地脆弱的生态环境造成破坏甚至是不可恢复的毁灭性破坏。因此，实施保护型减贫策略，通过易地扶贫搬迁、因地制宜确定安置方式改善贫困人口的客观生存环境等方式，有效缓解扶贫开发造成的环境破坏，促进当地经济社会的可持续发展。易地扶贫搬迁是"五个一批"精准脱贫的重要一环，《中共中央国务院关于打赢脱贫攻坚战的决定》的第七条提出"实施易地搬迁脱贫"，"对居住在生存条件恶劣、生态环境脆弱、自然灾害频发等地区的农村贫困人口，加快实施易地扶贫搬迁工程"。同时还要注意搬迁之后的后续各项配套措施，包括搬迁人口的居住、就业、公共服务均等化等。确保贫困人口搬迁之后要"搬得出、稳得住、能致富"。根据国家发改委联合 5 个部门制定的《"十三五"时期易地扶贫搬迁工作方案》可知，在 2020 年全国彻底脱贫的大目标下，到 2020 年全国要实现 1000 万贫困人口的搬迁，占到整个扶贫脱贫人口的近 15%，国家为此将投资 6000 亿元资金来组织实施。据有关统计数据显示，截至 2015 年，国家累计安排易地扶贫搬迁补助投资 363 亿元，搬迁贫困群众超过 680 万人。

5. 生态补偿实践——减贫脱贫与生态保护的创新

一个地区的贫困不仅仅体现在贫困人口自身的贫困上，还体现在当地外部环境的贫瘠上。贫困人口的贫困是指当地居民的收入水平偏低，外部环境的贫瘠则主要是指当地生态环境的承载力较差以及具有较强的脆弱性。目前来看，我国有很多贫困地区生态环境脆弱，当地的扶贫开发可能会对环境造成较大破坏，而且实际情况是当前我国有很多贫困地区的生态环境确实遭到了较严重的破坏。因此，减贫和生态环境保护是两项同等重要的任务。生态补偿是指因为良好的生态环境外溢而受益的区域为生态环境保护区域提供的一种补偿，因为生态环境保护区域为了保护生态环境一方面牺牲了一些发展的机会，另一方面也为保护生态环境付出了劳动。生态补偿是将生态环境保护与贫困人口减贫完美结合的有效路径。生态补偿扶贫可以通过向贫困地区或贫困人口倾斜，使生态环境受到直接或间接保护的同时，促进贫困人口减贫，同时，提升当地企业和个人对生态环境可持续发展的认识。

（四）未来以绿色减贫提升脱贫质量的重点路径

绿色减贫的创新和突破在于它不仅仅从经济的角度强调贫困人口的脱贫，而且从生态可持续发展、经济可持续发展和社会可持续发展角度出发，把生态优化、经济发展与社会效益统一起来。推动绿色减贫、提升脱贫质量，要形成绿色发展方式和生活方式，充分发展绿色产业助力贫困人口脱贫。

1. 理念先行，强化绿色减贫意识

目前来看，贫困不仅仅停留在经济层面，收入的高低已不必然决定是否贫困。绿色减贫是统一了经济效益、社会效益、生态效益的一种新型减贫理念，强调在发展的过程中，不能急功近利，要尊重自然、保护资源。为此，需要在减贫的过程中，在理念的引导、体制机制的创新、生产生活方式的转变等方面从每个人做起、从现在做起。在理念引导方面，要将生态文明理念和可持续发展理念贯彻落实到各级政府和各项工作中，尤其要引导基层干部和广大人民群众认识到绿色发展的好处，促使他们自觉自愿地在工作和生活的方方面面贯彻落实。在体制机制方面，要将相关理念和顶层设计相融合。因此，在贫困地区的绿色减贫过程中，要高度重视发展观的塑造和文化层面的影响，要把培育绿色发展和生态文化放在重中之重的位置。将绿色发展、生态文明纳入社会主义核心价值体系宣传当中，加强绿色发展、生态文化的宣传教育，倡导勤俭节约、绿色低碳、文明健康的生活方式和消费模式，提高全社会生态文明意识。

2. 创新思路，兼容经济发展与生态保护

促进经济发展与保护生态环境，这两者之间实际上并不存在本质上的冲突，经济增长并不一定要走高投入、高消耗、高污染和低产出、低效益、低品质的粗放式发展路径。一方面，通过转变经济增长方式，强化科技创新，促使经济增长动力从要素投入向科技创新转变，可以实现产业的绿色化；另一方面，绿水青山就是金山银山，良好的生态环境实际上就是一种可以转化出经济效益的优质资源，如发展健康养老、文化旅游等产业，或者通过生态补偿等机制实现多方共赢。因此，资源节约、环境保护、生态保育、科技创新、文化繁荣和社会进步等都是发展的重要内容。破坏了绿水青山的金山银山，宁可不要；以贫困地区人民群众的身心健康为代价的经济增长，宁可不要；损害一个地区可持续发展根基的产业，宁可不要。

3. 关注公平，倡导机会平等的包容性发展

贫困地区是我国能否全面建成小康社会的关键所在，而贫困地区人口的脱贫不仅体现在收入的增长和生活水平的提升上，更体现在各种机会的公平上，包括受教育的机会、接受各种公共服务的机会等方面，为贫困人口提供创造或提升其能力的方式，为贫困人口提供免遭暂时或持久的生计损失的方法。只有保障机会公平，贫困人口才能真正地分享我国经济发展的成果。因此，贫困地区、贫困人口能否脱贫，关键在于能否将绿色发展与包容性减贫相结合，走包容性绿色发展的脱贫之路。只有使绿色发展的成果为贫困地区、贫困人口共享，才能进一步坚定贫困地区走绿色发展道路的信心。当前，我国不同地区在发展经济过程中存在或多或少的问题，如资源开发机制的不公导致资源开发过程中利益分配的失衡。因此，有必要积极创新收益分配机制，

建立健全资源补偿制度，完善税收制度，通过建立资源耗减及补偿账户，加大对资源开发与利用企业的资源折旧与耗减核算，实现资源的资产化管理，帮助片区将"资源优势"转化为"经济优势"，使资源收益实现共享，最终在各贫困片区内实现包容性发展。

4. 创造条件，激发扶贫脱贫的内生性

绿色减贫的一个核心机制在于其内生性，在保护生态环境过程中，创新思路，将绿水青山视为优质的经济发展资源，通过保护建设和适度开发，实现经济增长和生态环境保护的统一和良性循环。要想从以往的经济增长观念转变过来，需要政府创造一些良好的外部条件，包括完善公共服务、基础设施以及相应的体制机制，以有利于绿水青山向金山银山的转化；也包括积极的宣传引导和典型示范，让贫困户从周围的例子中找准方向，激发动力。因此，绿色减贫应重点瞄准公共服务，特别要注重政府政策调控与服务，将生态补偿等绿色经济成果转化为良好的公共服务，特别是要提升教育与基础设施建设水平。一方面要高度重视贫困地区的交通基础设施建设，促使贫困地区与发达地区交通连通，在贫困地区内修建通县公路、通乡公路和"村村通"等，实现区域内部经济一体化，降低区域内部以及与发达地区的交易成本，为贫困地区脱贫攻坚奠定坚实基础。另一方面，要广泛宣传不同地区贫困户脱贫致富的典型，让其他贫困户从身边那些脱贫致富的人身上寻找方向，找到一条适合自身"发家致富"的道路，实现扶贫工作从"要我富"向"我要富"的转变，从根本上激发贫困人口的内生动力，增强贫困人口自身的"造血功能"。

5. 聚焦转型，重点发展绿色产业

绿色产业良好的生态环境是贫困地区发展的优势之一，充分发挥

贫困地区的优势，发展绿色产业，是提升脱贫质量的重要途径。要切实把绿色产业扶贫作为扶贫开发的战略重点和主要任务，因地制宜选准培育农产品加工、旅游开发等自身优势主导特色的生态产业，并通过组建合作组织等方式，切实让贫困户从参与产业发展中受益。同时，要大力发展新型经营主体，通过招商引资、鼓励工商资本下乡设厂和企业家回乡创业等方式，为绿色产业发展带来资金与技术。此外，需要从两个方面推动绿色产品进入市场，一是建立适合贫困地区绿色农副产品销售的市场机制，二是政府要对绿色农副产品生产过程中的生态和社会价值进行补偿，从而提高生产者的积极性。

第四篇

绿色减贫案例研究报告

案例一：宁夏中南部地区绿色扶贫实践创新模式典型案例分析

习近平总书记2016年7月在宁夏视察时指出："扶贫开发到了攻克最后堡垒的阶段，所面对的多数是贫中之贫、困中之困，需要以更大的决心、更明确的思路、更精准的举措抓工作"。宁夏是全国集中连片扶贫开发重点省区之一，贫困问题和生态环境问题始终是困扰该地区发展的瓶颈所在。20世纪80年代以来，宁夏地区积极探索生态移民解决此类问题，并取得了辉煌成就，走出一条有特色的绿色减贫之路。

（一）宁夏中南部的地理情况

宁夏中南部地区包括原州区、海原县、西吉县、隆德县、泾源县、彭阳县、同心县、盐池县、红寺堡区9个扶贫开发重点县（区），以及沙坡头区、中宁县的山区。该地区国土面积4.3万平方公里，占全区的65%；人口256.3万人，占全区总人口的41%，其中回族人口133万人，占全区回族人口的59.1%，是全国最大的回族聚居区。

这一地区处于我国半干旱黄土高原向干旱风沙区过渡的农牧交错地带，生态脆弱，干旱少雨，土地瘠薄，资源贫乏，自然灾害频繁，水土流失严重。南部阴湿低温，北部干旱少雨，年平均气温5—8℃，昼夜温差大，年平均降水量200—650毫米，大气降水、地表水和地下水量少质差，区域水资源总量 2.43 亿立方米，人均水资源占有量仅为 136.5 立方米，可利用水资源总量只有 0.758 亿立方米，为全国最干旱缺水的地区之一。区域内人口、资源、环境与社会经济发展极不协调。截至 2009 年底，该地区 GDP 为 150.3 亿元，占全区的 11.3%；地方财政收入 6.37 亿元，占全区的 5.9%；财政自给率仅为 6.5%。该地区还有贫困人口近 150 万人，特别是有 35 万人居住在交通偏远、信息闭塞、外出务工不便、生态失衡、干旱缺水、自然条件极为严酷、一方水土养活不了一方人的干旱山区、土石山区。

（二）宁夏存在的资源环境和社会经济问题

生态移民不是简单的人口迁移，移民不仅是生存空间的转移，更深层次的是对传统生产方式、生活方式的一次重大转型。生态移民既是人与自然资源重新整合的过程，又是区域经济结构重建、社会结构局部变迁与发展的过程。因此，随着移民开发建设工作的不断推进，许多影响宁夏生态移民可持续发展的深层次问题逐渐显现出来。

1. 水土流失问题

本区地貌类型多样，有石质山地、黄土丘陵、平原、台地等，地形起伏较大，地处东部中朝准地台与西部昆仑—秦岭地槽褶皱区过渡地带，地质构造活动强烈，气候干旱，暴雨率高，种种自然条件客观上造成本区水土流失较为严重，尤其是本区南部由原、梁、峁、盆构成的黄土丘陵沟壑区，地形支离破碎，切割深度大，地表覆盖黄土深厚，水土流失十分严重。生态建设的主攻方向是防止水土流失和土壤风蚀沙化，而种草种树是主要手段，但往往是年年种树不见树，造林不见林，并时常有毁林毁草事件发生。宁夏人均粮食虽由 1949 年的 308 公斤提高到 1999 年的 320 公斤，但生态环境却为此付出了沉痛的代价，仅六盘山和罗山水源涵养林就减少了 22.05 万平方千米，坡耕地年侵蚀 12400 吨／平方千米[①]。同时由于荒山荒坡过度放牧，加剧了草地生态系统的恶化。2000 年，宁夏 95% 的草场存在着不同程度的退化，其中中度和重度退化草场占 77.5%。宁夏天然草地覆盖度下降到 10% 以下，截止到 2006 年，宁夏水土流失面积 2.02 万平方千米，占国土面积的 39%，其中 75% 分布在南部黄土丘陵区[②]。

2. 土地沙化问题

宁夏地处祖国西北地区、黄河中上游，东、西、北三面分别被毛乌素、腾格里、乌兰布三大沙漠、沙地包围。由于本区北部地处毛乌素沙漠和腾格里沙漠南缘，气候严重干旱，多风少雨，地表组成物质以砂性母质为主，物理风化强烈，加上人为地过度放牧、滥垦滥伐，造成本区的土地沙化比较严重。宁夏是全国荒漠化和沙化较为严重的省区，第五次荒漠化监测结果显示，截至 2014 年，宁夏荒漠化土地总面积 278.90 万公顷，占国土面积的 53.68%；沙化土地总面积 112.46 万公顷，占国土总面积的 21.65%；有明显沙化趋势土地面积为 26.85 万公顷，占总土地面积的 5.17%[③]。沙漠化不仅造成了生态环境恶化，还制约了区域经济社会发展。

3. 环境污染问题

本区的环境污染主要集中在两个方面：一方面由于植被稀疏，气候干旱，多风，自然扬尘输送，造成大气中污染因子总悬浮颗粒物长

① 王惠荣、马忠玉、马崇林等：《宁夏生态系统良性循环和脱贫致富战略研究报告》，2008 年。
② 查燕、王惠荣、蔡典雄等：《宁夏生态扶贫现状与发展战略研究》，《中国农业资源与区划》2012 年第 33 期。
③ 徐忠、苏亚红等：《宁夏"十二五"防沙治沙报告》，《宁夏林业》2016 年第 2 期。

久居高不下；另一方面大量的工业"三废"对地表水、地下水、大气环境和农业生态环境造成严重的污染与危害。

表 4-1　宁夏地区生活污染物排放情况 [①]

指标	2010 年	2011 年	2012 年
生活二氧化硫排放量（吨）	18676.33	20137.99	22388.57
城镇生活污水中 COD 排放量（吨）	13219.5	16156.86	15964.54
生活烟尘排放量（吨）	20603.26	19331.39	20888.61
城镇生活污水排放量（万吨）	6411.63	6449.15	6674.81
城镇处理生活污水量（万吨）	30400	22500	22200
生活氮氧化物排放量（吨）	3100	2700	2800
城镇生活污水中氨氮排放量（吨）	35712	9584.75	9430.07

4. 人口增长与贫困问题

9 个扶贫开发重点县（市、区）的吴忠市和固原市存在人口增长速度过快的难题。如表 4-2 所示，吴忠市和固原市的人口增长率比宁夏全区人口自然增长率年均高出 1%—2%，两市年均自然增长人口 2.5 万人左右，远远高于平均人口增长水平。人口的急剧增长导致自然资源不足以支撑区域人口的发展，导致更多的贫困人口。例如，吴忠市和固原市 2013 年的贫困发生率分别为 21.9% 和 35.2%。诸多贫困人口存在进一步引起地方治理、环境污染等诸多社会问题。

[①]　数据来源于宁夏回族自治区统计局。

表4-2　宁夏中南部地区的人口增长情况 [①]

年份	吴忠市人口 自然增长率（‰）	固原市人口 自然增长率（‰）	宁夏地区平均人口 自然增长率（‰）
2009	10.84	11.58	9.68
2010	—	—	9.04
2011	10.42	10.94	8.97
2012	10.45	10.01	8.93

（三）生态扶贫的经验做法

宁夏中南部山区的贫困问题一直受到党中央的高度重视，宁夏回族自治区历届党委政府把中南部地区的脱贫致富作为促进全区发展的重中之重。1983 年"吊庄移民"拉开了宁夏移民扶贫开发的序幕，吊庄移民投入近 4 亿元移民 34.5 万人，成为宁夏移民工程的成功典范。1998 年，宁夏启动扶贫扬黄灌溉工程移民，亦称"1236"工程移民，该工程开发的主战场红寺堡移民开发区共搬迁安置贫困群众 19.4 万人，先后建成大型行政村 40 多个，内含自然村落 170 多个，开发水浇地 40 万亩。

2001 年，宁夏被国家发改委确定为实施易地扶贫搬迁试点工程项目区之一（宁夏称为生态移民项目），在国家发改委的大力支持下，采取整村搬迁、集中或插花安置的形式，在宁夏扶贫扬黄灌溉工程红寺堡灌区、固海扬水扩灌区、盐环定扬水灌区、山区库井灌区和农垦国营农场等地建设移民安置区 21 处，累计安置移民 9.4 万人，其中六盘

---

① 数据来源于宁夏回族自治区统计局。

山水源涵养林区 4.94 万人，中部干旱带 4.46 万人。① 通过对生活在不适宜人类生存和发展地区的贫困人口实施搬迁，达到消除贫困和改善生态的双重目标。

为响应国家关于实施中部干旱带县内生态移民的重大战略部署，宁夏回族自治区于 2007 年 10 月编制了《宁夏中部干旱带县内生态移民规划（2007—2015）》。2008 年，国务院《关于进一步促进宁夏社会经济发展的若干意见》明确提出"切实解决中南部地区的贫困问题"，对宁夏中南部的移民工程做出进一步的规划和指导。

2008 年，宁夏回族自治区人民政府办公厅印发《宁夏中部干旱带县内生态移民规划提要（2007—2011 年）》（以下简称《规划提要》），"'十一五'中部干旱带县内生态移民"工程拉开序幕。《规划提要》决定利用 5 年时间，建设 42 个移民安置区，开发和调整土地面积 35.11 万亩，搬迁中部干旱带移民 46382 户 206829 人，涉及 6 县（区）520 个自然村。

2011 年，宁夏回族自治区人民政府办公厅印发《宁夏"十二五"中南部地区生态移民规划》，称之为"'十二五'中南部地区生态移民"工程，计划对中南部地区 7.88 万户 34.6 万人实施移民搬迁，涉及原州、西吉、隆德、泾源、彭阳、同心、盐池、海原、沙坡头 9 个县（区）91 个乡镇 684 个行政村 1655 个自然村。规划县内安置 2.84 万户 12.11 万人，占移民总规模的 35%，县外安置 5.04 万户 22.49 万人，占移民总规模的 65%。同时建设与之配套的基础设施、社会事业、公共服务工程。

---

① 数据来源于宁夏回族自治区人民政府办公厅印发的《宁夏中部干旱带县内生态移民规划提要（2007—2011 年）》。

表 4-3 宁夏五大易地扶贫搬迁项目 [①]

项目	时间（年）	搬迁人口（千人）	人均投入（元）	搬迁前人均收入（元）	2013 年人均收入（元）
吊庄	1983—2000	198	931	60	7359
扶贫扬黄灌溉工程	1998—2015	308	9059	948	5600
易地搬迁扶贫工程	2001—2007	153	9036	1659	5443
"十一五"中部干旱带县内生态移民	2008—2012	153.6	18000	2235	6272
"十二五"中南部地区生态移民	2011—2015	346	28800	—	—
合计		1158.6			

近年来，宁夏回族自治区党委、政府十分重视片区发展，对西吉、隆德、泾源、彭阳、原州、海原、同心等县（区）实施中南部生态移民搬迁工程，将居住环境恶劣、生活困难的农民逐步迁出，并对其迁出区采取封境治理、禁牧保护，自然生态得以逐步恢复，生态效益初步显现。"十二五"期间，片区围绕自治区实施百万贫困人口扶贫攻坚战略，努力开展生态移民与就地扶贫攻坚工作，经济社会发展条件得到了明显改善。这些措施都为片区的生态建设做出了突出贡献，亦为开辟绿色减贫路径提供了新思路。

1. 迁出地：退耕还林还草，保护生态环境

2001 年以来，宁夏先后实施了易地扶贫搬迁移民、"十一五"中部

---

① 王晓毅：《易地搬迁与精准扶贫：宁夏生态移民再考察》，《新视野》2017 年第 2 期。

干旱带县内生态移民和"十二五"中南部地区生态移民，到 2015 年，移民迁出区退出土地面积预计达到 1272.1 万亩。

在自治区政府出台《关于加强生态移民迁出区生态修复与建设的意见》和《宁夏生态移民迁出区生态修复工程规划》的基础上，宁夏林业部门也已经将生态移民迁出区土地纳入国家重点林业工程建设范围。记者近期在宁夏南部山区部分移民迁出区采访时发现，曾经植被稀疏、水土流失严重的黄土地如今草木葱郁，还有一些野生动物不时出没，生态环境较修复之前改善明显。数据显示，目前全区生态移民迁出区已完成人工生态修复 182.27 万亩。

发展林业，强化生态扶贫。推动贫困地区生态资源优势转化，借助生态移民、美丽村庄、农村环境综合整治等工程，因地制宜推动贫困地区生态自然资源合理有序开发，支持创建一批生态观光景区、乡村旅游接待点，吸引更多贫困人口参与生态建设。

（1）封山禁牧和退耕还林还草

2002 年 8 月，在盐池县召开全区中部干旱带生态建设工作会议，作出了 2003 年 5 月 1 日前实现全区封山禁牧的战略决策。2003 年 5 月 1 日，全区如期完成了全面封山禁牧的任务，落实草原承包面积 216 万公顷，禁牧面积 301 万公顷。

从制度上保证封山禁牧、生态修复工作的顺利进行，自治区党委、人民政府出台了《关于加快中部干旱带生态环境建设与大力发展草畜产业的意见》，自治区政府先后出台了《关于对草原实行全面禁牧封育的通告》《关于完善草原承包经营责任制的通知》《关于进一步做好封山禁牧工作有关问题的通知》等文件。

2011 年，自治区党委、人民政府出台了《宁夏回族自治区封山禁牧条例》，明确界定了禁牧封育的概念。规定本条例所称禁牧封育，是指为保护生态植被，在一定时期内对划定的草原（包括草山、草坡、人工草地、河滩植被）和林地等区域围封培育并禁止放养牛、羊等食草动物的管护措施。规定"对禁牧区域内的牛、羊等食草动物实行舍饲养殖。县级以上人民政府对实行舍饲养殖的养殖户应当给予粮食、资金、技术等方面的补助和扶持"；"县级以上人民政府应当根据国家和自治区有关规定，对禁牧区域内的单位和个人给予生态保护补偿和奖励"。同时，注重封、育并重，规定"县级以上人民政府应当增加草原、林地建设投入，支持、鼓励单位和个人采取补播、补种、围栏等措施改良、培育草原、林地，恢复生态植被"。

（2）推广科学技术，保护和培育林草

依托科技，培育优质牧草和树木。扩大优质牧草种植面积，以点带面，着力打造连片千亩以上的牧草人工种植示范点，巩固提升百万亩牧草人工基地，把草产业培育成改善生态环境、增加农民收入、拉动县域经济的"绿色产业"。与农业高校建立长期合作关系，培养适合宁夏地区发展的优质林木。以移民区所在地县属国有林场、育苗企业、大户等为主体发展特色经济果林和温棚果树花卉。例如，以枸杞、苹果、杏为主的南部山区高寒果树区；在条件适宜的地区发展以葡萄、桃为主的果树栽培区。

加强草原病虫鼠害的监测与防治。例如，彭阳县在县域范围内选择具有代表性的10个监测点，对牧草病虫鼠害进行定期监测。通过监测发现，彭阳县境内草原病虫鼠害主要有褐斑病、霜霉病、锈病、白粉病、蚜虫、象甲、蝗虫、苜蓿盲蝽以及甘肃鼢鼠等。为了控制草原病虫鼠害的流行和蔓延，业务部门每年组织投入劳力2000人次，利用中小型喷雾器 800 余台喷洒农药 50 吨左右，有效地防治了病虫害。同时，利用溴敌隆和 D 型肉毒梭菌毒素与饵料小麦调制成毒料进行鼠洞投放，并利用器械捕打甘肃鼢鼠，保护牧草的正常生长。

做好森林草原防火和保护工作。制定各项森林草原防火制度，选派防火巡查员，长期蹲点巡回检查，及时排除火灾隐患，确保草场安全。各级林业、农牧部门要设立禁牧封育举报电话，对举报情况属实的举报人给予一定奖励；实施草原、林地围栏封育项目，对重要通道、羊只饮水地、生态脆弱区等重点区域进行围栏封育，阻断偷牧通道等。

（3）做好生态补偿，发展公益岗位扶贫

草原禁牧补贴。例如，彭阳县经过十几年的封山禁牧，天然草原的植被得到良好恢复。彭阳县政府将全县 4.86 万平方千米的天然草原承包给 30554 户农户管理经营，坚持"谁承包，谁经营，谁受益"的原则。同时，给予承包户每 666.67 平方米补贴 6 元。

退耕还林补贴。例如，县退耕办按照各乡 (镇) 上报的验收结果，经统一组织复查验收后，逐户核算补助资金，经财政"一卡通"直接兑付给农户。新一轮退耕还林采取"一三五年"兑付办法，国家每亩补助 1500 元，其中造林种苗费 300 元，现金补助 1200 元。分三次兑付，第一年每亩补助 800 元 (其中含种苗费 300 元)、第三年 300 元、第五年 400 元。

依靠生态管护助力生态扶贫。将建档立卡贫困人口转为生态护林员是林业精准扶贫的一项重要举措。2016 年争取到 6000 个指标、资金 6000 万元，在海原县等 9 个国家重点贫困县（区）启动建档立卡贫困人口生态护林员选聘工作，选聘 6000 名生态护林员，管护面积 62 万公顷，每人每年补助 1 万元。2017 年新争取 1500 个指标、资金 1500

万元。按每人每年补助 1 万元标准，将使 7500 名贫困人员精准脱贫，同时带动 3 万人脱贫。

（4）发展舍饲畜牧养殖，做好后续产业开发

国家封山禁牧和退耕还林（草）的成功实施，不仅使彭阳县天然草场的植被得到良好的恢复，而且每年约有 11.5 亿千克的饲草产量，为农户和养殖园（场）发展畜牧养殖打下坚实基础。为鼓励引导广大农户和养殖园（场）大力发展舍饲养殖，彭阳县政府及时出台优惠政策，并做好退耕还林（草）后续产业的开发，提高农户和养殖园（场）的经济收入。优惠政策中明确指出，全县涉及退耕还林（草）项目的农户，对新建的标准化养畜暖棚（全砖构造，保温板顶子，面积 150 平方米以上），每平方米给予 100 元的资金补贴；对新增补栏的基础母牛，每头给予 500 元的现金奖励；对新增补栏的基础母羊，每只给予 100 元的现金奖励；对养牛农户新建的永久性"三贮一化"池，每立方米给予 50 元的资金补贴。通过优惠政策的扶持和项目资金的投入，彭阳县涉及退耕还林（草）的农户，形成家家种草，户户养畜，小群体、大规模的发展趋势，养殖户（场）的效益明显，农民的经济收入大幅增加。

2. 迁入地：生态移民，做好基础设施建设和产业扶贫

宁夏生态移民工程始终围绕"水源、生态、开发、特色、转移"5 个重点，按照"人随水走，水随人流"的思路，优先将居住在偏远分散、生态失衡、干旱缺水地区的贫困人口搬迁到现有扬黄工程沿线、公路沿线和城郊，积极发展优势特色农业、设施农业和旱作节水高效农业，实现"山内的问题山外解决，山上的问题山下解决，面上的问题线上解决"，从根本上解决中南部地区的贫困问题。以固原市西吉县白崖乡半子沟村的搬迁发展模式为例，介绍生态移民的脱贫攻坚事业。

（1）优化公共服务，改善生活环境，减少生活污染

生态移民需要解决的最大、最直接的问题就是贫困户"住"的问题，不仅要住得安全，还得住得舒心。为此，宁夏回族自治区党委几经讨论与易址，最终确定将金凤区润丰村作为落实"十三五"易地扶贫搬迁任务而实施的重点工程，用于整建制搬迁安置西吉县白崖乡半子沟村移民，工程总占地面积1660亩，概算投资3.16亿元。搬迁新村不是单纯建房，而是让这片土地成为半子沟村村民扎下根的家园：在生活保障方面，实现水、电、天然气全部开通并正常使用，社会捐赠的燃气灶、燃气柜、双人床、壁挂炉、太阳能热水器全部安装到位，生活质量大幅提升；在交通方面，投资1100万元，实施正源北街至润丰村通村公路改扩建工程，并协调公交公司开通了润丰村至市民大厅公交专线，有力保障群众日常出行；在环境方面，投资4246.41万元，实施四二干沟黑臭水体治理和安置区内外绿化工程，完成四二干沟润丰村段3.5公里综合治理，共计绿化478亩（包括生态林带、小微公园等）。

（2）盘活土地资产，三产融合促发展

在易地扶贫搬迁的背景下，将移民搬迁同后续产业发展的有机结合是稳得住、能致富的关键所在和必然选择。为此，半子沟村在搬迁后进行了如下尝试。

成立精准扶贫农业园区。整村向宁夏翡妮农业投资有限公司流转土地1000亩，由翡妮公司投资建设宁夏金凤区"十三五"移民区精准扶贫农业园区，规划日光温室171栋、智能温室2栋、彩叶苗木培育中心1栋，主要种植北美冬青、法国绣球、无公害瓜果蔬菜、金丝皇菊等。润丰村移民群众自2017年8月1日起，每年每亩地可获得不低于600元的

土地流转收益，并且每 3 年上调 5%。该项目确保全村 314 户 1323 人年人均收益 453.4 元。2018 年 2 月，已向移民群众发放 2017 年 8 月 1 日至 2018 年 1 月 31 日半年土地流转费共计 30 万元，人均 226.75 元。

打造特色果蔬日光温棚种植园。采取"党支部 + 合作社 + 农户"的形式，全村流转土地 425 亩到农业种植合作社，由农业技术推广中心提供技术指导服务，合作社负责日常管理，集中种植培育菌菇、鲜食西红柿、乳瓜等品种，吸引移民群众进园区务工。农户土地流转至合作社后，年人均可获得土地流转收益近 200 元。投入壮大村集体经济、产业扶持资金共 245 万元到合作社，按照不低于 8% 的标准获得集体收益；利用扶贫贴息贷款，按每户 5 万元标准扶持贫困户入股或认购、承租日光温棚参与种植经营，收益归贫困户；其他有意愿的普通农户，可按每股 2 万元标准自筹资金入股参与经营，按效益获得收益。

利用闲置房屋发展乡村旅游。润丰村距离市区 11 公里，车程 15 分钟，地理位置优越，交通十分便捷。村子四周环水、环境优美，围绕"打造美丽乡村、建设特色小镇"的发展思路。目前，全村建成区内尚有 24 套政府产权住房闲置，面积 1082 平方米。拟暂按每平方米每年 100 元的标准将 24 套房屋出租给翡妮公司作为民俗旅游用房，由翡妮公司打造集温室采摘、农事体验、休闲养老、观光娱乐、民俗展示于一体的乡村养生度假旅游业，每年可为润丰村集体带来不少于 10 万元的固定收益，并且随着发展，逐年增长。同时，在园区建成后，预计每年可吸引周边约 10 万人（次）观光旅游，带动移民群众经营性收入，最终惠及 314 户村民。

（3）积极搭建就业平台，引导农村劳动力流入市场

大力实施技工培训。针对本村村民整体文化层次低，就业技能缺

乏，谋生手段单一的困境，举办汉字知识普及班，实施技术工人培育工程，改进培训模式，以市场为导向，以掌握技能技术为根本，采取工匠传帮带模式，在实践中学，在学中实践。开展"六个一批"技术工培养工作，即培养刮腻子工 30 名、瓦工 30 名、电焊工 20 名、厨师 20 名、管道工 20 名、园艺工 30 名、驾驶员 30 名、缝纫工 50 名。另外，对于符合条件的移民经过培训合格后进入项目园区务工，其中翡妮公司为润丰村移民提供不少于 150 个固定岗位或季节性岗位，其中有劳动能力的建档立卡贫困户每户不少于 1 个固定岗位；固定岗位每年获得不低于 2 万元的工资收益，季节性岗位每天获得不低于 60 元的工资收益。

积极搭建就业平台。依托丰登镇周边的阅海湾中央商务区、绿博园、银川市市民大厅、宁夏福利院、大阅城、自治区人民医院、阅海万家住宅区等平台，着力发展劳务就业，帮助引导移民群众中有劳动能力的 637 人从事绿化、保洁、餐饮、陪护、保安以及建筑工种等行业服务，实现稳定就业和增收。截至目前已实现稳定就业 121 人，平均月工资收入 3000 元；与宁夏伊兰峰民族服饰有限公司联合，在农业园区东南角建设占地 5 亩、建筑面积约 3500 平方米的"扶贫工厂"，主要针对移民妇女开展民族服饰加工制作培训和生产，建成后可容纳 500 名妇女就近稳定就业，平均每人每月可实现 3000 元稳定收入；借助 425 亩苗木合作社平台，重点组织无外出务工劳动能力的 137 名 60 岁以上老年人就近从事种植活动，预计常年务工劳动力工资收入 2 万元以上，季节性务工每天 80 元以上。

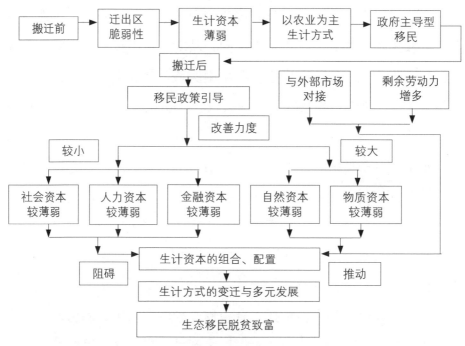

图 4-1　宁夏生态移民生计方式变迁的逻辑[1]

　　如图所示，生态移民之所以取得巨大成效，归因于搬迁后的生存方式是对家庭生计资本的重构。生计资本的重新组合配置，一方面能强化自身薄弱的生计资本，如借助政府的支持引导构建农民企业家的社会关系网络、通过技能培训和知识学习提高劳动者素质、吸纳商业存款和社会存款为农业发展注入资本等种种方式都能有效地改善当地薄弱的社会资本、人力资本以及金融资本。

　　另一方面是与市场对接，释放固有资本的优势，发挥更多的效益。当地有着丰富的自然物质资本和劳动力，与外部市场对接能够有效地

① 　束锡红、聂君、樊晔：《精准扶贫视域下宁夏生态移民生计方式变迁与多元发展》，《宁夏社会科学》2017 年第 5 期。

打开销路，让当地的农产品流入城市，为搬迁家庭带来更多收入。此外，农村剩余劳动力流入市场能够更好地促进城乡融合，满足城乡各自的发展需求，使区域经济发展带动家庭增收。

生态移民的脱贫致富既要考虑如何合理配置生计资本，更要考虑如何再造移民薄弱的生计资本。[①] 生计资本的重构进一步促使升级方式向着多元化的趋势发展，多元化的资源配置组合，有效提升资源效益，带动生态移民脱贫致富。

（四）生态扶贫成效

绿色减贫指数分析根据绿色减贫测算体系表，对中国集中连片特困地区中 11 个片区绿色减贫进行测算，本节从中截取宁夏中南部山区指数计算结果进行分析，旨在更好地考察"'十二五'中南部地区生态移民"的绿色减贫成效，主要包括经济增长绿化度指数结果分析、资源利用与环境保护程度指数结果分析、社会发展能力指数结果分析和扶贫开发与减贫效果指数结果分析。

[①]　束锡红、聂君、樊晔：《精准扶贫视域下宁夏生态移民生计方式变迁与多元发展》，《宁夏社会科学》2017 年第 5 期。

表4-4 宁夏中南部地区：9个国家级扶贫开发重点县（区）绿色减贫情况

	县（区）	盐池县	同心县	原州区	西吉县	隆德县	泾源县	彭阳县	海原县	红寺堡区
2012年绿色减贫情况	经济增长绿化度	—	0.22	0.39	0.38	0.36	0.36	0.37	0.32	—
	资源利用与环境保护程度	—	0.05	0.06	0.04	0.17	0.17	0.11	0.04	—
	社会发展能力	—	0.43	0.49	0.49	0.49	0.50	0.51	0.49	—
	扶贫开发与减贫效果	—	0.69	0.55	0.39	0.56	0.56	0.55	0.61	—
	绿色减贫指数	—	0.35	0.37	0.33	0.38	0.40	0.38	0.3	—
2016年绿色减贫情况	经济增长绿化度	—	0.43	0.47	0.43	0.44	0.44	0.44	0.43	—
	资源利用与环境保护程度	—	0.03	0.05	0.05	0.07	0.17	0.07	0.03	—
	社会发展能力	—	0.41	0.36	0.37	0.48	0.45	0.45	0.41	—
	扶贫开发与减贫效果	—	0.58	0.54	0.50	0.60	0.62	0.61	0.55	—
	绿色减贫指数	—	0.36	0.36	0.34	0.40	0.42	0.39	0.36	—

为更清楚地考察"'十二五'中南部地区生态移民"（2011—2015年）的绿色减贫成效，分析以2012年的绿色减贫数据作为基数线，同2016年的数据进行对比分析。[①]宁夏中南部地区包含盐池县、同心县、原州区、西吉县、隆德县、泾源县、彭阳县、海原县和红寺堡区9个县（区），其中盐池县和红寺堡区缺乏数据。[②]绿色减贫指数的测量维度包含经济增长绿化度指数结果、资源利用与环境保护程度指数结果、社会发展能力指数结果和扶贫开发与减贫效果4个维度，每个维度皆有具体的测量指标。

1. 经济增长绿化度指数比较

据数据显示，七县（区）2016年的经济增长绿化度相较于2012年的基数数据都有较为显著的增长，其中同心县和海原县的增长较为显著。

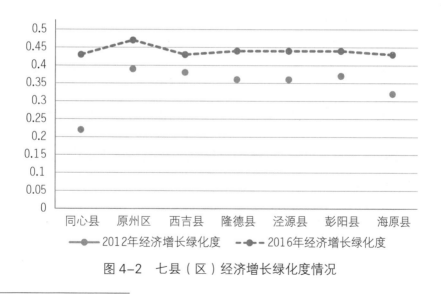

图4-2　七县（区）经济增长绿化度情况

---

① 课题组《中国绿色减贫指数报告》采用的是偶数年的数据，该调查开始于2012年，缺少生态移民前2010年的相关数据，故采用2012年的数据作为基数线。

② 课题组未收入盐池县和红寺堡区的数据。

表4-5 七县（区）经济增长绿化度二级指标情况

地区	年份	人均地区生产总值	单位地区生产总值能耗	单位地区生产总值二氧化硫排放量	土地产出率	工业固体废物综合利用率	第三产业增加值比重
同心县	2012	7909.00	1.15	33.74	0.96	71.32	37.50
	2016	14528.00	1.89	0.01	1679.21	90.00	38.94
原州区	2012	14722.00	1.15	14.77	0.96	94.85	57.50
	2016	22462.51	1.30	0.01	1891.56	79.00	60.72
西吉县	2012	5692.00	1.15	14.77	0.96	94.85	57.50
	2016	10809.37	1.41	0.01	2199.63	79.00	47.80
隆德县	2012	8014.00	1.15	14.77	3.36	94.85	47.20
	2016	14532.84	1.41	0.01	2878.71	79.00	48.69
泾源县	2012	7714.00	1.15	14.77	3.36	94.85	47.20
	2016	11730.16	1.41	0.01	2878.71	79.00	49.39
彭阳县	2012	11709.00	1.15	14.77	3.36	94.85	47.20
	2016	17387.70	1.41	0.01	2878.71	79.00	45.31
海原县	2012	6380.00	1.15	24.56	3.36	95.24	47.20
	2016	10773.11	0.37	0.01	1177.60	96.00	42.18

经济增长绿化度包含6个二级指标，分别为人均地区生产总值、单位地区生产总值能耗、单位地区生产总值二氧化硫排放量、土地产出率、工业固体废物综合利用率和第三产业增加值比重。据数据显示，7个县（区）的人均地区生产总值都有较为明显的增长；单位地区生产总值能耗方面，海原县的能耗下降幅度较为明显，其他6个县（区）有着小幅度增长；土地产出率方面，7个县（区）皆是大幅度增长；工业固体废物综合利用率方面，同心县和海原县利用率有所提高，其他

地区利用率降低；第三产业增加值比重方面，同心县、原州区、隆德县和泾源县比重稍有增长，其他 3 个县呈现下降的趋势。

2. 资源利用与环境保护程度指数比较

据数据显示，隆德县、海原县等 5 个县（区）中，2016 年资源利用和环境保护程度相较于 2012 年的基数数据有明显的减少，主要原因在于人均森林面积、森林覆盖率和耕地面积化肥施用量 3 个二级指标中，人均森林面积和耕地面积化肥施用量缺少有效数据。此外，5 个县（区）森林覆盖率都有所下降。

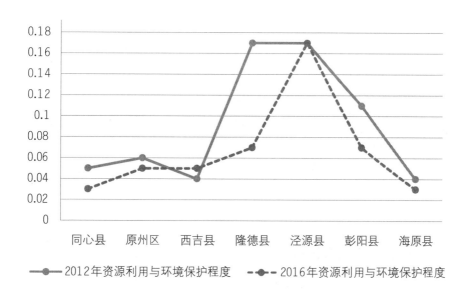

图 4-3　七县（区）资源利用与环境保护程度情况

表4-6　七县（区）资源利用与环境保护程度二级指标情况

地区	年份	人均森林面积 （公顷）	森林覆盖率 （%）	单位耕地面积化肥施用量 （t/ha）
同心县	2012	0.10	9.65	1.27
	2016	—	8.50	—
原州区	2012	0.08	12.70	2.04
	2016	—	14.82	—
西吉县	2012	0.05	8.30	2.04
	2016	—	13.10	—
隆德县	2012	0.14	25.00	2.04
	2016	—	20.60	—
泾源县	2012	0.38	41.80	2.04
	2016	—	48.50	—
彭阳县	2012	0.24	24.80	2.04
	2016	—	20.60	—
海原县	2012	0.09	8.00	1.61
	2016	—	9.20	—

3. 社会发展能力指数比较

七县（区）社会发展能力如图4-4所示，整体而言，相较于2012年的情况，2016年社会发展能力有所下降。具体而言，同心县和隆德县的社会发展能力变化较小，原州区、西吉县、泾源县、彭阳县和海原县的社会发展能力各有不同程度的下降。

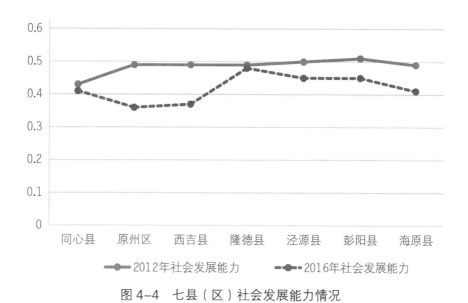

图 4-4 七县（区）社会发展能力情况

表 4-7 七县（区）社会发展能力二级指标情况

地区	年份	农村恩格尔系数	城乡收入比	新型农村合作医疗参合率	有卫生室行政村比例	新型农村养老保险参保率	高中阶段教育毛入学率
同心县	2012	0.03	0.32	66.00	93.56	8.20	66.89
	2016	0.03	0.36	89.00	33.00	68.60	74.82
原州区	2012	0.03	0.26	56.00	100.00	31.40	99.00
	2016	0.03	0.33	98.00	10.09	68.60	77.32
西吉县	2012	0.03	0.30	84.30	100.00	29.90	82.00
	2016	0.03	0.34	98.00	6.30	68.60	82.15
隆德县	2012	0.03	0.31	69.30	100.00	35.80	89.00
	2016	0.03	0.37	98.00	60.00	68.60	90.36
泾源县	2012	0.03	0.29	84.00	100.00	40.20	85.39
	2016	0.03	0.33	98.00	72.62	68.60	68.46

地区	年份	农村恩格尔系数	城乡收入比	新型农村合作医疗参合率	有卫生室行政村比例	新型农村养老保险参保率	高中阶段教育毛入学率
彭阳县	2012	0.03	0.32	80.90	100.00	46.60	87.20
	2016	0.03	0.36	98.00	48.36	68.60	89.35
海原县	2012	0.03	0.28	85.50	100.00	36.20	80.70
	2016	0.04	0.33	98.00	14.89	68.60	83.44

4. 扶贫开发与减贫效果指数比较

据数据显示，2016 年扶贫开发与减贫效果相较于 2012 年基线有明显提高，其中彭阳县、泾源县、隆德县和西吉县呈增长态势，海原县、同心县和原州区有所下降。

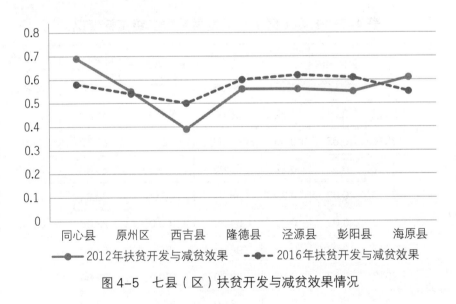

图 4-5　七县（区）扶贫开发与减贫效果情况

扶贫开发与减贫效果情况选取贫困人口占总农村人口比重、农村人均纯收入增长率、通电行政村比重、通路行政村比重和有效灌溉面积占基本农田面积比重 5 个指标。据数据显示，贫困人口占总农村人口比重方面，7 个县（区）比重皆显著下降；农村人均纯收入增长率方面，除西吉县增长率为递增趋势，其他 6 个县（区）皆是下降态势；通电行政村比重方面，7 个县（区）变化较小；通路行政村比重方面，隆德县、泾源县和彭阳县有一定程度的增长；有效灌溉面积占基本农田面积比重方面，隆德县、泾源县、西吉县、原州区和彭阳县都有所增长，其他两县有着不同程度的下降。

表 4-8 七县（区）扶贫开发与减贫效果二级指标情况

地区	年份	贫困人口占总农村人口比重	农村人均纯收入增长率	通电行政村比重	通路行政村比重	有效灌溉面积占基本农田面积比重
同心县	2012	35.7	132.14	100	83.7	40.83
	2016	18.12	11.2	100	47	18.93
原州区	2012	35.6	32.77	100	59.5	10.68
	2016	17.09	11	100	13.76	18.93
西吉县	2012	24.96	−0.72	102.09	12.87	10.68
	2016	18.18	9.6	100	7.56	18.93
隆德县	2012	34.7	33.41	100	26.04	10.68
	2016	10.09	11.3	100	65.71	18.93
泾源县	2012	39.79	17.32	100	72.63	10.68
	2016	10.98	11.52	100	89.28	18.93
彭阳县	2012	40.03	15.73	100	54.56	10.68
	2016	10.96	11.8	100	78.69	18.93
海原县	2012	35.67	16.49	100	84.21	26.3
	2016	17.65	11.4	99.29	26.24	18.93

5. 绿色减贫指数比较

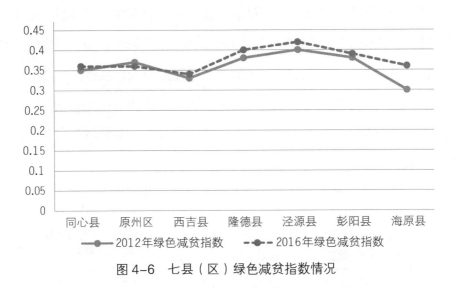

图 4-6 七县（区）绿色减贫指数情况

如图 4-6 所示，2016 年的绿色减贫指数相较于 2012 年的指数有所提高，其中海原县增长较为显著，同心县和西吉县的指数增长幅度较小，原州区绿色减贫指数较于 2012 年有所下降。综合而言，2012—2016 年，宁夏中南部地区的绿色减贫指数有一定增长，生态移民效果较为显著。

（五）总结与反思

生态扶贫实际是生态治理与贫困治理的有机耦合①。面对社会发展与生态治理的发展伦理问题，精准扶贫背景下的生态扶贫则将生态保护与产业发展相结合，在精准脱贫的过程中解决环境问题。简言之，生态移民是手段，环境治理和贫困治理是目的。

首先，做好生态移民工作，为环境治理和贫困治理打下坚实的基础。

---

① 莫光辉：《绿色减贫：脱贫攻坚战的生态扶贫价值取向与实现路径——精准扶贫绩效提升机制系列研究之二》，《现代经济探讨》2016 年第 11 期。

生态移民需要解决的是迁入地和迁出地两方面的问题，迁出地的生态环境通常较为脆弱，是环境保护的重点，须做好绿化、土地的规整以及后续的旧宅复垦工作。迁入地方面，重点是做到"搬得出、稳定住、能致富"，做好产业发展和公共服务。生态移民只有同时兼顾迁入地和迁出地的问题，才能有效地防止两者间来回摆动或是返回故地的问题。

其次，注重迁出地区域环境的保护，贯彻"绿水青山就是金山银山"的理念。环境治理的初步途径是退耕还林和封山禁牧，从地理面积上扩大森林覆盖率，减少畜牧对于草场和森林的破坏，但是实际上仍不乏滥砍滥伐和过度放牧的恶性事件。环境治理需要在生态移民的基础上贯彻"两山"理论的绿色理念，为移民群体塑造绿色理念，从而改变其传统的非绿色理念。

最后，通过社会帮扶以及政府扶持的方式构建迁入地区的绿色产业体系，实现发展与环保的良性互动。绿色产业实质是发展低耗能、低污染的产业，最为绿色的代表就是循环经济。宁夏地区循环经济的发展一方面促进环境保护，另一方面能够带动移民就业和发展家庭经营业，为家庭增收致富削减贫困。

生态移民是为了缓解生态脆弱地区的人口压力，旨在实现环境保护和贫困治理的双重目标。[1] 地区应如何实现绿色减贫，其根本的方法就是要走可持续发展的道路，坚守"绿水青山就是金山银山"理念，守住发展和生态的两条底线。[2] 依托生态移民的手段，实现环境治理和贫困治理，走出一条绿色减贫的特色路径。

---

① 王晓毅：《移民的流动性与贫困治理——宁夏生态移民的再认识》，《中国农业大学学报（社会科学版）》2017 年第 5 期。

② 雷明：《两山理论与绿色减贫》，《经济研究参考》2015 年第 64 期。

案例二：山西岢岚县易地扶贫搬迁的绿色减贫实践

易地扶贫搬迁是推进供给侧结构性改革、补齐贫困区发展短板、打赢脱贫攻坚战的重要抓手，习近平总书记在 2018 年新年贺词中用典释义"安得广厦千万间，大庇天下寒士俱欢颜"，可见让贫困群众"住有所居"的重要性。处于吕梁山连片特困区的岢岚县，生存环境恶劣，生态脆弱，贫穷限制了群众的发展，易地扶贫搬迁势在必行。搬出去，老百姓才能活；搬出去，老百姓才能富。

集中安置案例——宋家沟村

宋家沟村是岢岚县宋家沟乡乡党委政府所在地，距县城 13 公里，耕地面积 3200 亩。原户籍人口 246 户 548 人，其中贫困户 69 户 186 人，常住人口 136 户 396 人。村民主要以种植业为主，年人均收入约 4800 元。留村劳动力平均年龄 50 岁左右。村里住房大都是砖木结构，前两年人口流失严重，村里闲置房屋较多，加上年久失修，村落呈现一片衰败景象。2017 年，宋家沟村被确定为农村特色风貌整治试点村、易地扶贫搬迁集中安置点。2017 年 6 月 21 日，习近平总书记视察山西来到岢岚县宋家沟村，对岢岚县易地搬迁的做法和成效给予了肯定。近一年时间过去了，宋家沟村发生了历史性蜕变，走出了一条住新居、换新业、树新风三措并举可持续发展的路子。2017 年全村人均可支配收入 6638 元，贫困人口全部稳定脱贫，贫困村达标退出，易地扶贫搬迁取得良好成效。通过长期的不懈努力，初步探索出了一条住新居、换新业、树新风的可持续发展路子。

近两年来，宋家沟乡为进一步推进社会经济实现又好又快发展，大力发展乡村旅游，拓宽农民增收致富渠道，深入了解基层群众对发展乡村旅游的想法，查找开发乡村旅游过程中存在的问题，探讨加快乡村发展的路子，谋求适宜乡村旅游发展的方法和措施。组建以贫困户为主的造林合作社 1 个，吸纳贫困户 18 户 54 人入社，安排总投资 89 万元的 1468 亩造林绿化任务，通过林木培育、造林务工等带动入社贫困户人均每年增收 4000 元。充分利用毗邻宋长城景区和荷叶坪原始次森林旅游景区的优势，引导和组织贫困群众参加旅游服务项目，发展旅游运输，经营旅游小吃，10 户群众以"自住房 + 客房"的方式开发特色风貌小院建民宿客栈，旅游收入正在成为贫困群众增收致富的重要来源。

一、乡村建设改穷帽

以"落实政策 + 实施项目"为主线，聚焦"一方水土养不起一方人"的问题，投资 3068 万元，实施了集易地扶贫搬迁、基础设施提升、公共服务完善、特色风貌整治于一体的美丽乡村建设。运用易地搬迁、危房改造、宅基地复垦增减挂钩和特色风貌整治奖补等政策类资金，以三口之家 60 平方米住房计算，每户可落实政策类资金 11.64 万元，建设、装修、家具等费用只需 11.4 万元，贫困户无自筹就可拎包入住，目前已有 23 户 57 人搬迁入住，实现了群众"住上新房子、水管子接到灶台"的愿望。整村搬迁入住宋家沟村的共有 3 个行政村 2 个自然村 62 户 128 人，现已铺开 5 个村的整村搬迁土地复垦项目，已有 1 个村共 27 亩完成复垦，节余建设指标省内交易 324 万元，其余 4 个村正在有序推进。按照以产定搬的原则，建立搬迁户"1+X"融合发展模式，确保与原住户同一待遇，为每户每人分配水浇地 0.5 亩，对接 1 个迁入地特色产业、合作社和企业，实现生产或务工增收。

易地搬迁改善贫穷落后面貌。按照全县易地扶贫搬迁安置"1+8"规划，坚持搬迁安置和旧村提升统一规划、统一推进，实施集易地扶贫搬迁、基础设施提升、公共服务完善、特色风貌整治于一体的美丽乡村建设。收储闲置废弃房屋 81 处 5845 平方米，宅基地 17020 平方米；以人均 20 平方米的建设标准，新建移民安置房 265 间 5300 平方米；翻新改造旧房屋 206 户、公共建筑 15 处 29200 平方米，统一提升改造基础配套设施，实现 145 户 265 名易地搬迁群众无自筹拎包入住，城乡一体化和社会公共服务均等化。实施"机关帮建 + 干部帮户"的"两帮两促两提升"行动，洁家净院，整治村庄环境，完善服务设施；按照党建先行、村规约束、乡贤示范、民约推动的管理方式，移风易俗，重塑乡风文明，全面提升村庄宜居环境，确保不让农村变为"荒芜的农村、留守的农村、记忆中的故园"，走一条搬得出、稳得住、逐步能致富的易地搬迁好路子。

二、发展生产换穷业

坚持"发展产业 + 转移就业"的两业并举模式，按照"一村一品一主体"的产业开发方向，集中发展"羊、豆、马铃薯、沙棘、蘑菇、猪"六大农牧产业，建设 62 座蔬菜大棚，联结鲁忻蔬菜专业合作社，带动 23 户贫困户年均增收 4500 元。

产业发展提升绿色效益。围绕大棚、旅游、马铃薯、苗圃、特色养殖 5 类产业布局，先后培育发展了蔬菜种植、合作造林、合作养殖、电子商务 4 类产业合作社和 1 个连心惠农互助合作社，引进山西正心园功能食品有限公司、宋家沟生态农业综合开发公司，协调鲁忻蔬菜、薯宴食品、祥熙农牧等企业，合作社、种养能人大户等新型经营主体，培养农村致富带头人 8 人，劳务技能培训 142 人，迁入户优先承包机动地、设施大棚、新造水浇地，强化 "2521" 养羊模式（对有 2 个劳动力的贫困户，帮助购置 50 只基础母羊、建设 200 平方米标准化羊舍，通过精细化饲养实现年增收入 1 万元目标）、"五位一体" 金融扶贫、"经营主体 + 农户" 等利益联结模式，带动有劳动能力的贫困人口 180 人，无劳动能力的 103 人，通过政府配股合作社和光伏扶贫获得分红，再加上政策兜底实现人均年收入 5356 元。

通过品种改良，种植优质马铃薯 290 亩，带动 31 户贫困户每亩增收 500 元；结合 "2521" 养羊模式，实施能人大户代养，带动贫困户 6 户 18 人年增收 800 元；实施 "五位一体" 小额信贷金融扶贫，18 户贫困户委托企业经营，连续 3 年户均年增加 4000 元资产性收益；提升了 142 名群众的劳动技能，有 70 余名群众找到稳定工作。以全县 "招商引资 + 资金融合" 为契机，引进中仑奥富、红星伟业、薯宴食品等杂粮加工企业，构建委托经营、订单收购、协议用工等多种联结机制促进贫困户稳定增收；建成 1 个光伏电站，带动 20 名无劳动能力的贫困人口，年增收 3000 元，年增加村集体收入 1 万元；多渠道筹集资金 136 万余元，搭建 1 个连心惠农互助合作社，为贫困户每户配股 3000 元，年可分红 500 元。实现了村有产业、有带动企业、有合作社，贫困户有项目、有劳动能力的 "五有" 稳定脱贫新局面。

三、党建引领拔穷根

按照全县 "压实责任 + 注重主体" 的安排部署，充分发挥党支部战斗堡垒作用和群众的主体作用,省总工会驻村帮扶,县领导蹲点帮扶,全乡按照农业、畜牧、旅游三大产业分布,成立了 3 个联片党总支,带动全乡 22 个村抱团发展。29 名各级党员干部结对帮扶,找差距、开路子,一户一策分类安排项目,先后培育发展了蔬菜种植、合作造林、合作养殖、电子商务 4 类产业合作社和 1 个连心惠农互助合作社,变"输血"为"造血"。突出"政策到位 + 保障到人",按照全县小康教育、小康房、小康水等 15 个扶贫行动,对贫困户子女上学进行全覆盖资助,阻断贫困代际传递;对贫困户实行"先诊疗后付费"、降低起付线、提高报销比例等一系列"544"健康扶贫政策,解决因病致贫返贫问题;不断提高惠农补贴、城乡低保、医疗救助等标准,全面增强了群众的获得感,进一步凝聚了党心、民心。眼下的目标,就是将已是 1.0 版本的宋家沟新村推向进入 2.0 版本,形成"四个点一条线、两条街一台戏"的全新旅游模式。岢岚宋家沟的易地扶贫搬迁实践真正实现了"挪穷窝"与"换穷业"并举、安居与乐业并重、搬迁与脱贫同步。

四、典型经验做法

1. 坚持规划先行,聚力帮扶增收,贫困群众对美好生活的向往日益增强。宋家沟村在规划理念上,按照县委、县政府"1+8+N"总体规划部署,坚持"立足脱贫、着眼小康、特色风貌、有效落地"原则,实施了易地扶贫搬迁、基础设施提升、公共服务完善、特色风貌整治"四位一体"美丽乡村建设,实现了搬迁安置和旧村提升的同步与统一。在建筑风格上,因地制宜,既考虑美观舒适,又彰显地方传统,在拆旧建新过程中,最大化保留了村子原有的建筑特色,特别是在新村院落和街巷肌理的处理上,追求传统特色风貌,决不搞整齐划一和排排座的"兵营"，让老百姓看着顺心，住着舒心。在功能设计上，突出当地农村传统建筑特点，在充分考虑群众农牧生产和传统生活需求上，增加现代化生活设施，融入节能、居家、旅游、休闲等功能元素，实现了传统村落改造与现代化宜居的有机结合。在建设过程中，坚持规划、设计、招标、施工、管理"五统一"做法，尽可能使用本土材料和拆旧材料，新建移民安置房 265 间 5300 平方米，翻新改造旧房屋 206 户，将安置房每平方米造价控制在 1200 元以内，实现搬迁户无自筹拎包入住，最大限度缩短了工期、减轻了贫困户负担、提升了群众满意度。现在的宋家沟新村不仅建筑特色鲜明，公共服务配套齐全，基础设施完善，而且成为忻州市唯一的国家 3A 级景区乡村旅游点。

宋家沟村在发展导向上，按照"把人民对美好生活的向往作为我们共产党人的奋斗目标"的要求，坚持把贫困群众的实惠作为根本导向，全力打造"农林种养加 + 乡村旅游 + 服务业"的统筹开发新格局。扭住企业扶贫，先后引导山西薯宴食品有限公司、岢岚祥熙农牧养殖有限公司带动 52 户贫困户进行务工增收，扶持山西正心圆功能食品有限公司带动 580 户农民通过沙棘果采摘增收，引进山西好玩儿旅游开发有限公司带动 26 户贫困户发展民俗客栈等旅游项目，户均年增收 2800 元。扭住合作社带动，组建内置金融合作社，吸收 48 户村民入股，共筹集发展资金 123 万元，共分红 23300 元，并进一步组建蔬菜、造林、旅游、养殖等 8 个专业合作社，共带动农户 184 户，其中 96 户贫困户年均增收 5000 元以上。"6·21"宋家沟乡村旅游季中，合作社累计接待游客 5 万人次，创收 31 万余元。扭住政策保障，实施光伏扶贫共联结 36 户贫困户年分红 3000 元，金融扶贫联结 34 户贫困户，每户分红 4000 元。全村雇用保洁员 10 名，每月工资 800 元；17

名贫困学生、32 名慢性病患者实现了资助和救助全覆盖；所有低保及老病残弱孤寡等群体均通过各类政策实现全部兜底。

2. 坚持党建引领，提升内生动力，贫困群众自主脱贫氛围日益增强。宋家沟村用"党建+"理念，全面引领群众自主脱贫之志之智，通过发展旅游文化产业的机遇，致力在贫困群众转变脱贫观念和激发内生动力上下功夫。加强基层组织建设，将宋家沟村原有党员和新搬迁来的 33 名党员按照服务功能插花编成 5 个党小组，让他们分别在内置金融、巧手创业、民俗旅游接待、观光采摘园区互助和结对帮扶各方面充分发挥引领和示范作用，有效促进了新旧党员和村民深度融合发展，带动贫困群众多元增收。强化激励引导，积极开展送温暖到户促致富信心，送政策到户促健康发展，送服务到户促干群和谐的"三送三促"活动和把已致富群众培养成致富带头人带头先富，把致富带头人培养成致富党员带领群众致富，把致富党员培养成村组干部带动全村致富的"三培三带"服务行动，分别建立扶贫爱心超市、设立孝善养老基金，制定生产奖补、洁家净院奖补和劳务输出奖补等系列办法，对贫困群众进行物质激励。发挥扶贫干部作用，省总工会驻宋家沟村扶贫工作队对于有自主脱贫意愿的贫困户，在资金和政策上进行重点帮助，重点培养宣传自主脱贫的典型，带动更多的贫困户自强自立，通过农民讲习所宣讲党建知识、扶贫政策等，组织趣味运动会、文艺展演等活动丰富农民的业余文化生活，把村民从麻将桌、酒桌引导到集体活动中，让农民在休闲娱乐过程中潜移默化地接受教育，产生对美好生活的向往。

宋家沟村以扶志扶智为着力点，通过大力开展"感恩教育、法纪教育、习惯教育、风气教育和脱贫光荣自尊教育"五大教育，多措并举，逐步健全乡村治理体系，活动搭台，让美丽乡村的精神文明建设火起来。从思想上引领，坚持开展"干群一家亲"活动，为群众开展代理代办服务、精准帮扶、帮扶济困、义务服务、送医进村、新风培育六大行动，深度挖掘每一个扶贫对象的致贫原因，帮助贫困群众解决实际困难，切实帮助扶贫对象甩掉"穷帽子"。在帮扶上做表率，全村党员带头学习理论、带头脱贫致富、带头支持发展、带头帮困解难、带头树立新风、带头保护环境、带头维护稳定、带头遵纪守法，以党员先锋行八大行动，用实际行动竖起一面旗帜，带动群众跟着干。开展党员干部联大户结对帮扶贫困户活动，共有 10 名党员干部联 9 户大户结对帮扶 30 户贫困户，帮助联系户厘清脱贫致富思路，传授致富经验。在精神上鼓劲，开展了"感恩教育、法纪教育、习惯教育、风气教育和脱贫光荣自尊教育"五大教育，坚持定期评选"自主脱贫、服务旅游、乡风文明、传承美德"示范户，大张旗鼓送奖牌，开通村微信公众号，宣传示范户事迹，帮助贫困群众摒弃"等靠要"思想，让"勤劳致富光荣、懒惰致贫可耻"的观念根植人心。同时，组织开展了趣味运动会、群众自编自演文艺演出等活动，加强了新旧村民的融合发展和交流沟通，以充分唤醒群众主体意识，充分激发群众主体活力，为脱贫巩固提升凝聚起强大的合力。

五、启示意义

宋家沟村作为移民新村引起社会各界的广泛关注，思考全村破解整村搬迁难题成效，我们总结出两点重要启示：一是要充分认识扶贫搬迁是一项艰巨复杂的系统工程，全村实施了土地复垦增减挂钩、退耕还林、荒山造林、光伏项目 4 项工程，用好用足特色农业种植、特色养殖、中药材种植、特色经济林 4 个补贴办法和光伏利益分配办法，确保贫困群众"搬得出、稳得住、能致富";二是要推动党建与精准扶贫工作深度融合,用活第一书记、扶贫工作队、大学生村官等服务力量,用好"五大主题教育""干群一家亲六项活动""党员先锋行八大行动"等载体,推动新旧村民融合发展,使党建与精准扶贫工作拧成一股绳。

在整村搬迁的探索实践中,宋家沟村虽然摸索了一些做法和经验,也取得了一些成效,但对照扶贫开发新要求和贫困群众新期盼,还有很多不足之处,比如,整村搬迁后对旧村资源开发利用还不够充分,新旧村融合发展上有待提升;产业开发需要进一步加快步伐,特别是乡村旅游才刚刚起步,面临困难还有很多;招商引资任重而道远,一些大项目、好项目相对缺乏是制约乡村发展的最明显短板。针对这些实际困难和问题,将进一步创新思维、挖潜提质、积极改进。同时,也急切期盼山西省委、省政府能够结合易地扶贫搬迁,在项目资金、干部选用、文旅扶贫、生态建设、光伏扶贫等方面给予深度贫困地区更多政策倾斜,把岢岚县列入全省中小学生研学旅游基地,宋家沟村将再接再厉,不负重托,坚决完成脱贫攻坚任务,与全省、全市和全县一道脱贫。

整村搬迁案例——赵家洼村

赵家洼是岢岚县的一个贫困村,地处吕梁山集中连片特困地区,由小赵家洼、大赵家洼、骆驼场3个自然村组成,坐落在一条狭长的山沟里。全村共54户115人,其中建档立卡贫困户人口22户44人,未脱贫户16户29人,贫困发生率38.3%。该村坡陡沟深,交通闭塞,土地贫瘠,广种薄收、靠天吃饭、经济来源单一、增收途径匮乏,生存条件非常差,村民概括有"六多三难三不通":六多就是自然灾害多、山梁坡地多、外流人口多、老年人多、病残人多、鳏寡孤独人口多，三难就是上学难、看病难、娶亲难，三不通就是不通电话、不通动力电、不通网络。这是吕梁山腹地深度贫困村的缩影，是典型的"一方水土养不好一方人"的深度贫困村，2016 年被确定为整村搬迁村。

2017 年 6 月 21 日，习近平总书记来到赵家洼村，走进村民家中，走进田间地头，了解贫困状况，调研深度贫困地区脱贫攻坚，习近平总书记肯定了通过易地搬迁改善村民生活条件的思路，要求配套扶贫措施要跟上，使贫困群众不仅改善居住条件，还能稳定增收，强调加快推进深度贫困地区脱贫攻坚，要以解决突出制约问题为重点，以重大扶贫工程和到村到户帮扶措施为抓手，以补短板为突破口，集中优势兵力打攻坚战。岢岚县牢记习近平总书记嘱托，干群一心落实指示精神，把易地扶贫搬迁作为破解深度贫困的关键之举，认真落实省市决策部署，扎实推进易地扶贫搬迁工作。目前，赵家洼村常住的 19 户36 人已全部入住新居，走上了脱贫奔小康的幸福路。

一、以人为本挪穷窝

为了顺应群众期盼，让他们住上好房子，岢岚县按照规划引领，试点先行的要求，聚焦穷、小、散、弱、基础差、脱贫成本高的特征，精准识别 115 个村为整体搬迁村。为了兼顾不同搬迁群体，让他们走上适合自身发展的搬迁路子，岢岚县结合脱贫攻坚、全面建成小康社会和乡村振兴统筹规划，初步构建起县城、中心集镇、中心村"1+8+N"的城乡融合发展格局。统筹实施安置房建设、基础设施提升、公共服务完善和特色风貌整治"四项"配套工程，整合易地扶贫搬迁、美丽乡村建设、农村危房改造、抗震改建、地质灾害治理、宅基地复垦增减挂钩等资金，采取规划、设计、招标、施工、管理"五统一"集约建设做法，按照人均住房面积不超过 25 平方米的标准，将县城和中心集镇安置房每平方米造价分别控制在 1400 元和 1200 元以内，保证了贫困户搬迁不举债。为了顺利实施搬迁，解决贫困户的后顾之忧，岢岚县制定出台了拆除腾退、人口迁转、村庄销号、土地林地流转和权益保障"五个办法"，采取"三天一督查、一周一观摩"的做法，先难后易、分类分批进行搬迁安置。从 2017 年 6 月下旬开始，岢岚县迅速行动，经过一百天奋战，终于在 9 月底完成整村搬迁安置。全村 18 户 35 人顺利搬迁（另有 1 户 4 人为非贫困同步搬迁户），通过三种方式进行安置，其中县城广惠新村集中安置点安置 12 户 29 人，阳坪中心村集中安置 4 户 4 人，其他地方分散安置 2 户 2 人。截至目前，全县搬迁 98 个村，拆除 97 个，行政村销号 53 个，安置 1067 户 3043 人，岢岚县蹚出了一条易地搬迁、整村提升、特色风貌整治三线协调并进的路子。

二、因户施策换穷业

赵家洼村是岢岚县在整自然村搬迁工作推进中的一个缩影。群众挪了穷窝，如何能换掉穷业，过上好日子？岢岚县积极整合部门资源，因地制宜发展产业，因户施策促进就业。坚持易地搬迁与产业发展结合，大力实施"一村一品一主体"产业扶贫，使每个搬迁户至少联结 1 个合作社和 1 户企业，发展羊、豆、马铃薯、沙棘、食用菌、生猪等产业。坚持易地搬迁与生态建设结合，优先让搬迁贫困户加入造林合作社，以多种形式参与生态建设和管护，获得苗木收入、植树务工收入、营林管护收入、退耕还林补助收入、生态补偿收入。坚持易地搬迁与就业创业结合。推广"乡村旅游 + 特色产业、手工制作 + 电商销售、资产收益 + 物业经济、土地流转 + 劳务输出、就业培训 + 公益岗位"等模式，扶持搬迁户就业创业增收，确保有劳动能力的搬迁户每户至少有 1 人稳定就业。坚持易地搬迁与股权量化结合，为搬迁贫困户提供支种贷、支养贷、富民贴息贷等资金支持，推行"五位一体"金融扶贫模式，扶持符合条件的搬迁户每户贷款 5 万元，入股重点项目，不还本不还息连续三年获得 4000 元收益，对搬迁户土地林地和宅基地进行打包开发，引导入股企业、合作等经营实体，获得多种形式的分红收入。坚持易地搬迁与保障措施结合，全面落实教育、健康、民政救助政策，对符合低保、五保条件的搬迁户做到应纳尽纳，建设 85 兆瓦光伏电站 19 个，实现所有无劳动力搬迁户光伏扶贫全覆盖，户均年增收 3000 元，岢岚县蹚出了一条易地搬迁与产业融合发展的路子。

三、借地生金换新颜

群众搬进新村，旧村怎么办，土地如何开发利用？这又是一个新课题。岢岚县立足地广人稀、土地资源丰富的实际，从土地入手破题，在搬迁村实施了土地复垦增减挂钩、退耕还林、荒山造林、光伏项目"四个全覆盖"工程，统筹了生态效益和经济效益，兼顾了集体利益和农民利益。引进振东集团等大型企业和合作社将平地进行流转规模化经营，种植中药材等，目前，以每亩 200—300 元的价格已流转搬迁户地权 2.7 万亩，为搬迁群众解决了后顾之忧。将 25 度以上坡耕地全部退耕还林，可还林造林 10.98 万亩，全县森林覆盖率提高 3.7 个百分点。由 48 个林业专业合作社，吸纳建档立卡贫困人口和搬迁群众参与务工造林增加收入，实现社会效益和经济效益双赢。抓住省国土资源厅定点帮扶契机，将旧村全部拆除复垦，县政府与省转型综改示范区签订增减挂钩、易地补充耕地指标战略合作协议，统一进行交易，115

个搬迁村可复垦土地 2580 亩，用地指标增减挂钩交易可收益 3.09 亿元。搬迁群众在搬迁后原村资产通过"三变"改革进一步整合，让群众持续获益，蹚出了一条深化扶贫改革的路子。

四、党建引领促发展

群众搬出后要持续发展关键在于发挥基层党组织的引领作用。岢岚县积极探索创新"并村简干提薪招才建制"管理模式，将赵家洼村支部设为党小组，划转到县城北道坡社区党支部，原村集体财产划归阳坪中心集镇统筹管理。通过机关领建、村村联建、村居共建、企业带建、产业促建，阵地前移"五建一移"，优化了农村组织设置，实现了资源整合、优势互补。同时强化驻村帮扶，完善国家和省市县乡 140个单位 3321 名干部全覆盖包扶机制，制定县领导每周"三天两夜"，三支队伍每周"四天三夜"驻村帮扶制度，开展机关帮建、干部帮户"两帮两促两提升"行动，对搬迁户 1 户 1 干部跟进服务，引导搬迁户至少加入 1 个合作社、联结 1 户企业、有 1 人稳定就业，确保实现搬得出、稳定住，可持续发展，蹚出了一条党建引领脱贫的路子。

五、典型经验做法

一是结合实际，科学规划。为了顺应群众期盼，让他们住上好房子，岢岚县按照规划引领，试点先行的思路，聚焦穷、小、散、弱、基础差、脱贫成本高的实际，通过摸底调研，精准识别 115 个村为整体搬迁村。为了兼顾不同搬迁群体，让他们走上适合自身发展的搬迁路子，岢岚县结合脱贫攻坚、全面小康和乡村振兴统筹规划，初步构建起县城、中心集镇、中心村"1+8+N"的城乡融合发展格局，把县城广惠园移民社区和 8 个中心集镇作为主要安置点，规划于 2017 年和 2018 年对 115 个深度贫困村 1719 户 4008 人进行整体搬迁。易地扶贫搬迁规划扶贫攻坚成效，写在贫困户的笑脸上；易地搬迁致富，反映在移民新村风貌上。赵家洼68岁的王三女大娘，已在广惠园新村11号楼6单元安了新家，一室一厅一厨一卫，南北通透50余平方米的新房窗明几净。王大娘说，自搬进新家，已经适应了这里的新生活，因为承担小区内一个卫生片区的环卫工作，她跟这里的乡亲大都认识。走整村搬迁的路子，复垦土地，生态治理，宋家沟新村、广惠园新村的建成与完善，就是岢岚县脱贫攻坚决战决胜的一个缩影。

二是统筹实施，稳步推进。成立由县主要领导牵头的易地搬迁工作领导组和解决"人、钱、地、房、树、村、稳"问题的七个专项工作组，落实一乡一方案、一村一办法、一户一策略，统筹实施安置房建设、基础设施提升、公共服务完善和特色风貌整治"四项"配套工程，落实人口迁转、村庄销号、拆除腾退、土地林地流转和权益保障"五个办法"，配套土地复垦增减挂钩、退耕还林、荒山造林、光伏项目"四个全覆盖"工程。115个村已全部搬迁拆除，销号53个村，安置搬迁人口1083户3099人。复垦土地2507亩，用地指标交易可带动收益3.09亿元，还林造林10.98万亩，可带动全县森林覆盖率提高3.7个百分点。

三是抓好衔接，跟进保障。整村搬迁后，坚持帮扶工作不变，村民享有的社会保障、退耕还林等各项政策和各类产权不变，村"两委"主干的工资待遇三年内不变，落实安置社区和中心集镇支部与搬迁村组织之间支部融合、"两委"重组、党员接转机制。推动每个搬迁户至少加入1个合作社、对接1户企业、参与1个产业项目，以通过组织培训、推动企业吸纳就业、安排公益性岗位、免费提供市场经营摊位、进行劳务输出等方式，扶持542户搬迁户就业增收，对耕地、林地、宅基地"三块地"进行打包开发。跟进安置村社区治理工作，开展机关帮建、干部帮户"两帮两促两提升"行动，突出村规民约治理，促进融合发展，建设文明村社。赵家洼村整体搬迁后，扶贫工作队为每户每人制定了适应新生活的帮扶政策。年轻的村民，通过就业培训，让他们有一技之长；有劳动能力的村民，在县城或移民安置点提供工作岗位；60岁以上的村民，由各级财政对他们的生活进行兜底。驻村第一书记陈福庆表示，贫困村民后顾之忧解决了，广大群众跟党走的劲头更足了。他满怀信心地说，从驻村帮扶到现在一户一策跟踪式扶贫，党员干部还要继续努力和乡亲们一起加油干。

六、启示意义

搬迁不是目的，脱贫致富才是根本，在易地移民搬迁这场战役中深切体会到，打好脱贫攻坚战，必须深入贯彻习近平新时代中国特色社会主义思想，时刻把习近平总书记的嘱托记在心里、扛在肩上，自觉向中央和省市对脱贫攻坚的决策部署看齐，落实精准方略，下足"绣花功夫"，才能确保脱贫攻坚方向正确，做到"真脱贫、脱真贫"。必须抓住干部这个"决定因素"，紧紧依靠国家、省市扶贫工作队的大力扶持，充分调动广大干部的积极性、能动性和创造性，引导全县干部，特别是驻村干部转变作风、扑下身子、狠抓落实，才能确保脱贫攻坚各项任务落地。必须依靠贫困群众这个主体，习近平总书记强调，扶贫先扶志，扶贫必扶智，如果不能从思想上改变群众"等靠要"的心态，从技能上提高其脱贫致富的本领，简单地靠外力的帮扶，就很难拔掉"穷根"，只有把扶志扶智放在扶贫开发的重要位置，下足功夫，激发群众的内生动力，才能让群众真正有获得感，真正摆脱贫困。必须扭住产业这个关键，产业扶贫是实现精准脱贫的根本之策，发展产业必须立足当地资源禀赋，因地制宜选好扶贫项目，因村施策用好扶贫项目，要把精准扶贫政策、贫困地区的致贫原因、群众发展意愿与扶贫产业结合起来，把"输血式"扶贫与"造血式"扶贫结合起来，把近期脱贫与长远发展结合起来，通过整合资源，调整产业结构，延伸产业链条，走出一条具有当地特色的产业增收之路。必须坚持问题导向。综合来看，脱贫攻坚任务十分艰巨，面临许多矛盾、困难和挑战。这要求全县上下必须一以贯之地坚持问题导向，从薄弱环节入手，重对标补短板，集中突破重点难点，强化督查巡察，形成硬责任、硬导向、硬措施、硬作风，才能提升脱贫质量。习近平总书记肯定了通过易地搬迁改善村民生活条件的思路，要求配套扶贫措施要跟上，使贫困群众不仅改善居住条件，还能稳定增收。岢岚县牢记习近平总书记嘱托，干群一心落实指示精神，把易地扶贫搬迁作为破解深度贫困的关键之举，认真落实省市决策部署，扎实推进。仅仅一年的时间，赵家洼村就已完成整村搬迁，走上了脱贫奔小康的幸福路。

案例三：贵州省雷山县生态环境与民族文化融合的旅游扶贫模式

雷山县，位于黔东南苗族侗族自治州西南部，东临台江县、剑河县、榕江县，南抵黔南布依族苗族自治州的三都水族自治县，西连丹寨县，北与凯里市接壤。距省府贵阳184公里，距州府凯里42公里，总面积1218.5平方千米。雷山县以苗族为主的民族风情浓郁、古朴典雅，富有文化内涵。雷山县是国家新阶段扶贫开发重点县之一。2013年，雷山县地区生产总值完成17.47亿元，实现规模以上工业增加值2.59亿元，全社会固定资产投资23.45亿元，财政总收入2.81亿元，农民人均纯收入5343元，社会消费品零售总额4.59亿元，雷山县金融机构各项存款余额21.3亿元。现阶段雷山县总人口15万余人。县境内世居汉族、苗族、水族、侗族、瑶族、彝族6个民族，其中少数民族人口占总人口的92.32%，苗族人口占总人口的84.78%。2004年，雷山县被中央电视台等媒体评为"全国十大最好玩的地方"。2008年，雷山县被评为"贵州十大影响力风景名胜区"和"中国苗族银饰之乡"。2009年4月25日至27日，在世界旅游精英博鳌峰会上，雷山县被授予"中国旅游王牌目的地"荣誉称号。

近年来，雷山县深入贯彻落实习近平新时代中国特色社会主义思想，全面贯彻落实省委、州委各项决策部署，紧紧围绕"守住两条底线、用好两个宝贝，加快推进全域旅游化、全县景区化，努力打造国内外知名苗族文化旅游目的地"的战略定位，坚定不移地走"一主导、四围绕"的特色发展之路，深入推进一二三产业融合发展，全县景区景点体系逐步形成，旅游配套服务设施进一步完善，旅游业态进一步丰富，旅游营销力度进一步加大，旅游人才支撑进一步增强，旅游产业扶贫作用进一步发挥，文化旅游产业呈现出持续"井喷式"增长的良好态势。2016年，雷山县接待游客720.8万人次，旅游综合收入达64.6亿元，同比分别增长41.5%、40%。文化产业增加值占GDP比重达10.22%，排在全省第2位。

一、发展文化旅游优势分析

从当前的条件来看，雷山县发展民族文化旅游，打造国内外知名苗族文化旅游目的地，在生态和文化资源上有优势、有基础、有底气、有信心。

（一）具备丰富多彩的苗族文化优势。雷山苗族文化资源丰富多彩，全县苗族同胞占总人口的比例居全省第2位，全县50户以上的苗寨共有180多个，苗族村寨、苗族服饰、苗族语言、苗族生活习惯等保存完整，全县有13项非物质文化遗产列入国家级名录，是全国获得国家级非物质文化遗产名录最多的县，全县共有57个村寨被列入中国传统村落名录，传统村落总数位居全国县份第2位，传统村落密度位居全国县份第一。苗族建筑、服饰、歌舞、节庆等在全省首屈一指，素有"苗疆圣地"之称。雷山县先后获得"中国最佳魅力旅游名县""中国苗族银饰之乡""世界文化遗产预选地"等殊荣，具备打造国内外知名苗族文化旅游目的地、推进全域旅游的人文条件。

（二）具备禀赋良好的自然生态优势。雷山气候条件优越，生物资源丰富，人与自然和谐友好。森林覆盖率远远高于全国平均水平，环境空气质量优良率始终保持 100%。有国家级自然保护区、国家地质公园、国家级森林公园——雷公山，全县有野生动植物 5000 多种，雷公山空气负氧离子每立方厘米高达 5.26 万个，是一般城市的 1600 倍以上，被科学家誉为"天然氧吧"和"物种基因库"，具备打造国内外知名苗族文化旅游目的地、推进全域旅游的自然条件。

（三）具备势头强劲的产业发展基础。近年来，特别是 2008 年贵州省第三届旅发大会在西江召开以来，雷山县文化旅游产业飞速发展，打造形成了西江、郎德、雷公山等一批知名度较高的景区景点，"十二五"时期，全县接待游客累计达 2433 万人次，是"十一五"时期的 5.9 倍；旅游总收入累计完成 163.7 亿元，是"十一五"时期的 10.1 倍，文化旅游产业已成为雷山县重要的支柱产业。2016 年全省游客大数据分析显示，在最受游客关注的榜单中，西江苗寨关注度达到了 87.37%，位列全省第 2 位。

二、主要做法及成效

（一）围绕民族文化旅游产业，坚持规划先行，明晰"路线图"。按照"守住两条底线、用好两个宝贝，加快推进全域旅游化、全县景区化，全力打造国内外知名民族文化旅游目的地"的战略定位和"全景式打造、全季节体验、全产业发展、全方位服务、全社会参与、全区域管理"的理念，高水准编制了《雷山县文化旅游产业创新区暨民族文化旅游目的地规划》《雷山县民族文化乡村旅游扶贫规划》和乌东等 125 个村寨规划，对民族文化旅游扶贫的主要目标、空间结构、产业布局、开发时序、重大项目等进行系统谋划设计，实现区域联动、全域发展，构建要素完整、特色高效的苗疆走廊旅游产业带。因地制宜培育"民族传统村落＋田园观光＋森林康养＋手工艺品＋文化体验"等各具特色的旅游业态，累计投入资金 37.27 亿元，实施一批民族文化旅游扶贫项目。

（二）围绕民族文化旅游产业，完善基础设施，打通"大动脉"。坚持把交通作为民族文化旅游产业发展的一项基础性工作来抓。累计投资 24.68 亿元，建成了凯雷高速公路，雷山县至榕江高速公路开工建设，全县实现村村通油（水泥）路，完成 500 公里农村道路生命防护工程，是全省第一个实现通村以上公路生命防护工程全覆盖的县，进一步畅通了民族文化旅游扶贫的"血脉"。目前正在积极谋划建设环雷公山旅游公路、雷山县城至凯里的城市快速通道，县城至大塘快速通道，积极争取涪陵—柳州铁路过境设站雷山，争取启动雷山旅游机场建设，为加快推进全域旅游化、全县景区化奠定更坚实的基础。累计投入 4.18 亿元，实施了"四在农家·美丽乡村"六项行动计划和"百村万户"环境整治工程，全县乡村环境明显改善，行政村、旅游景点移动信号、广播电视"村村通"实现全覆盖，极大地改善了城乡居民的生产生活条件。

（三）围绕民族文化旅游产业，打造景区体系，下好"先手棋"。以列入全国首批全域旅游示范区创建单位为契机，按照"全域旅游化、全县景区化"的思路，加快景区联动开发建设，助推脱贫攻坚。精心打造大西江景区。投资近 15 亿元，实施西江景区完善扩容提升工程，完成了营上游客服务中心、景区北大门及游客集散广场、生态停车场、郎西旅游公路和连（城）排（乐）公路、西江景区表演场扩建、景区灯光提升、寨内步道、排污系统、人饮消防、人居环境整治等工程建设，正在重点打造"一酒店一剧场两索道三片区"，开发建设悦榕庄酒店、营上大剧院、营上至大北门索道、营上至田园观光区索道、西江田园观光区、西江干荣农文旅一体化观光度假区、西江营上茶园休闲度假区，力争将西江景区创建成国家 5A 级景区，辐射带动西江景区周边的营上、连城、干荣、白碧、开觉、麻料、控拜等特色民族村寨发展，有效联动郎德景区、巴拉河沿线民族文化旅游观光带，打造大西江景区。精心打造环雷公山精品自驾游线路。打响雷公山"国家森林公园""国家级自然保护区""国家地质公园"三个国家级品牌，以申报建设国家公园为抓手，投资 5 亿元，建设蚩尤文化园、陶尧游客集散服务中心、响水岩、乌东、24 公里、千年古树等景区景点，加快环雷公山精品自驾游营地建设，打造环雷公山旅游度假区。精心打造苗疆走廊。坚持以文化社区的概念，实施千户精品民宿、千户精品客栈"双千工程"，以郎德景区开发为突破口，按照 3—5 个临近的苗寨为一个单元的模式，把全县 58 个国家传统村落和 100 多个苗寨串联起来，统筹建设旅游驿站，带动村寨发展标准较高、环境舒适、服务标准的民宿旅馆和农家乐，全力打造苗疆走廊，实现区域联动、全域发展。精心打造南部短裙苗农耕文化暨珍稀植物观光旅游带。打响"最时尚的短裙苗"和"最独特的水上粮仓"品牌，以大塘新桥苗寨为重点，启动建设开屯梯田、也蒙苗寨等景区景点，打造南部农耕文化暨珍稀植物观光旅游带，吸引游客深度游。精心打造全县游客集散服务中心。按照 5A 级景区标准，加快县城景区化建设步伐，建设县城民族文化体育活动中心、苗族银饰刺绣创意中心、木鼓广场、铜鼓广场、蚩尤广场、蝴蝶广场等一批文化旅游设施，在县城积极推出《蝴蝶妈妈》苗族歌舞史诗大型商演，实施一批"食住行游购娱""商养学闲情奇"一体化的旅游产业项目，独具山地苗族特色、旅游功能完善的精品小城逐步形成。

（四）围绕民族文化旅游产业，做好"旅游+"文章，打好"组合拳"。民族文化旅游产业"一子落、全盘活""兴一业旺百业"。千方百计地做好"旅游+"这篇大文章，带动县域经济又好又快发展。坚持以"旅游+特色农业"促进农旅一体化。全县建成茶园15.7万亩，农民人均1.5亩茶园，农民纯收入中来自茶产业的收入超过2500元，雷山县成功创建国家级出口茶叶质量安全示范区，成功入选国家有机产品认证示范区，银球茶被评为贵州绿茶"茶王"，红茶荣获第四届"国饮杯"一等奖，雷公山清明茶被指定为党的十八大用茶。全县中药材面积达5.5万亩，农民人均近半亩药。特色种养殖业发展壮大，黑毛猪、红米等特色品牌知名度进一步提高。坚持以"旅游+特色工业"促进特色轻工业发展。"十二五"期间，以建设乌开特色工业园区、西江文化旅游产业园区为载体，大力发展以茶叶为主的特色食品加工业和以银饰刺绣为主的旅游商品加工业，全县各类企业从245户增加到1197户，个体工商户从2838个增加到6185个。坚持以"旅游+特色城镇化"推进山地特色城镇化。坚持以产兴城、以城促产、以景靓城、产城一体，按照城镇景区化、道路景观化、建筑特色化的要求，以景区标准打造特色旅游城镇，实现一城一景区、一镇一景点。以建设西江—丹江—大塘城镇带为抓手，以巩固提升"全国文明县城"和创建"全国卫生县城"为契机，正在启动县城南部路网、丹江体育森林公园、"中国传统村落·黔东南峰会"永久会址、陶尧苗药温泉养生小镇、雷山苗岭斗牛城、雷山县体育馆等一批大项目建设，按5A级标准把县城打造成为景区化的游客集散和服务中心。坚持以"旅游+特色服务业"助推服务业转型升级。目前，全县有 4 星级酒店 2 家，家庭旅馆、农家乐 450 家，床位数 10600 个，带动 800 余人贫困人口就业。坚持以"旅游＋民族文化"促进民族文化传承、保护和开发。全县拥有"非遗"名录达 231 项，其中国家级 13 项，58 个民族村寨入选中国传统村落，是全国拥有"非遗"项目最多、传统村落密度最大的县。坚持以"旅游＋大数据"大力发展"全域智慧旅游"。实现重点景区 Wi-Fi 全覆盖，农村电商平台已覆盖全县 154 个村，全县 90 个贫困村均从中受益。坚持以"旅游＋大健康"培育壮大以休闲养生、徒步探险、户外体育等为重点的健康产业，促进大健康产业与旅游业深度融合。

（五）围绕民族文化旅游产业，创新体制机制，种好"试验田"。大力推进"区镇合一"改革，以西江景区入选全省旅游体制机制改革试点景区为契机，将雷山文化旅游产业园区管委会（党工委）和西江镇党委、政府进行"区镇合一"整合重组，实行两块牌子一套人马，赋予副县级经济社会管理职权，统一管理西江镇及西江景区开发建设，机构由原来的 43 个整合为现在的 14 个，减少数超过 2/3，有效解决了机构臃肿、职能重叠、多头指挥、管理混乱、服务不足的问题，西江景区房子、车子、摊子、店子等方面的管理进一步规范和加强，景区建设不断推进，旅游环境不断提升，游客接待量和旅游综合收入均逐年增长。创新合作组织体制机制，创造性地建设以村支两委领办合作社，采取"党支部＋合作社＋基地＋农户"的模式，全县组建村支两委领办的农业（扶贫）专业合作社 183 个，占全县村数的 119%；贫困村组建农业（扶贫）专业合作社 90 个，占贫困村总数的 100%，贫困户参与率达 100%。安排资金 5140 万元注入全县 154 个合作社，实行资金滚动发展使用，进一步提高了农民组织化程度，形成了发展合力。深化"三变"和"五融五帮"工作，通过公开竞争方式选定 40 个村作为村级集体经济试点村，每村注入 100 万元到农村专业合作社用于发展村级集体经济，剩下 114 个村每村注入 10 万元到农村专业合作社，将注入资金的 80% 量化给贫困户、20% 作为村集体经济，资金可用于因地制宜发展特色产业，也可投向县城投公司每年获取不低于 7% 的分红收益，实现了资金变股金、农民变股民，既帮助贫困户脱贫，又壮大村集体经济。创新金融扶贫体制机制，注册成立了雷山县扶贫开发有限公司，注册资金 1 亿元，目前已融资 3436.8 万元。扎实开展"特惠贷"工作，设立专户安排 1500 万元作为"特惠贷"风险补偿基金，发放精准扶贫"特惠贷"35690.06 万元，惠及贫困户 7226 户，占贫困户总数（1.19 万户，含 2014 年、2015 年、2016 年已脱贫户）的 60.67%。"特惠贷"资金主要用于贫困农户因地制宜发展家庭旅馆、农家乐、茶叶、中药材种植、黑毛猪养殖等特色产业。例如，达地乡有 809 户获得"特惠贷"贷款，获贷资金 3879.7 万元，其中用于自身发展特色产业的贫困户有 581 户，占获贷总户数的 71.82%，投入资金达 2741.6 万元，占获贷资金的 70.67%。同时，探索"特惠贷"参与龙头企业、合作社共同经营模式，对发展特色产业没有门路或意愿的建档立卡贫困户，将"特惠贷"资金入股县城投公司，每年稳定获取不低于 7% 的入股分红，降低"特惠贷"风险，增加贫困群众收入。启动农业银行"金穗扶贫惠农贷"工作，进一步解决"三农"和贫困农户贷款难、贷款贵等问题。

三、存在的主要问题及下一步发展方向

雷山民族文化旅游产业持续向好，但发展中也面临一些困难和问

题，一是景区承载能力有限，景区发展不平衡，西江景区旅游旺季停车难、住宿难。二是旅游服务标准化、精细化有差距。旅游投诉呈上升趋势，有的旅游商品店强买强卖，有的价格畸高，游客不满意。三是旅游人才短板突出。特别是优秀导游人员缺乏。当前，省委、省政府对旅游发展高度重视，要求"一把手"亲自抓旅游，各地抓旅游发展力度之大，前所未有。下一步，我们将树立高度的危机感、紧迫感，加快打造雷山文化旅游升级版。

（一）围绕打造国内外知名苗族文化旅游目的地加快谋划旅游空间布局。一是坚持以"高"的标准策划。用国际眼光和国际标准策划全域旅游化、全县景区化，积极争取国家旅游局、省旅发委组织专家指导，确保策划方案达到"国际"或"国家级"标准，用国际标准打造基础条件，用国际标准提升服务条件，用国际标准完善管理条件，增强雷山文化旅游产品在国际上的竞争力和影响力。二是坚持以"实"的要求编制。按照"高水平、接地气、能落实"的要求，认真深入研究国家、省、州的近期、中期、远期投资方向和战略定位，对现有规划进行梳理、整合，推进多规融合，形成各类规划有机衔接、协调统一的规划体系，确保规划可操作、能落实。三是坚持以"快"的力度建设。建立强有力的执行团队，严格规划管理，高水平推进建设，确保各项工作落到实处。要盯紧优强旅游企业，下大力气引进战略投资者和国内外知名旅游品牌企业，参与旅游开发和经营管理，增强旅游企业的整体竞争力和带动力，打造一批促进规划落实的市场主体。

（二）围绕打造国内外知名苗族文化旅游目的地加快建设景区景点体系。一是千方百计打造大西江苗寨群景区。按照州里打造"大西江苗寨群"景区的部署，以"一酒店一文化中心两索道三片区"为抓手，加快西江景区提质扩容，即加快悦榕庄酒店，仰欧桑文化中心，营上至大北门索道、营上至田园观光区索道、西江田园观光区、西江干荣农文旅一体化观光度假区、西江营上茶园休闲度假区建设，确保2018年上半年前全部建成投入使用，并全面完善西江水、电、路、信等基础设施，提升旅游服务配套设施，辐射带动西江景区周边特色民族村寨发展，逐步推动干荣—开觉、连城—黄里"两翼齐飞"，加快大西江景区建设。加快推进西江景区与凯里联动发展，全面建成慢行系统，谋划启动观光轨道交通规划建设工作，推动大西江景区尽快成型，确保如期将西江景区创建为国家5A级景区。二是千方百计做好郎德景区运营管理。加快南统服务区配套设施建设，完成景区绿化美化和田园景观打造，进一步提升民族文化演出水平，在景区管理运营上下功夫，确保郎德景区持续健康发展，在年内争取将郎德景区创建为国家4A级景区，并往巴拉河上游延伸开发建设，将上下郎德—乌流—报德—南猛—杨柳—望丰—满天星以及望丰河沿线民族村寨打造成为高品位的乡村旅游和休闲农业观光旅游带。三是千方百计打造环雷公山精品自驾游线路。打响雷公山"国家森林公园""国家级自然保护区""国家地质公园"三个国家级品牌，以申报建设国家公园为抓手，尽快完成陶尧游客集散服务中心、响水岩、乌东、24公里、千年古树、山顶百里高山杜鹃等景区景点建设，加快环雷公山精品自驾游营地建设，开发一批以山地观光农业、山地健身运动、山地户外体育、避暑休闲、温泉度假、苗药理疗、森林康养等为主题的旅游业态和产品，尽快将雷公山景区打造成为以休闲养生和体育健身为主的山地生态旅游示范区，确保在2018年将雷公山景区创建为国家4A级景区。四是千方百计打造南部短裙苗族农耕文化旅游带。以"短裙苗寨、水上粮仓、苗岭天路、花海幽谷"为建设重点，加快推进县城至大塘镇快速通道、大塘环线公路、苗岭天路、田园观光区、游客服务中心、博物馆、表演场、旅游驿站、水上粮仓精品度假酒店群等项目建设，确保将大塘景区创建为国家 3A 级景区。以农文旅一体化为主线，启动建设开屯梯田、也蒙苗寨等景区景点，建设南部农耕文化旅游带，并确保在雷榕高速公路通车前全面建成，吸引游客深度游。五是千方百计打造苗疆走廊。充分发挥全域旅游资源优势，加快打造苗疆走廊，带动村寨发展标准较高、环境舒适、服务标准的民宿旅馆和农家乐，全力实现文化旅游区域联动、全域发展。六是千方百计打造县城游客集散服务中心。尽快实质性地启动中国传统村落永久性会址、丹江体育森林公园、城南易地扶贫搬迁小镇、旧城改造、梦幻丹江河、雷山游客集散中心、陶尧苗浴温泉养生小镇等一批大项目建设，巩固提升铜鼓广场和木鼓广场设施水平，设计建设蚩尤广场、蝴蝶广场、芦笙广场等，尽快推动《蝴蝶妈妈》苗族歌舞剧落地县城商演。

（三）围绕打造国内外知名苗族文化旅游目的地加快丰富旅游产品链条。深入推进农文旅一体、产城景互动、一二三产业深度融合。以"旅游＋特色农业"促进农旅一体化。按照线上线下相结合，加强茶叶、中药材、特色养殖、精品水果等品种品质品牌建设。以建设有机农产品大县和国家农产品质量安全县试点创建为抓手，规划建设一批"三品一标"农产品基地。按照"一村一品、一村一特"的原则，加快传统村落"建新村、保老寨"步伐，深入推进"四在农家·美丽乡村"建设，真正把农业园区做成旅游景区，把农特产品做成旅游商品，把美丽乡村做成游客集散平台。以"旅游＋特色工业"促进特色工业发展。大力实施旅游商品品牌提升工程，坚持发展壮大以茶叶精深加工、银饰刺绣工艺品、中药饮片产业、山泉水加工等为重点的特色生态工业。特别是要针对游客喜好，把民族文化元素融入特色旅游商品，开发一批本土化、个性化、特色化的"旅游必购商品"。结合旅游商品生产制造，开发展示加工工艺、游客体验等观光项目，真正实现从旅游业中抓出工业来，在工业发展中做大做强旅游业。以"旅游＋特色城镇化"促进产城景融合。坚持以产兴城、以城促产、以景靓城、产城一体，按照"城镇景区化、道路景观化、建筑特色化"的要求，以景区标准打造特色旅游城镇，实现一城一景区、一镇一景点。以县城为龙头，以乡镇政府所在地为重点，高标准建设城镇道路、供排水、电力、通信、绿化等基础设施，完善教育、文化、体育、卫生等公共服务设施，推进现代山地特色城镇化，巩固提升"全国文明县城""全国卫生县城"创建成果，提高旅游的便利性、舒适感、安全度，让城镇成为景点，让游客游在城镇。以"旅游＋大数据"促进"全域智慧旅游"。加快智慧旅游平台建设，大力发展智慧旅游，建立完善涵盖住宿、餐饮、购物、娱乐、交通等要素一体化、数字化旅游服务体系。力争 2017 年底前全面完成智慧旅游平台建设，并大力开发运用基于移动通信终端的应用软件，提供无缝化、即时化、精确化、互动化的旅游信息服务，实现旅游与交通、统计、气象、公安、市场监管等部门信息互联互通、共建共享。巩固提升电子商务村村全覆盖水平，把农村电商和民族文化旅游结合起来，把县内丰富的旅游资源和旅游信息在农村电商平台上进行展示、宣传和营销，不断提升智能导游、电子讲解、在线预订、信息推送等服务能力。以"旅游＋大健康"促进大健康产业与旅游业深度融合。坚持发展壮大以休闲养生、徒步探险、户外体育等为重点的健康产业，着力发展医、养、健、管、食、游等业态，积极开发"森林疗养、森林氧吧、康体运动"等康体养生产品，打造全国知名健康养生基地，促进大健康产业与旅游业深度融合。

（四）围绕打造国内外知名民族文化旅游目的地加快完善要素服务配套。一是着力推进旅游服务标准化建设。学习借鉴中国台湾农会的经验做法，成立各种农村旅游协会、旅游合作社等专业组织，制定民宿、客栈、食品卫生、服务等具有地方特色、民族特色的服务标准，对从业人员统一培训，提供基本公共服务，把村寨变成景点、把民房变成客房、把农业园区变为旅游景区、把农民变为符合现代旅游要求的旅游从业人员。二是提升接待服务能力。加快建设精品度假酒店、经济型酒店、精品民宿客栈和家庭旅馆、农家乐等多元化的旅游住宿体系，提高旅游接待能力的"硬实力"。以民族村寨和传统村落为依托，结合当地自然生态、人文景观以及农事体验等资源，大力发展特色民宿，拓宽农民增收渠道，助推美丽乡村建设。加强旅游质量监督管理和投诉处理，建立健全旅游服务质量评价体系，全力推进旅游景区升 A 级、酒店增星、服务创优、导游增量及旅行社 A 级评定、农家乐和特色精品民宿规模化经营等工作，不断提升旅游品牌形象和旅游服务整体水平，让游客"走进来"，让品牌"走出去"。三是围绕旅游发展，采取校企合作等模式，培养一支高素质的现代服务业人才队伍。积极引进一批现代服务业专业人才，积极邀请省内外旅游专家、学者等到雷山县授课，采取多种渠道、多种方式、多级层面提升各类旅游从业人员服务水平，提高"满意旅游"品牌形象。

（五）围绕打造国内外知名民族文化旅游目的地加快推进宣传营销策划。一是加大旅游宣传营销力度。充分利用电视、广播、网络、报纸及户外广告和贵广、沪昆高铁沿线站点等进行立体宣传，提高宣传营销的针对性和实效性。特别是到重点客源地进行宣传推介，进一步挖掘客源潜力。积极参加国家和省州举办的各种旅游交易会、推介会，深耕国际国内"两个市场"。二是与时俱进创新宣传载体。依托独特的山地风光、民族风情、特色风物，以"苗疆圣地·和美雷山·养心家园"品牌为基础，运用好网络新媒体，利用微博、微信、微电影等策划形式多样的微营销活动，推动"线上线下"互动营销、融合营销、精准营销，加快"传统营销"向"智慧营销"转型，合力塑造"生态苗疆走廊、悠然养心雷山"的旅游形象。三是着力打造宣传营销平台。在继续办好苗年等现有宣传品牌活动的同时，集中资金、加大投入，积极打造新的高端对外宣传平台，努力争取国际知名赛事在雷山县举行，用好纽约时装周、巴黎时装周、时尚北京等平台，传播雷山县打造国内外知名苗族文化旅游目的地的好声音，不断提升雷山县在国内外的知名度和美誉度。

第五篇

趋势报告：2020 年后中国绿色扶贫研究报告

一、2020 年后绿色减贫面临的挑战

总体来看，2020 年后绿色减贫面临以下挑战：贫困人口仍然存在，但随着建档立卡贫困户的脱贫，绿色减贫的政策对象面临重新确定的问题；2020 年后贫困人口和地区进一步向西部环境脆弱区聚集，绿色减贫压力仍然较大；主体功能区政策对于贫困地区发展的限制将长期存在，生态功能区、生态脆弱区的生态保护与减贫和发展之间的矛盾会逐渐突出；绿色发展和减贫对中央财政压力持续增加；此外，一些长期以来未能解决的难点问题仍然存在。具体来看：

（一）随着建档立卡贫困户的脱贫，绿色减贫的政策对象面临重新确定的问题

现有绿色减贫政策的框架是建立在精准扶贫的基础上，其对象主要是建档立卡贫困户，如公益性岗位、易地扶贫搬迁、资产收益制度等都是直接面对建档立卡贫困户。而随着贫困县、贫困村和建档立卡贫困户脱贫摘帽，那么现有政策如何延续就会成为问题，特别是针对建档立卡贫困户而设立的生态公益岗位的延续会面临制度困难。因此，需要重新界定绿色减贫的重点区域和扶贫对象。

（二）2020年后贫困人口和地区进一步向西部环境脆弱区聚集，绿色减贫压力仍然较大

2020年后，绿色减贫最大的现实就是贫困人口仍然存在，且总量不小，在地域上呈现向西部地区聚集的趋势。这给绿色减贫带来了两个方面的压力：第一，贫困人口总量带来的脱贫减贫压力。按照李实教授课题组预测，以1.5倍贫困线度量，2020年以后贫困发生率约为6.2%，贫困人口约为6000万人，到2025年，贫困发生率下降到2.6%，贫困规模在2500万人以下，总量仍然不小。这些贫困人口将是贫中之贫、困中之困，其脱贫难度较大。

第二，西部地区绿色减贫面临开发与保护的矛盾带来的减贫压力。2020年以后，贫困群体将在未来一段时间内呈现持续性向西部地区聚集的趋势，总体来看，我国西部地区从绿色资源的角度可以分为两类，一类是以西北为代表的生态环境脆弱区域，包括西南部分石漠化地区，这类地区生态环境脆弱、绿色资源匮乏，保护任务重、绿色减贫的手段少。另一类是以西南大部分为代表的生态环境较好绿色资源富集地区，目前探索出一些较好的绿色减贫手段，但贫困人口数量大，减贫任务重，也有一定的环保压力。这是2020年后绿色减贫面临的基本现实。

（三）主体功能区政策对于贫困地区发展的限制将长期存在，生态功能区、生态脆弱区的生态保护与减贫和发展之间的矛盾会逐渐突出

随着生态文明建设，生态功能区、生态脆弱区的生态保护与减贫和发展之间的矛盾会逐渐突出，比如生态功能区、生态保护区和生态脆弱区的产业发展与生态保护之间的矛盾会逐步显现。一些贫

困地区在实施生态保护取得初步成效以后，试图通过开发旅游等方式促进经济发展并提高减贫的效果，但会与生态功能区和保护区的管理产生矛盾。

目前，我国 832 个贫困县中，有 546 个县处在《全国主体功能区规划》中划定的限制开发区和禁止开发区，占全部贫困县的 65.63%，覆盖贫困人口 63.99%（具体数据见表 5-1）。2020 年后，在贫困地区进一步向西部地区聚集的前提下，有绝大多数贫困县将处于这两类地区。限制开发区和禁止开发区有特殊的区域政策，除了可以获得用于公共服务和生态环境补偿的转移支付之外，其他大多数政策对贫困地区的发展均有一定的限制，如限制开发区的产业政策限定在特色产业，限制不符合主体功能定位的产业扩张；其投资政策主要是支持公共服务设施建设和生态环境保护；其土地政策主要是实行严格的土地用途管制，严禁水面、湿地、林地、生态用地改变用途；其人口政策主要是降低人口密度，鼓励生态型移民。禁止开发区的区域发展政策更为严格。在这种较为严格的规制下，这些政策对于贫困地区的发展，特别是产业发展有很大的限制。因此，在主体功能区政策框架下选择发展定位和发展方向是 2020 年后西部贫困地区发展的重要依据。

表 5-1　贫困县与限制开发区、禁止开发区交叉数量

省（区、市）	贫困县数量（个）	贫困县是限制或禁止开发区的数量（个）	数量排名	比例	限制开发区	禁止开发区（按位置）（来源：国务院印发关于主体功能区的通知）		
					贫困县是国家重点生态功能区（个）	贫困县是国家级自然保护区（按位置）（个）	贫困县是国家森林公园（按位置）（个）	
四川	66	54	1	81.82%	50	18	11	
云南	88	50	2	56.82%	38	21	8	
西藏	74	47	3	63.51%	30	28	9	
贵州	66	36	4	54.55%	25	10	15	
甘肃	58	36	5	62.07%	29	10	17	
陕西	56	34	6	60.71%	29	12	16	
湖南	40	34	7	85.00%	30	11	14	
河北	45	29	8	64.44%	23	5	13	
新疆	32	27	9	84.38%	27	0	2	
广西	33	27	10	81.82%	22	11	3	
青海	42	26	11	61.90%	20	6	4	
内蒙古	31	24	12	77.42%	18	7	4	
湖北	28	24	13	85.71%	24	6	9	

续表

省（区、市）	贫困县数量（个）	贫困县是限制或禁止开发区的数量（个）	数量排名	比例	限制开发区	禁止开发区（按位置）（来源：国务院印发关于主体功能区的通知）	
					贫困县是国家重点生态功能区（个）	贫困县是国家级自然保护区（按位置）（个）	贫困县是国家森林公园（按位置）（个）
山西	36	22	14	61.11%	15	5	8
江西	24	14	15	58.33%	11	1	7
重庆	14	14	16	100.00%	10	1	8
河南	38	13	17	34.21%	7	3	9
吉林	8	8	18	100.00%	5	4	4
黑龙江	20	8	19	40.00%	6	3	3
宁夏	8	8	20	100.00%	7	5	3
安徽	20	7	21	35.00%	5	3	5
海南	5	4	22	80.00%	4	3	1
合计	832	546		65.63%	435	173	173
贫困人口（人）	70170000	44902144		63.99%	36125435	12399332	14532991

（四）绿色发展和减贫对中央财政压力持续增加

近几年，国家对于绿色发展和减贫两个方面的重视程度越来越高，在这两个方面的投入也逐年加大，中央财政环境保护支出占中央财政收入的比重从2010年的0.16%上升至2016年的0.41%，年均增长幅度约为47.3%；扶贫专项资金占财政中央财政收入的比重从2010年的0.52%上升至2016年的0.91%，年均增长幅度约为20.4%。同一个时间区间，国家财政的收入增长速度从21.3%下降至4.5%。这两个方面对国家财政已经形成了较大压力。

目前，脱贫攻坚和污染防治已经成为"三大攻坚战"中的两个攻坚战，国家对相关领域的财政投入还将加大。但从总体趋势来看，考虑到全国和中央财政收入增速放缓的情况，2020年后，绿色发展和减贫两项工作对中央财政的压力将持续增加。因此，基于我国财政状况事实，建立一套针对绿色减贫的可持续的财政投入和金融支持的政策框架成为2020年后绿色减贫战略的重要内容。

表 5-2 中央财政有关环保、扶贫领域相关支出情况

指标	2016 年	2015 年	2014 年	2013 年	2012 年	2011 年	2010 年
全国财政收入（亿元）	159605	152269.2	140370	129209.6	117253.5	103874.4	83101.51
财政收入增长速度（%）	4.5	5.8	8.6	10.2	12.9	25	21.3
其中：中央财政收入（亿元）	72365.62	69267.19	64493.45	60198.48	56175.23	51327.32	42488.47
地方财政收入（亿元）	87239.35	83002.04	75876.58	69011.16	61078.29	52547.11	40613.04
国家财政环境保护支出（亿元）	4734.82	4802.89	3815.6	3435.15	2963.46	2640.98	2441.98
增幅（%）	−1.42	25.88	11.08	15.92	12.21	8.15	—
占国家财政收入比重（%）	2.97	3.15	2.72	2.66	2.53	2.54	2.94
中央财政环境保护支出（亿元）	295.49	400.41	344.74	100.26	63.65	74.19	69.48

续表

指标	2016 年	2015 年	2014 年	2013 年	2012 年	2011 年	2010 年
增幅（%）	-26.20	16.15	243.85	57.52	-14.21	6.78	—
占中央财政收入比重（%）	0.41	0.58	0.53	0.17	0.11	0.14	0.16
地方财政节能环保支出（亿元）	4439.33	4402.48	3470.9	3334.89	2899.81	2566.79	2372.5
增幅（%）	0.84	26.84	4.08	15.00	12.97	8.19	—
占地方财政收入比重（%）	5.09	5.30	4.57	4.83	4.75	4.88	5.84
中央财政专项扶贫资金（亿元）	660.95	460.9	423	394	332	270	222.7
增幅（%）	43.40	8.96	7.36	18.67	22.96	21.24	—
占中央财政收入比重（%）	0.91	0.67	0.66	0.65	0.59	0.53	0.52

数据来源：国家统计局。

（五）几个长期难以解决的技术问题仍然需要解决

绿色资源开发与保护的矛盾长期存在，通过这几年的探索，形成了一些绿色资源开发与保护并重的脱贫手段，比如绿色产业、生态补偿、易地搬迁、资产收益等模式，已经取得比较好的减贫效果。但有几个突出难点目前来看在短时间内还难以解决，需要 2020 年后绿色减贫政策着力解决如下问题。

第一，绿色减贫各类模式的益贫性比较低。但总体来看，这些模式的问题在于益贫性比较低，绿色资源开发还没有真正惠及贫困人口，或者说贫困人口并未能从绿色资源开发的过程中获得明显高于其他群体的收益，绿色资源开发在减贫意义上的盈亏平衡点还未找到。可以预见 2020 年后，随着工商业资本更加迅猛地进入农村地区、进入贫困地区，这种矛盾会更加凸显。

第二，在绿色产业发展中所产生的一些问题也会逐渐显现出来，比如一些地方在种植绿色农产品过程中超采地下水，一些绿色农副产品的市场波动等；易地搬迁以后出现的产业发展不足和就业不足问题也会逐渐显现；一些经营不好的乡村旅游产业出现萎缩。这些问题是绿色产业发展中长期未能解决的问题，需要 2020 年后绿色减贫政策探索解决。

第三，尽管国家财政在生态补偿中发挥了重要作用，但是基于市场机制而形成的生态补偿仍然很难推动，比如流域补偿仍然面临许多困难，碳汇林的种植与农民的日常生活存在一些冲突等。

第四，绿色资产价格对贫困地区仍然不利。比如，退耕还林的补贴标准提高，但是对于农民的收入贡献仍然有限；一些地方的土地、山林或山坡被流转，但是价格往往是基于粮食种植的收益计算其流转费用。集体生态公益林的补助每年15元，仍然不足以弥补当地农民的机会成本。

（六）随着生态保护力度加强，绿色减贫的对象和范围会进一步扩大

随着我国对生态文明建设的日益重视，尤其是明确提出建立以国家公园为主体的自然保护地体系，在整合我国现有保护地的同时，也进一步加大保护面积，解决保护破碎化、多头管理等问题。以大熊猫国家公园为例，其将四川、陕西、甘肃三省的野生大熊猫种群高密度分布区、大熊猫主要栖息地、大熊猫局域种群遗传交流廊道合计80多个保护地有机整合划入国家公园，总面积达27134平方公里，将有20多万人口都被划入国家公园内。建立国家公园使得生物多样性保护面积进一步扩大，使得之前很多不位于保护区的地区纳入保护范围内。在此过程中，对地方社会经济发展贡献很大的自然资源利用必然大大减少，这一方面限制了地方经济发展，地方财政将进一步减少；另一方面，地区的就业机会将大大减少，地区赖以生存的采集、采石、放牧、挖矿等活动将受到严格限制。此外，生态保护范围的进一步扩大必然导致野生动物进一步增多，而目前生物多样性保护对地区影响最大的就是野生动物致害，大部分地区家庭林地或耕地等农林业生产都会遭受野生动物肇事，而目前关于这部分的补偿几乎没有。而未来这方面的损失数量和范围将会进一步扩大，严重影响国家公园周边地区的农林业生产，导致大量土地撂荒，农林地使用效率大大下降。因此，未来野生动物肇事补偿政策、保护地区可持续发展政策都将成为绿色减贫政策设计面临的重大挑战。

二、2020 年后绿色减贫的战略定位、总体原则、总体思路与时序目标

（一）战略定位：从国家战略层面推动"绿色减贫工程"，制定《绿色减贫十年规划》

2020 年以后，绿色减贫战略应当作为国家战略提上议事日程，可以以"绿色减贫工程"从国家层面具体实施。基于以下两点原因：第一，绿色减贫是 2020 年后减贫战略的难点，是一项重要而长期的任务和目标，有必要上升至国家战略。如何严格按照党中央决策部署，把生态文明建设融入贫困地区经济、政治、文化、社会建设各方面和全过程，明确贫困地区绿色发展的总基调，切实把绿色发展融入扶贫脱贫和精准扶贫的行动中、项目中、资金投入中和每一个帮扶措施与扶贫产业发展培育中，将是未来减贫工作的重点和难点，需要从国家层面加以推动。

第二，绿色减贫需要从国家战略层面建立一系列制度，需要协调各个部门、其他国家战略。绿色减贫是一项综合工程，在具体实施过程中涉及农村、农业工作的各个方面，需要多部门配合，尤其是需要财政、金融、发展与改革、环保、农业等部门配合、协调解决一些重大问题。例如，2020 年后西部贫困地区的定位问题、主体功能区项目审批和产业调整问题、贫困地区财政金融支持问题等。这些重大问题又涉及另外一些国家战略的微调，如贫困地区发展定位和西部大开发战略之间的关系、处于限制和禁止开发区的贫困县项目审批产业发展调整与主体功能区战略之间的关系。因此，需要从国家层面加以推动，以协调绿色减贫工程与其他国家战略之间的关系。

（二）总体原则：区域瞄准，兼顾保护与开发

2020 年后的绿色减贫政策，以精准扶贫以来的扶贫开发实践和 2020 年以后贫困发生规律为出发点，确定中西部贫困地区的功能定位，进而确定以区域瞄准为基础的长期发展规划，并以此为基础进行对应的制度安排。

第一，开发与保护并重、分区域实施，宜开发则开发、宜保护则保护，突破"开发与保护"的两难境地。对于开发难度大、益贫效果低、环境压力大的地区，特别是深度贫困地区，以环境保护为主，重点实施生态补偿和生态扶贫搬迁工程；对于绿色资源富集、环境压力较小的地区，以绿色资源开发为主，可以通过绿色产业、公益性岗位等手段进行绿色减贫。

第二，以"三个面向"为原则，分类实施绿色减贫战略：面向深度贫困地区，面向生态脆弱地区，面向绿色资源富集地区。不同区域的战略重点各有侧重，深度贫困地区以保障民生、继续脱贫攻坚为主，生态脆弱地区以移民搬迁、生态改善、公益性岗位为主，绿色资源富集地区以绿色资源开发为主。

（三）总体思路

以习近平新时代中国特色社会主义思想为指导，在把握人民日益增长的美好生活需要和不平衡不充分的发展之间的矛盾的基础上，以绿色减贫为总基调，加大在贫困地区的生态保护投入，促进生态脆弱地区和重要生态功能区发展，实现贫困地区经济、社会、环境生态协调发展。

不断完善绿色减贫的财政金融支持体系，通过国家转移支付、金融市场支持、社会资本引入等手段，更好地发挥财政政策撬动全社会资金向贫困地区倾斜的作用，形成有一定活力的财政金融环境。发展绿色

扶贫产业，改善贫困地区的投资条件，在贫困地区广泛形成具有地方特色、大幅提升贫困人口收入的绿色产业。加强绿色资产建设，提供绿色资产的扶贫效果，建立贫困地区长效的绿色资产收益机制。通过绿色产业、绿色资产收益，使得贫困地区人民生活更为宽裕，形成一定规模中等收入群体，逐渐促进贫困地区城乡区域发展差距和居民生活水平差距缩小。提高贫困地区的公共服务水平，改善贫困地区的生态环境，使生态环境根本好转，美丽中国目标基本实现。挖掘传统文化、倡导绿色文化，彻底改变贫困地区精神面貌，形成具有一定竞争力的特色文化。

（四）时序目标

总体来看，2020 年后绿色扶贫可分为三个阶段（至 2035 年，以乡村振兴第二个阶段完成为时间节点）：2020—2025 年，完成绿色减贫的体制机制建设，完成生态扶贫搬迁；2025—2030 年，绿色资源开发形成规模，形成具有核心竞争力的现代化绿色产业；2030—2035 年，绿色产业基本实现现代化，贫困地区农民就业质量大幅提升，相对贫困问题也得到一定缓解。具体来看：

2020—2025 年，基本完成绿色减贫体制机制建设，绿色减贫理念深入人心。中西部贫困地区的功能定位重新明确，禁止开发区、重要生态功能区的生态扶贫搬迁全部完成。绿色资源资产收益制度基本完备。第一，围绕 2020 年后我国贫困发展状况，在充分发挥我国政治制度优势、减贫历史经验的基础上，基本建成以绿色减贫为主导的扶贫体制机制，生态补偿制度运转有效、绿色 GDP 核算、绿色减贫考核体制机制基本健全，环境保护切实得到落实。在此基础上，开始考虑解决相对贫困、城乡统筹减贫等问题。第二，广泛宣传、引导绿色减贫，使得绿色减贫理念深入人心。绿色减贫虽然各地探索很多，但目前各地对于绿色发展、绿色资源挖掘、绿色产业发展等问题还有待提高、深入的空间，通过 5 年左右的宣传、引导，使得绿色减贫的理念深入人心。第三，明确贫困地区功能定位。主体功能区中禁止开发区、限制开发区以及重点生态保护区域等不适宜、不能发展产业的区域生态扶贫搬迁全部完成。目前有必要综合考虑，研究该类地区的长期发展问题，可以考虑整体全部搬迁，争取用 5 年时间，实现此类地区的易地搬迁全部完成。第四，形成运转有效，收益高、覆盖广、益贫性强的绿色资产收益制度，充分挖掘贫困地区的绿色资源。

2025—2030 年，形成具有核心竞争力的现代绿色产业，城乡基础设施、公共服务基本实现均等化，城乡收入差距大幅缩小、共享发展基本实现。第一，通过 10 年探索，力争使贫困地区形成具有竞争力的现代绿色产业，特别是围绕资源禀赋、产业升级、消费升级，实现贫困地区绿色产业的弯道超车，在具有资源禀赋的贫困地区，形成具有行业龙头地位的绿色产业，大幅提升贫困地区在绿色产业链的位置，充分挖掘贫困地区绿色禀赋的资产价值。第二，贫困地区城乡基础设施、公共服务基本实现均等化。2020 年后，仍然需要对贫困地区的基础设施进行大幅投入，并且加大对公共服务的投资力度，力争通过 10 年建设，基本实现城乡基础设施、公共服务均等化。第三，城乡收入大幅缩小，共享发展基本实现。2020 年后绿色扶贫，通过产业发展、财政制度、税收制度改革，提升共享发展水平。此外，2020 年后减贫战略的核心仍然在于提高贫困人口的收入，通过绿色产业发展是一方面，另一方面，通过解决就业、完善最低工资制度等手段，推动城乡收入大幅缩小。

2030—2035 年，乡村振兴第二个目标基本实现，相对贫困问题也得到缓解。贫困地区人力资本水平不断提升，治理水平和治理技术不断完善提高，收入大幅增长，传统文化、地方文化得到充分发扬，乡村振兴战略第二个目标基本实现。相对贫困进一步缓解，共同富裕迈出坚实步伐。

三、2020 年后绿色减贫的区域定位

目前来看，贫困地区与生态脆弱区、主体功能区格局下的限制和禁止开发区域、少数民族地区、资源富集地区、边境地区以及革命老区高度重合。2020 年后，在贫困人口和贫困地区向西部地区聚集的情况下，贫困地区与生态脆弱区、主体功能区中限制和禁止开发区域将更加重合。这些地区在人口多寡、贫困程度、自然资源、生态状况、发展前景、战略地位等方面截然不同，有必要立足脱贫、面向未来对于不同地区的发展战略进行重新定位。

基于此，结合《主体功能区规划》和《生态功能区规划》可以按以下不同功能对贫困地区发展进行定位：第一，生态脆弱区。主要是面临较大生态、环境风险的地区，区域范围上主要包括主体功能区中禁止开发区的全部、限制开发区中生态功能区的大部分贫困地区、贫困人口。这类地区的发展以减少人对生态的扰动为主，策略上以整体性的生态扶贫搬迁为主。第二，农产品提供地区。区域范围主要是生态环境较好、资源富集地区，以及为城市提供服务的地区，主要是《主体功能区规划》限制开发区中农产品主产区以及《生态功能区规划》中产品提供地区。政策方向主要是，在尽可能减少扰动环境的基础上，利用绿色资源，以绿色资源开发、现代农业为主，并承接部分生态扶贫搬迁。第三，边境地区。区域范围主要是靠近边境的贫困地区，以服务国家领土安全、恢复和保护生态为主，策略上以生态补偿、

公益性岗位为主。第四，深度贫困地区。区域上以目前"三区三州"为主，策略上以基础设施改善、公共服务均等化为重点，综合开展绿色减贫工程。第五，其他贫困地区。区域上是除以上区域之外的贫困地区，策略上以绿色资源开发为主，实施综合性绿色减贫战略。具体来看，可以按照以下思路分类实施：

表5-3　不同地区绿色减贫思路

地区类型	区域范围	政策方向	功能定位	绿色减贫策略
生态脆弱区	位于以下两类地区的贫困地区：1.《主体功能区规划》中的禁止开发区全部、限制开发区中生态功能区部分；2.《生态功能区规划》中的生态调节功能地区	减少人对生态的扰动	环境保护、生态功能	整体性生态扶贫搬迁
农产品提供地区	1.《主体功能区规划》限制开发区中农产品主产区；2.《生态功能区规划》中产品提供地区	在尽可能减少扰动环境的基础上，利用绿色资源	粮食安全、重要农产品提供功能	绿色资源开发、现代农业绿色资源开发；承接部分生态扶贫搬迁
边境地区	靠近边境的贫困地区		国土安全、对外交流	恢复生态、环境保护，以生态补偿、公益性岗位为主
深度贫困地区	"三区三州"		脱贫减贫	1.基础设施改善、公共服务均等化；2.综合性绿色减贫工程
其他贫困地区	除以上地区之外的其他地区	绿色资源开发	脱贫减贫	绿色资源开发为主，实施综合性绿色减贫战略

第一，生态脆弱区，整体实施生态扶贫搬迁。2020 年后，综合考虑国家财力、国土安全等问题的前提下，此类地区主要以生态扶贫搬迁为手段，实现整体搬迁，给这些区域的生态保护、生态恢复、生态调节功能发挥留足空间。生态脆弱区应最大限度减少人类活动对生态环境的扰动，此外，这些地区长期以来是扶贫开发的难点地区，存在比较强烈的"保护与开发的矛盾"，且难以解决。这些地区应尽快实现生态扶贫搬迁，并考虑可以实施较大范围的整体搬迁，搬迁后以生态保护为主。

第二，农产品提供地区，以现代农业为主，在最小环境扰动原则下开发绿色资源。此类涉及我国粮食安全，是重要农产品的提供区，主要以生态保护、现代农业为主开展绿色减贫工作。也可以在环境最小扰动原则下开发绿色资源，既注重生态保护，也开展一定程度的绿色资源的开发。此外，此类地区中一些生态较好、靠近城镇的地区可以承担生态移民搬迁安置功能。总体来看，此类地区，重点围绕特色绿色产业，借助产业升级、消费升级，以打造现代农业为核心任务，全面提升农林牧副渔等产品提供能力。围绕旅游扶贫、农家乐、观光农业、庭院经济，打造田园综合体，发展绿色扶贫产业。在挖掘民族文化的基础上，打造休闲、旅游、现代农业综合体。此外，还要继续实施各类生态补偿，草原保护奖补政策、退耕还林和公益林补助等项目都要综合发挥扶贫作用；生态公益岗的扶贫战略，将生态公益岗向贫困户倾斜，使贫困户从环境保护中优先受益。

第三，边境地区，以生态建设、生态补偿、公益性岗位作为减贫支撑点，服务国家安全战略需求。边境地区有国土安全的战略需要，在绿色减贫战略中可以以环境保护、绿色发展为核心战略，加大对此类地区的生态建设、生态补偿、公益性岗位的支持力度，以以工代赈、生态补偿、公益性岗位为此类地区长效脱贫机制的重要支撑。此外，在一些具有区位优势的边境地区，可以考虑打造一些开放门户，发展边境服务业、旅游业等第三产业。

第四，深度贫困地区，重点改善基础设施和公共服务。主要是"三区三州"，2020 年后绿色减贫的重点仍然需要放在基础设施改善、公共服务均等化上。重点通过文化扶贫、教育扶贫等手段，提升人力资本。挖掘具有民族特色、区域特色的地方文化，以此为基础，以旅游扶贫、特色农业、观光农业、光伏扶贫等手段，尽快提升贫困人口收入，促进地方充分发展，缩小与其他地方差距。

第五，其他贫困地区，以绿色资源开发为主，实施综合性绿色减贫战略。这些贫困地区没有以上几类地区的生态问题和国土安全问题，可以总体实施综合性的绿色减贫战略，重点突出绿色资源的开发，通过绿色产业、资产收益、生态补偿等方式全方位地减贫。

四、2020 年后绿色减贫工程的总体政策框架

2020 年后，绿色减贫作为一项国家战略和综合性工程，需要搭建一套整体性的政策架构，我们认为至少要从以下几个方面入手。第一，需要给予绿色减贫明确的战略定位，我们认为应当至少是国家推动的绿色减贫工程，以此为基础在国家层面推动形成《绿色减贫十年规划》。第二，对于贫困地区，特别是西部贫困地区的发展定位作出明确规定，尤其是要理顺贫困地区发展和主体功能区规划二者之间的关系，有必要从制度上重新加以明确，建立面向重点生态功能区和生态脆弱区的瞄准机制。第三，建立一套综合性的绿色减贫保障机制，包括财

政金融支持机制、绿色减贫的考核评价机制、绿色减贫的益贫瞄准机制、绿色减贫的产业引导机制、绿色减贫的社会动员机制，推动完善绿色资产核算，建立绿色产品的市场机制。第四，建立较为系统的监督考核机制，设计科学合理的绿色减贫考核指标体系，整合绿色GDP考核和绿色减贫考核综合评价贫困地区发展实绩。第五，不断探索、完善绿色减贫的模式。从环境保护、生态补偿、绿色资源开发、易地搬迁、绿色产业等绿色减贫模式入手，不断放大绿色减贫的效果。绿色减贫工程总体框架见图 5-1。

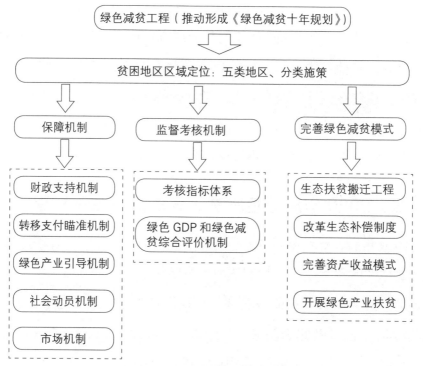

图 5-1　绿色减贫工程总体框架

（一）建立面向重点生态功能地区和生态脆弱地区的瞄准机制

重点生态功能区、生态脆弱地区，以及生态保护区应成为绿色减贫的主要目标区域，而这些区域的相对贫困人口成为绿色减贫的主要目标人群。绿色减贫的首要目标是配合国家生态文明战略和主体功能区划的实施，协调主体功能区和生态脆弱地区的生态保护和发展。由于主体功能区和生态保护区以生态环境保护为第一要务，因此其产业发展会受到诸多限制，特别是出现在负面清单上的产业发展将被严格控制。这对上述地区产生了两种影响：首先，上述地区的经济发展可能会与其他地区产生差距；其次，上述地区的产业选择必须遵循绿色发展的模式。

（二）建立以财政机制为主体的绿色减贫保障机制

2020年后绿色减贫的总体压力较大，对财政支持的要求较高，也需要进一步瞄准贫困人口和贫困地区，因此需要建立比较有效的财政支持机制和益贫瞄准机制，以最大限度放大绿色减贫的效果。此外，还需要通过一定的手段动员人力、物力、财力继续向贫困地区倾斜，因此，也要建立一定的产业引导机制和社会动员机制。

1. 建立财政支持机制，确保财政支持幅度有序上升

绿色减贫的财政支持机制重点是建立长效的财政投入机制。2020年后，逐年加大对贫困地区绿色减贫的支持力度，持续逐年加大对生态保护、生态补偿、生态移民搬迁、绿色产业等方面的投入，并建立增长机制。第一，在投入的内容上，可以逐步实现从生态保护、生态补偿、绿色产业等方面向公益性岗位、以工代赈等方面增加，通过公益性岗位等家门口就业的方式，不断增强贫困人口的内生动力。第二，

在投入的方向上，可以从特惠到普惠，先重点面向深度贫困地区，支持深度贫困地区绿色减贫，逐渐向所有贫困地区全面推开。第三，在保障机制上，可以以规章、条例等形式保证财政支持绿色减贫的比例和增长速度。第四，在监督机制上，加强对绿色减贫政策实施与预算执行的跟踪、监测和考核，建立绿色减贫财政治理体系。

2. 建立中央、省级财政转移支付的倾贫瞄准机制，提升转移支付资金的扶贫效率

目前针对贫困县的转移支付很多，财政制度上也倡导各类涉农资金整合，但此类资金在使用过程中很难量化有多少用于贫困人口的脱贫攻坚。我们认为，2020 年后绿色减贫的政策体系应当包含一套中央、省级财政转移支付的倾贫瞄准机制：第一，建立一个恰当的财政资金的倾贫瞄准机制，明确财政资金用于减贫领域的比例、审计的方式、社会监督的方式，确保中央有关绿色发展、扶贫减贫的转移支付资金切实用于绿色减贫领域。第二，对于深度贫困，可以提升一些戴帽资金投放的比例，有关转移支付通过建立专账专户的形式进行管理。

3. 建立绿色产业规划、引导机制，引导绿色产业向贫困地区转移

目前已经有贫困地区利用产业升级、技术进步实现了产业发展的弯道超车。最典型的例子是贵州省的大数据产业，目前，苹果、阿里巴巴、华为、腾讯等国际国内最顶尖的互联网企业大数据中心都设立在贵州，带动了当地一系列的高新技术产业。这也充分证明了以往贫困地区在产业发展中的一些明显劣势在互联网时代不再是劣势，甚至成了优势。西部不仅可以承接一些东部淘汰的产业，也完全可以引领产业升级的潮流。

基于此，我们认为，第一，中央层面可以尽快探索绿色产业的规

划、引导机制，把一些能够在西部贫困地区开展的高新技术产业有步骤地通过产业规划、政策引导、财税补贴等方式向西部地区转移。第二，在西部贫困地区建立若干互联网、通信、生物医药制造的示范中心，通过示范带动推动贫困地区产业升级。第三，给予西部贫困地区产业"去污减排节能"工程专项财政补贴，减少贫困地区绿色产业发展的企业成本，提升绿色生产程度。

4. 健全绿色金融保障机制

通过金融手段引导市场配置，加强金融政策与产业政策的协调配合，创新银行绿色金融产品和服务，加大对绿色产业、节能环保等领域的贷款支持力度；允许银行发行绿色债券，为绿色贷款提供较长期限、较低成本的资金来源；完善绿色信贷指导目录，制定商业银行的信贷环境风险评级标准，对于贫困地区的信贷提供税费优惠及政策支持；鼓励商业银行和国家开发银行建立专门的绿色金融事业部，引导资源流向贫困地区，为发展绿色产业扶贫提供资金保障。

5. 建立社会动员机制，形成绿色减贫社会风尚

绿色减贫形成了一种理念，但目前还没有形成社会风尚。有必要建立广泛的社会动员机制，将绿色减贫融入贫困地区发展的方方面面。第一，推动相关理论研究，深入研究扶贫开发和生态保护的关系，为绿色减贫的进一步实践提供理论基础。第二，动员全社会参与绿色减贫工程。继续发挥社会主义制度的优越性，动员全社会参加绿色减贫工程，最大限度汇集方方面面力量支持贫困地区发展。第三，推动社会组织参与绿色减贫，特别是推动那些具有生态保护、生态教育和生态产品开发的社会组织、社会企业参与到上述地区的保护与发展中来，形成一些具有中国特色的保护与发展模式。第四，动员贫困人口参与。

让贫困人口从绿色减贫的被动接受者成为绿色减贫的主动实施者，通过参与环境保护、生态治理、绿色减贫工程获取经济报酬，并且实现能力增长，逐步达到可持续脱贫。第五，引导贫困地区形成绿色的生产、生活方式。第六，探索绿色众筹，建立绿色减贫基金池，促进多主体参与和介入贫困地区的绿色增长与扶贫。

6. 推动完善绿色资产核算，建立绿色产品的市场机制

绿色资产核算是绿色减贫政策市场化机制的基础，也是资产收益、绿色资源开发等减贫模式的基础，目前在实践中还是一片空白。因此，亟须完善绿色资产核算，推动现有的以提高绿色资产收益为主要形式的绿色减贫机制的发展。

此外，还需要加快推动绿色减贫的市场机制，如流域补偿、碳汇市场等市场机制目前仍然是绿色减贫中的短板，发挥作用很弱。需要完善市场机制，使绿色产品的生产者和消费者形成市场上的交换关系，更好地实现生态绿色产品的价值。

（三）建立以绿色减贫指标体系为核心的考核机制

总体来看，2020年后减贫战略需要建立以绿色减贫指标体系为核心的考核机制，充分发挥考核的"指挥棒"作用，同时，就考核的方式与机制进行一定的改革。

1. 探索建立绿色减贫考核评价指标体系

通过对2020年后整体绿色扶贫的发展进行预测展望，结合可持续发展原则，我们初步构建了2020年后绿色扶贫评价指标体系，见表5-4。

表 5-4 2020 年后中国绿色扶贫评价指标体系框架设想

一级指标	二级指标	指标类型
经济增长绿化度	人均地区生产总值	正
	第三产业增加值比重	逆
	土地产出率	逆
	单位地区生产总值能耗	正
	单位地区生产总值二氧化硫排放量	正
	工业固体废物综合利用率	正
	单位地区生产总值二氧化碳排放量	逆
资源可持续发展能力与环境保护程度	人均森林面积	正
	森林覆盖率	正
	人均保护地面积	正
	空气质量指标	正
	水质相关指标	正
	土壤指标	正
	清洁能源使用率	正
减贫能力和效果	农村恩格尔系数	逆
	城乡收入比	逆
	新型农村养老保险标准	正
	新型农村合作医疗报销比例	正
	教育资源均等性指标	正
	高中以上毕业比例	正
	贫困（低收入）人口占比	逆

一级指标	二级指标	指标类型
减贫能力和效果	农村人均可支配收入增长率	正
	有效灌溉面积占基本农田面积比重	正
	非农产业就业人数	正
	城乡一体化程度	正
	土地集约化程度	正
	农业现代化程度（机械设备）	正
	文化体育健身等相关指标	正
	一级公路占总公路里程的比例	正
	住房指标	正
	集体经济规模及效益	正

注：指标体系主要根据《绿色发展指标体系》《可持续发展指标体系》《中国环境统计年鉴》《全面建成小康社会指标体系》等完成。

从表 5-4 中可以看出，指标体系共设计为三个维度，分别为经济增长绿化度、资源可持续发展能力与环境保护程度、减贫能力和效果。

在经济增长绿化度维度中，选取了 6 个指标：（1）人均地区生产总值，可以借鉴国家统计局经济维度的数据，体现当地整体的经济发展水平。（2）第三产业增加值比重，主要体现贫困地区第三产业结构情况。（3）土地产出率，主要是指单位土地上的平均年产值，一定程度上反映了当地的生产能力。（4）单位地区生产总值能耗，体现了该地区在能源方面的消耗价值。（5）单位地区生产总值二氧化硫排放量，体现的是该地区在环境方面的污染情况。（6）工业固体废物综合利用率和单位地区生产总值二氧化碳排放量，同样都体现了当地在生产过程中对生态环境的污染和破坏程度。

在资源可持续发展能力与环境保护程度维度中，共包括 7 项二级指标，分别为人均森林面积、森林覆盖率、人均保护地面积、空气质量指标、水质相关指标、土壤指标、清洁能源使用率，分别从森林覆盖程度、空气质量、水质、土壤、清洁能源等方面尽可能地全面衡量当地生态环境的综合质量。

在减贫能力和效果维度中，主要表现的是贫困地区整体的减贫效果和长期发展能力。共包括 17 项二级指标，涵盖了卫生健康、医疗、教育、住房、文化、内在发展能力等多个维度。其中，新型农村养老保险标准和新型农村合作医疗报销比例两项指标体现的是贫困地区卫生健康以及医疗方面的总体情况；教育资源均等性指标和高中以上毕业比例主要体现的是贫困地区的教育水平；有效灌溉面积占基本农田面积比重、城乡一体化程度、土地集约化程度、集体经济规模及效益和农业现代化程度（机械设备）主要体现的是贫困地区土地利用程度以及整体内在发展能力；一级公路占总公路里程的比例和住房指标体现贫困地区基础设施发展能力；农村恩格尔系数和农村人均可支配收入增长率主要体现了贫困地区人口在收入和消费上的结构和能力；除此之外，还有关于文化体育等方面体现贫困地区文化素质水平的指标，较为全面地体现了贫困地区人民综合发展水平。

在此次指标体系的构建过程中，我们是根据最初的绿色减贫指标体系，结合 2020 年扶贫的总体趋势和发展特征而不断修改完善的，主要形成以下三个特征。

第一，在维度设定方面，我们由之前的四个维度改为三大维度，主要包括经济发展绿化度、资源利用与环境保护程度、减贫能力和效果三个方面，其中经济方面大部分仍维持了之前指标体系的结构，因为就中国目前整体的发展情况而言，虽然未来 2020 年后中国贫困地区经济水平整体上升，贫困人口已趋向于相对贫困状态，但是经济对于扶贫仍然比较重要。因此，增加一项单位地区生产总值二氧化碳排放量。

第二，在资源利用与环境保护程度方面，未来扶贫中对生态环境的保护是较为重要的一个内容，在绿色扶贫评价指标体系的构建中，有关这一维度的内容会更全面，因此，我们进一步增加空气、水、土壤以及环境友好型能源的侧重，扩展了此维度的范围和内容。

第三，在扶贫开发与减贫效果方面，首先，我们删除了"通电自然村比重"和"通路自然村比重"两项指标，增加"一级公路占总公路里程的比例"，因为目前来看，到 2020 年自然村通路比例基本能达到全覆盖，因此为了更准确地评估贫困情况，需进一步提高标准，用一级公路里程占比来进一步衡量贫困地区的发展情况。其次，删去"实现安全饮水人数比重"，同理此指标在 2020 年基本可以全面完成。同时，将"新型农村合作医疗参合率"改为"新型农村合作医疗报销比例"。最后，根据目前中国扶贫的发展情况以及 2020 年后扶贫的趋势来看，未来贫困地区的内部发展潜力是推动其发展的重要因素，因此，贫困地区内部的就业、现代化程度以及与城市之间的一体化程度等都是衡量未来扶贫效果的关键性指标，因此我们增加了这几个方面的指标，包括"非农产业就业人数""城乡一体化程度""土地集约化程度""农业现代化程度（机械设备）""文化体育健身等相关指标""教育资源均等性指标"。

2. 整合绿色 GDP 考核和绿色减贫考核综合评价贫困地区发展实绩

目前，国家统计局已经发布了《中国绿色发展指数》，用以评价各省绿色发展情况，部分省份已经把绿色 GDP 考核纳入日常考核之中。例如，2017 年江苏省发布了《江苏省生态文明建设目标评价考核实施办法》，并发布了细化的《江苏省绿色发展指标体系》和《江苏省生态文明建设考核目标体系》。考虑到 2020 年后贫困地区发展的实际，有必要整合绿色 GDP 考核和绿色减贫考核，通过综合考核的形式评价贫困地区的发展实绩。

在考核的方式和结果运用方面，总体可以沿袭目前贫困县考核的方式。可以考虑从以下几个方面进行改进：第一，简化考核层级，省以下各级政府由组织、扶贫部门牵头统一进行。第二，减少交叉和重叠考核，每个工作年度进行一次考核，减少考核次数，且相关的行业部门不再就绿色 GDP 和绿色减贫进行考核。第三，扩大考核的参与范围，基层政府、贫困人口也以一定形式参与考核，形成一定形式的下级考核上级。

（四）不断探索、完善各类绿色减贫模式

1. 实施贫困地区生态扶贫搬迁工程

目前我国易地扶贫搬迁取得了良好的效果，按照"十三五"易地扶贫搬迁规划，能解决近 1000 万贫困人口的脱贫，彻底解决了"一方水土养活不了一方人"的问题。2020 年后，贫困地区仍然面临保护与开发的矛盾，除此之外，还面临减贫效率提升的问题。因此，我们认为有必要沿用"十三五"时期的思路，立足保护生态、兼顾减贫效率提升，实施大规模的生态扶贫搬迁。总体考虑如下：

第一，地域上，迁出地以禁止开发区为主、兼顾部分限制开发区，迁入地以县城周边为主，方便群众通过就业实现可持续脱贫。第

二，实施方式上，以整村搬迁为主，尤其是禁止开发区原则上实施整村搬迁，最大限度减少人对环境的干扰。限制开发区可以参考群众意愿，不愿意搬迁的群众通过生态补偿、公益性岗位实现脱贫。第三，补贴方式上，贫困户由中央财政、地方财政进行补贴；非贫困户由地方政府进行补贴。第四，资金来源仍可参照"十三五"时期，由中央预算内投资、地方政府债务资金、专项建设基金、长期贷款组成，取消"十三五"时期的农户自筹部分。

2. 提升生态补偿标准和益贫精准程度，针对贫困人口探索新的生态补偿计算方式

生态补偿是 2020 年后绿色减贫重要的脱贫手段，考虑到土地是贫困地区人口最重要的生产资料，特别是退耕之后，脱贫的渠道被天然地限制，由于耕地的退出使贫困人口付出很多机会成本。目前虽然已经建立了比较科学的生态补偿制度，但我们认为，2020 年后绿色减贫战略中，有必要对涉及耕地的退耕还林还草等生态补偿制度进行改善，总体上大幅提升涉及退耕的生态补偿。目前也已经有部分省份就此先行先试，比如山西省 2017 年规定，对 58 个贫困县实施的退耕还林，山西省在国家补助基础上每亩增加 800 元，对退耕农户每亩增加 300 元；对其他非贫困县实施的退耕还林，在国家补助基础上每亩增加 500 元，对退耕农户每亩增加 300 元。具体考虑如下：

第一，提高贫困地区的生态补偿标准，探索新的生态补偿计算方式。涉及退耕的生态补偿重点要考虑丧失耕地导致的机会成本，兼顾劳动成本等。我们认为至少要超出当地土地流转的平均价格。第二，森林、湿地、草原、水源地等生态补偿重点提升相应的公益岗位建设，可以考虑将生态补偿逐步转变为公益性岗位，以贫困人口为公益性岗位的主要聘用对象，并且逐步实现公益性岗位的科学化管理，通过科学化管理和日常业务工作的开展，不断提升贫困人口的内生发展能力。

从长远来看，还需要尽快完成完善绿色资产的核算。要对农民所有的土地、山林和荒地的生态价值加以核算，并以此为基础建立适合中国特色的生态补偿机制。国家可以延续生态公益林的模式，通过购买生态服务，使重点生态功能区和生态脆弱地区的农民受益；也可以通过购买绿色资产的方式，将生态脆弱地区、重点生态功能区和生态保护区内农民集体所有的自然资源转为国家所有，这一方面有利于国家采取保护行动，另一方面又可让自然资源的所有者增加收益。

3. 完善资产收益模式，确保贫困人口分享资产收益的红利

目前针对资产收益制度已经有了广泛的探索，但由于没有较为完善的绿色资产定价体系，绿色资产的收益还未充分凸显。理论上，绿色资源资本化和资产化的过程在技术上是通过"折股量化"的形式来解决的，贫困地区和贫困人口通过绿色资源的股份来分享各类收益。但在实践中，"量化入股"的形式有异化的趋势，部分绿色资源实现"量化"后，名义上是入股，实际上是"放贷"，只能享受到微薄的"利息"或者"股息"，而这部分甚至低于国家在相关优惠政策上的转移支付。国家对于某些产业的支持和帮扶，并未全部给到贫困人口，而是被相关企业截留部分。在这个意义上，部分产业的益贫性是比较低的，绿色资源的收益也是比较低的。因此，2020年后绿色减贫政策需要重点探索资产收益模式，确保贫困人口分享资产收益的红利。具体考虑如下：

第一，完善绿色资源的定价体制。目前资产收益模式运作的核心起点在于贫困地区和贫困人口拥有的绿色资源如何定价，只有明确了定价机制，才能确保贫困人口不吃亏。因此，重点在于尽早探索绿色资源的定价机制。第二，完善绿色资源的交易机制。争取通过 3—5 年的探索，尽快尝试建立全国统一的绿色资产交易平台，建立绿色资产的抵押、质押等金融制度，充分放大绿色资产的收益。第三，探索一些新型的产权所有机制和持续运营机制。可以考虑由贫困村集体全额拥有产权，先期由地方政府出资，交由企业进行市场化运作，再确定相应的分红比例。可以参考重庆的集体光伏扶贫模式，目前重庆全市已经推广光伏电站的村集体拥有全部产权、县级政府统一管理、中标企业统一运营的新型资产收益模式。

4. 开发绿色资源，探索多样的绿色产业

目前，有关绿色扶贫产业的实践较多，可以肯定的是 2020 年后，绿色扶贫产业仍然是扶贫工作的重点，也是难点。产业扶贫长久以来没有解决的问题仍然需要 2020 年之后去解决。但总体来看，有以下几个方向：第一，资源禀赋、本土特色仍然是绿色扶贫产业选择的重点方向之一。第二，科技进步、产业升级、消费升级是贫困地区实现弯道超车、跨越式发展的根本。第三，国家在绿色产业发展方面仍然需要投入大量的政策、资金、人力，产业发展仍然会是 2020 年后减贫中最难的一环。基于此，我们认为：

第一，大力开展以种养殖业为主的绿色特色产业，并且加大对传统种养殖的各类补贴。第二，继续完善休闲农业、旅游扶贫、电商扶贫、绿色农业等绿色减贫模式。第三，不断推动产业融合和产业链延伸。基于农业现代化，融合工业、旅游、创意、地产、会展、博览、文化、商贸、娱乐等相关产业与支持产业，延展产业链，形成地域经济综合体，通过区域发展带动贫困人口增收。第四，围绕国家公园探索特色小镇、庭院经济、农家乐、绿色科技产业的绿色减贫产业。

第六篇

专家研究报告

◆专家研究报告一

绿色减贫国际经验

一、绿色减贫国际研究热点与前沿

（一）《2030 年可持续发展议程》与绿色减贫

1.《2030 年可持续发展议程》及主旨

在《千年发展目标》议程取得瞩目成就的基础上，国际社会在消除全球贫困方面迈出了新的一步。2015 年 9 月 25 日，超过 150 位国家领导人出席了联合国可持续发展峰会，并通过了新的《2030 年可持续发展议程》。在完成先前将全球贫困发生率减半的目标后，新的可持续发展目标（SDGs）明确了全球社会新的历史目标：在全世界消除一切形式的贫困。为此，《2030 年可持续发展议程》承诺，在 15 年内，消除一切形式的极端贫困。同样，在 2030 年议程中，消除贫困被置于可持续发展目标的首要位置，作为首要可持续发展目标。由于时间较短，且新目标的实现必须依赖于剩余低收入国家以更快的速度实现减贫，因此，要实现这一新的目标较上一个目标更加艰难。

《2030 年可持续发展议程》将贫困人口划分成不同的群体，并要求帮助所有贫困人口脱贫，其中，确切目标为："到 2030 年，按各国标准界定的陷入各种形式贫困的各年龄段男女和儿童至少减半。"可持续发展目标议程明确将减少不平等现象作为关注核心和重点。绝不让任何一个人掉队是可持续发展目标的关键主题之一，摒弃过去只看平均数或者总数而不深入挖掘、发现不平等根源的方法。最后，新目标本质上是多维度的。这种多维度从收入延伸到健康、教育、体面工作、卫生和其他多维贫困方面，都作为 2030 年可持续发展目标的具体目标，但是减少一切形式贫困的总体目标要求在这些方面都有所进展。

2. 绿色减贫的理论基础与相关概念

贫困与环境资源之间存在着错综复杂的关系，生态环境的恶劣与资源匮乏往往是导致贫困的主要原因，但是，资源丰富并不等于富裕，因此，资源诅咒下的脱贫，更为艰难。绿色减贫是一个综合概念，包括了以发展绿色产业为主要内容的绿色减贫[1]，也包括了生态环境保护和以生态修复为主要手段的生态扶贫[2]。因此，"减"与"扶"对绿色减贫的宏观层面而言意义相同，区别在于政策手段的不同，宗旨都是以可持续发展为前提。但在狭义上说，绿色减贫是指瞄准贫困地区和建档立卡贫困户的生态扶贫措施[3]。无论是减贫还是扶贫，都需要解决两类问题，一是贫困地区的脆弱性，包括自然环境的脆弱性和生计的脆弱性；二是贫困地区的发展，发展是反贫困的最终目标。

第一，绿色增长与减贫。国际对绿色减贫这一概念无直接定义，但是，较为广泛推广的是绿色增长，UNDP 在《1996 年人类发展报

---

① 万君、张琦：《绿色减贫贫困治理的路径与模式》，《中国农业大学学报（社会科学版）》2017 年第 5 期。
② 祁新华、林荣平、程煜等：《贫困与生态环境相互关系研究述评》，《地理科学》2013 年第 12 期。
③ 王晓毅：《绿色减贫理论、政策与实践》，《兰州大学学报（社会科学版）》2018 年第 4 期。

告》中就提到了五种"有增长而无发展"现象，绿色增长是现代文明进步的标志，但是，绿色增长着眼的是绿色增长的业绩，即环境和自然生产率、自然资产基础、生活环境质量、经济机会和政策反应[1]。因此，绿色增长侧重的可能是环境绩效与资源的生产率，而非在环境脆弱的压力下民生问题的化解。

第二，益贫式增长与减贫。益贫式增长在 1999 年 6 月被亚洲发展银行作为减少贫困战略的三项支柱之一提出。联合国与经济发展合作组织将益贫式增长广义定义为有利于穷人的增长。卡克瓦尼等[2]指出，这种定义其实质还是滴漏式增长，益贫式增长的严格定义认为，这种增长不仅可以减少贫困，同时增长的利益更多地流向穷人[3]，这意味着益贫式增长不仅在于贫困的减少，更在于改善不平等，即一国在实现经济增长的同时，也在改善收入的不平等，进而减少贫困。益贫式增长和绿色减贫虽然都是谋求减少贫困，发展地区经济，但二者却并不是在同一理论框架下进行的讨论。绿色减贫突破了原有的益贫目标，坚持人与自然的和谐，实现人、自然资源、环境协调发展，坚持走生活富裕、生态良好的文明发展之路。因此，绿色减贫是一种将绿色增长与减贫相结合的探索，除了将减贫作为主要目标外，需要建立更全面、合理的评价体系来测度减贫效应。

---

[1] 胡田田、张琦：《中国绿色减贫指数研究 绿色减贫理论综述》，《经济研究参考》2015 年第 10 期。

[2] Nanak Kakwani, Marcelo Côrtes Neri, Hyun H. Son, Linkages Between Pro-Poor Growth, Social Programs and Labor Market: The Recent Brazilian Experience, *World Development*, 2010.

[3] Nanak Kakwani, Marcelo Côrtes Neri, Hyun H. Son, Linkages Between Pro-Poor Growth, Social Programs and Labor Market: The Recent Brazilian Experience, *World Development*, 2010.

第三，绿色减贫的机理分析。绿色减贫是绿色经济和可持续发展的重要形式，是生态文明的重要体现，绿色减贫从经济社会的生产生活等诸多方面重构了人类对依靠自然法则缓解贫困的思路：① 产业动力转换。建立以环境保护为核心的绿色产业扶贫新体系。产业是区域发展的核心，只有依靠产业的减贫，才能真正摆脱贫困，防止返贫。绿色产业的扶贫正是通过包容性和可持续经济实现减贫。联合国通过采纳绿色农业生产的创新方法，支持合作社等新农村生产组织，加强管理能力建设，支持农业企业发展、环境风险管理和价值链开发，其在援助农业产业发展助力脱贫方面最突出的成就就是在贫困地区推广绿色、可持续的资源管理和农业发展方法。实践证明，绿色农业有助于缓解贫困和环境恶化，可以实现环境与经济的双赢[1]。因此，可以相信，在绿色农业之外，绿色产业将成为减贫的新契机。② 发展方式转变。绿色减贫的产业动力转换，意味着发展方式又进行了一次调整，包容性增长就是倡导机会平等的增长，即更加合理地分享经济增长带来的效益。评估贫困消除的成效，并不能仅仅依靠收入，健康、教育、社会保障等主要社会公共基本服务都是影响贫困的重要因素，因此，选择包容性增长模式，不仅能够帮助脱贫，更能降低家庭陷入贫困的脆弱性。③ 内生动力转变。我国在培育贫困人口自主发展能力方面有着突出的成效。以扶贫先扶志、消除精神贫困为前提，提高贫困人口生存技能，增强其生计能力，提升内在发展动力。除了自身努力外，政府对于能力建设、自我发展的提升和完善也是不断培育贫困人口主动消除贫困的动力。

---

[1]　联合国开发计划署等：《国际减贫理念与启示》，团结出版社 2018 年版。

（二）国内外绿色减贫研究与实践

1. 绿色产业减贫研究

虽然城市贫困与农村贫困一样重要，但目前国际上更多的国家还是将乡村作为扶贫的主战场。绿色产业扶贫，就是将生态环境因素纳入产业的范畴，改变原有生计的模式与方式。联合国通过绿色农业生产的创新方法，支持合作社等新农村生产组织，加强管理能力建设，支持农业企业发展，助力减贫，并非仅仅对农民收入产生了积极影响，更在就业率和经济增长率方面起到了推动作用。可持续农业增长绿色议程，为小农户提供了诸多益处。2005 年开始的甘肃南部减贫项目成功地将干旱平原转变为农业活动的绿色走廊，消除了长期饥饿状态，改善了甘肃南部地区农户的生计和社区卫生，通过参与式设计，提高了当地社区开展符合自身需求的发展活动的能力。[1] 国际粮农组织对小农户和家庭农场有较多的关注，通过赋权，改善欧洲和中亚部分地区小农户和家庭农场的生计，消除贫困，提高农村人口抵御灾害的能力，提高农村的包容性增长。[2] 同样，有机农业也是实现绿色减贫的有效方式，乌干达将传统农业转化为有机农业体系后，产生了良好的经济、社会、环境综合效益，不仅增加了个体收入，也加强了当地农业的基础。[3]

除了农业产业的绿色改变，目前，研究信息和普惠金融对绿色减贫的作用逐渐成为趋势。信息通信技术（ICTs）加速了这一进程，2014 年联合国教科文组织（UNESCO）提出"青年手机计划"，旨在吸引年轻

---

[1] IFAD, "Results Series Issues2: RESULTS FROM THE FIELD", 2017.

[2] FAO, "Strategic work of FAO to Reduce Rural Poverty", 2017.

[3] FAO, "Strategic work of FAO to Reduce Rural Poverty", 2017.

人获得基本的技术技能和信心，这一计划特别关注青年妇女和儿童，对性别平等具有促进作用。信息通信技术在农业领域的作用也不可小觑，粮农组织在印度尼西亚利用 FrontlineSMS 技术在亚齐实施了鱼类营销信息系统项目。[①] 这一技术将鱼类产品的信息发送给价值链中的所有参与者，保证了贸易公平和信息的透明。

普惠金融的重点在于为穷人提供可靠的金融服务，并使其摆脱贫困，但"金融排斥"现象往往使普惠金融计划举步维艰。扶贫协商小组（Consultative Group to Assist the Poor, CGAP）与津巴布韦最大的移动货币服务商津巴布韦电信公司（Econet Wireless）开展了一项特殊的数字金融服务，利用津巴布韦移动支付平台（Eco cash）将"小农"连接到一个目标储蓄账户，"小农"可以选择每月的最低存款金额2—5美元，信用良好的公司可以向 Econet Wireless 公司申请小额贷款，以便在储蓄余额不足的情况下增加现金流，及时支付子女教育费用。[②] 中国从"十三五"普惠金融发展规划开始，要求满足民众日益增长的金融服务，特别是要让小微企业、农民、城镇低收入人群、贫困人群和残疾人、老年人等及时获得价格合理、便捷安全的金融服务。普惠金融的实践手段一般采用创新服务平台、创新金融信贷产品等，因此，在绿色减贫道路上，普惠金融的基础设施与服务将成为近一个时期内较为广泛的做法。

[①]　Miller, C, Saroja V.N, Linder C, "ICT uses for inclusive agricultural value cahains", *Food and agriculture organization of the united nations*, 2013, pp.1-87.

[②]　Mattern, Max, and Michael Tarazi, "Designing Digital Financial Services for Smallholder Families: Lessons from Zimbabwe, Senegal, Rwanda, and Cambodia", *Washington, D.C.*, 2015.

2. 多维减贫研究

产业减贫的直接目标在于发展经济，增加收入，但贫困的维度是多重的，且具有多领域致贫与返贫的风险。因此，多维度全领域的社会救助方案被纳入减贫发展目标，使之成为绿色减贫的一部分。OECD的绿色增长战略中期报告认为，绿色增长能够防止环境恶化、生物多样性丧失和不可持续地利用自然资源，又能追求经济增长和发展方式转型升级，对发展中国家而言，绿色增长和贫困治理必须同时推进。因此，OECD 在绿色增长理论基础上，又综合考虑了社会和环境因素，政策融合、指标创新等要素。在生产方式之外，绿色减贫更注重生活方式的转变，尤其是社会保障、就业、教育等的公平和平等性。

完美社会保障、养老、就业、教育、医疗制度和体系是除增加贫困人口收入外，绿色减贫的最大目标，因此，上述这几个方面构成了目前工作的其他维度。联合国粮农组织在支持贫困农户的社会保障方面具有丰富的经验，并通过两类项目有效地实现了社会政策的需求：一是有条件的现金转移支付，用来替代长期针对贫困家庭货币支持的无条件社会救助现金补助。有条件的现金转移支付源于巴西的"家庭津贴"（Bolsa Familia）项目（WB）和墨西哥的"机遇"（opportunitades）项目。二是向贫困家庭提供"现金+"的社会救助项目，该项目以现金之外的救助方式提供给贫困人群，主要是社会心理支持（CGAP）。世界银行数据显示，2008—2010 年，老年人的贫困发生率从 17% 下降至 13.2%，养老金领取者的贫困发生率从 23.7% 下降到 13.5%。同样，解决青年贫困最有效的办法就是就业，埃及通过 UNDP 和本国国际合作部成立了埃及综合发展网络，大大提高了青年的职业技能，并提供了就业机会[1]。贫穷与疾病和卫生医疗存在着某种天然联系，健康指标成为多维贫困指标的核心要素之一，任何政府为减轻贫困和脆弱性都必须出台积极有效的医疗卫生方案（UHC）。

3. 非传统致贫因素减贫研究

《2030 年可持续发展议程》下的全球减贫行动中努力解决的三个核心问题，即性别、城市化和生态环境。

性别因素致贫和实践研究：性别平等会减少贫困，在发展中国家，性别平等的程度越高，越容易产生低的贫困发生率[2]。性别平等不仅指男女在结果上的平等，更是指在决定这些结果的因素上的平等，即机会、资源、权利和表达诉求方面的平等。女性薪酬的平均水平比男性低 23%[3]。但女性的教育水平和资源分配能力直接关系到儿童的健康和教育的改善，只有女性控制和分布资源的能力在不断加强，她们后代长大后才有可能拥有脱离贫困的能力，因此，性别平等不仅对减贫有作用，更能防止贫困的代际传递（Morrison、Raju and Sinha，2007）。许多研究关注女性户主家庭的贫困发生率，并将它与男性户主家庭的贫困发生率进行比较，受社会规范、文化观念、教育水平和家庭负担等影响，降低了女性参与决策的可能，也减少了她们平等获得卫生、

---

[1] ILO, UNDP, UNHCR, "The Global Initiative on Decent Jobs for Youth", *Case Studies On Youth Employment In Fragile Situations*: 2014.

[2] Morrison A , Raju D , Sinha N . "Gender Equality, Poverty and Economic Growth", *Social Science Electronic Publishing*: 2007.

[3] UN WOMEN(2017), "UN WOMEN Annual Report 2016-2017" .

教育、经济资源、土地、新技术等资源的机会 ①。联合国为改善女性的贫困与平等现状，在家庭、社区、国家层面都实施了相关项目，以提高女性的参与能力、决策力和话语权。摩洛哥果树计划（TC5A）通过提供必要的技术和培训，积极推动妇女参与到杏仁、橄榄和无花果价值链的发展中，建立了 69 个妇女合作社，增强女性获得市场活动的能力。同样，在尼泊尔创新森林管理项目中，年轻的妇女被聘为用户组的筹办者，帮助建立租赁林业的用户组，推动小组实施种植、管理和其他咨询服务，该项目中女性占据超过 80% 的关键决策职位，增强了她们在社区内部的议价能力和影响力。女性在国家层面参与政治遇到的阻碍更大，但研究表明，立法机构中女性议员越多，就越有可能制定有利于妇女的政策并促进性别平等 ②。促进性别平等是一项长期优先发展的目标 ③，也是 2030 年议程取得成功的一个关键条件。

城市化的不平等致贫研究：城市化是低收入国家向高收入国家迈进的必然阶段，城市化无疑促进了经济增长，但经济增长也催生新的贫困，如城市化后造成的社会基本公共服务非均等，收入再分配的非

① OECD, Gender inequality and the MDGs:What are the missing dimensions?" http://www.oecd.org/dev/poverty/45987065.pdf.

Kabeer, N. and Natali, L "Gender equality and economic growth: Is there a win-win?", *Brighton:IDS.* 2013.

Cerise, S., Francavilla, F., Loiseau, E&Tuccio, M, "Why discriminatory social institutions affecting adolescent girls matter", *Paris: OECD Development Centre*, 2013.

World Bank, "Inclusion matters: The foundation for shared prosperity", *Washington D.C.: World Bank*, 2013.

② Stockemer, D., "Women's descriptive representation in developed and developing countries", *International Political Science Review*, 2014.

③ Branisa, B., Klasen, S., & Ziegler, "Gender inequality in social institutions and gendered development outcomes", *World Development*, 2013, pp. 252–268.

均等效应，公平与效率问题等。越南的胡志明市和河内市都是贫困率较低的城市，但是，大部分市民在其他贫困维度上都面临着严峻的问题，如住房面积、质量、卫生医疗和教育服务等，移民和常住民之间存在更大的差距，后通过开展 MPI 的试点项目，使目标受益群体增加了 200 万名居民。在农村扶贫方案中，社区推动法起到了关键作用，但在城市脱贫项目中，却面临很大的挑战：一是贫民窟改造项目，虽然社区推动方式具有优势，但是，在社区和政府控制之间的平衡会有所改变；二是瞄准的预期受益者可能更为复杂（World Bank，2015）。

生态致贫与减贫研究：生态环境与贫困存在如下联系，一是生态环境脆弱性可能造成贫困；二是生态环境的可持续与经济发展存在某些互不激励关系。生态贫困主要包括四类，分别是环境退化型生态贫困、自然灾变型生态贫困、能力脆弱型生态贫困和行为后果型生态贫困。[1] 但如果将环境可持续发展作为一国总体发展的核心目标，环境保护对克服贫困也存在相应的措施和重要作用，如生态补偿、太阳能开发、易地扶贫、绿色产业都是绿色减贫的有效方法。研究证实，生态系统服务对减贫具有一定的积极作用[2]，较多学者认为可通过设计生态付费项目（Payments for Environmental Services，PES）实现减贫目标。因此，PES 的生态目标经常与扶贫目标交织在一起。[3] Betrisey F 等人

---

① 龙先琼：《关于生态贫困问题的几点理论思考》，《吉首大学学报（社会科学版）》2019 年第 3 期。

② Helen Suich, Caroline Howea, Georgina Mace, "Ecosystem services and poverty alleviation: A review of the empirical links", *Ecosystem services*, 2015, pp. 1–11.

③ Lapeyre R, Pirard R, Leimona B, "Payments for enviromental services in Indonesia: What if economic signals were lost in translation?", *Land Use Policy*, 2015, pp. 283–291.

认为在设计 PES 项目之前，需要自下而上地对当地贫困现状、结构和成因进行分析。[1]PES 的支付实践中，最普通且最重要的目标之一就是缓解贫困。[2] Bulte 等人认为将生态补偿和减贫联系到一块，有可能导致效率更低[3]，因此，在设计 PES 时，往往有两个较为现实的选择，一是设计 PES 框架仅聚焦于一个效率性目标；二是实施中，包含更多分解目标，如缓解贫困。Wunder 认为，不能因为 PES 项目的自愿性特征就断定支付对缓解贫困有积极效用，因为很多贫困农户可能是被迫参与生态项目，其获得的补偿远远不足损失的机会成本，如中国的退耕还林项目和越南的森林生态补偿项目。[4] Xu &Qin 认为退耕还林对扶贫作用有限，贫困的减少更多由整体经济发展推动，经济发展可以为农户提供就业机会，更胜于由退耕所获得的直接补贴的作用。[5] 但也有学者认为虽然退耕还林具有扶贫效果，但是农户并不是最大的受益

[1] Betrisey F, Mager C, Rist S, "Local views and structural determinants of poverty alleviation through payments for environmental services: Bolivian insights.", *World Development Perspectives*, 2016, pp. 6–11.

[2] WunderS, Engel S, Pagiola S, "Taking stock: A comparative analysis of payments for environmental services programs in developed and developing countries.", *Ecological Economics*, 2008, pp. 834–852.

[3] Bulte E H, Lipper L, Stringer R, etal, "Payments for ecosystem services and poverty reduction: Concepts, issues, and empirical perspectives." *Environment and Development Economics*, 2008, pp. 245–254.

[4] Wunder S, "The efficiency of payments for environmental services in tropical con servation.", *Conservation Biology*, 2007, pp. 48–58.

[5] Xu J.T., Qin P, "Case studies of the socioeconomic influence of the con-verting cropland to forest and grassland programand the nature forestprotection program.", *China Forestry Publishing House*, 2004.

者（Uchida et al, 2007）。[1]Wang et al（2017）通过经济模型解析，论证了生态服务系统购买者与提供者之间财富分配不均而增加交易的论断，

① Uchida, E., J. Xu, and S. Rozelle, "Grain for Green: Cost~effectivenessand Sustainability of China's Conservation Set~asideProgram.", *LandEconomics*, 2005, pp. 247–264.

Uchida E, Xu JT, Xu ZG ., "Are the poor benefiting from China's landconservation program?", *Environment and Development Economics*, 2007, pp. 593–620.

其中，富裕群体对 PES 机制的贡献要多于贫困人口，而贫困人群可以通过机制受益更多。因此，这种机制设计可以更好地消除或缓解经济不平等现象，是贫困与 PES 结合的有效例证。①

"中国特色扶贫"研究与经验：极少有国家像中国一样将扶贫作为一种政治动员式政策上升到国家与顶层设计中。中国的绿色减贫是在生态文明理论、"两山论"和精准扶贫理念上开展的减贫策略。因此，在实施生态文明的建设中，生态环境保护、治理与恢复成为国家生态脆弱区、重点生态功能区以及贫困地区的主战场，资源禀赋、基础设施和环境保护政策成为贫困地区发展关键。中国在新时期扶贫实践中正是融入了生态文明思想才为精准扶贫指明了新的方向和道路。"两山论"为绿色减贫提供了重要的战略指导，正是认识到了"绿水青山"的有用价值，生态环境服务的价值才得以认可，成为建立市场交易机制的可能。在"两山"理论指导下，中国政府选择了恰当的减贫政策工具②，如生态环境付费项目（如退耕还林还草工程、京津风沙源治理工程等）、生态补偿机制（草原生态奖励补助制度）、低碳产业发展、生态旅游发展等。中国在绿色减贫实践中，形成了以生态环境建设保护、易地搬迁、绿色产业开发三个措施相互结合，政府主导、私营部门和贫困人群参与，完善市场和绿色资产建设同步进行的绿色减贫模式。③

---

① Wang P, Poe G L, Wolf S A., "Payments for Ecosystem Services and Wealth Distribution.", *Ecological Economics*, 2017.
② 陆汉文：《连片特困地区低碳扶贫道路与政策初探》,《广西大学学报（哲学社会科学版）》2012 年第 3 期。
③ 王晓毅：《绿色减贫：理论、政策与实践》,《兰州大学学报（社会科学版）》2018 年第 4 期。

（三）碳排放与绿色减贫

在全球变暖的大背景下，发展低碳经济，促进可持续发展已经成为人类社会未来发展的必然选择。碳排放交易政策的实施，对于企业、地区经济、社会、环境的可持续发展具有重要意义，国内外众多学者围绕碳排放问题进行了研究，但多数是围绕碳排放量的估算，以及碳排放与清洁生产、绿色经济效率的研究。中国是世界上碳排放量最大的国家之一，在"十一五"规划期间就提出了节能减排的概念，因此，低碳发展不仅是为了应对气候变化，更是生态文明的建设要求和目标。碳排放的约束必然寻求低碳经济的发展，贫困地区由于区位因素、资源禀赋、环境承载力等的要求，更需要以低碳为发展目标。一方面绿色植被作为自然资源环境的主要指标，另一方面单位生产总值能耗也是"绿色减贫指数"中的重要指标，因此，低碳与绿色减贫有着天然的联系。

低碳与绿色减贫是指在减贫过程中发展的低碳经济。从"碳资源"角度对低碳扶贫进行定义，即贫困地区的"碳资源"禀赋情况，运用低碳经济的方法和手段开发"碳资源"，形成碳交易产品，最终实现低碳经济和扶贫开发的有机统一。[1] 贫困地区发展低碳经济，是将应对气候变化和扶贫两大战略进行有机结合，同时，转变经济发展方式，实现贫困地区绿色可持续的扶贫新思路。[2] 碳排放与绿色减贫可以实现三种路径的有机结合：一是有利于拓展贫困地区可持续的扶贫资源；二是有利于创新扶贫开发机制；三是有利于实现国家应对气候变化目标

---

[1] 芦千文：《我国贫困地区低碳扶贫模式研究》，中共中央党校，硕士学位论文，2013年。

[2] 田成川：《低碳发展:〈贫困地区可持续发展的战略选择〉》，《宏观经济管理》2015年第6期。

任务。

低碳经济的政策工具较多，尤其适用于绿色减贫。基于市场机制选择，碳汇产业可以有效地形成森林碳汇和草原碳汇，利用碳交易市场，转变成经济收益；如果基于政府财政转移支付的选择，低碳扶贫又可以依托生态补偿或者生态付费项目[①]。简言之，低碳发展通过有效的机制设计，可以实现减贫的新思路，创新资金配置方式，动员多方参与。

二、绿色减贫国际理念与方法

（一）参与式扶贫与能力建设

扶贫作为一项国家治理贫困的行为，目的是通过一系列相关的政策解决贫困地区人口、经济、生活困难、社会发展带来的负面效应——社会分化严重性。在世界任何地方，扶贫都是一项艰巨的任务，政府也一直担负着扶贫参与主体重要角色。"参与式扶贫"在扶贫中的运用，主要体现为整体性和系统性的特点，这一理念最初由美国 Noman Uphoft 提出，参与的对象不仅要执行发展，还要作为受益方参与监测与评价。积极引导具有劳动能力的帮扶对象参与到扶贫过程中，使贫困对象能够通过自身的能力发展摆脱贫困，同时通过经济增长方式的转变，保证公共服务的普遍化和公平化（《中国农村扶贫开发纲要（2011—2020 年）》）。参与式扶贫的特点主要体现在：一是农民是参与的主体；二是参与式扶贫的核心是"赋权"，即农民在减贫过程中参与到其中，享受帮扶的权利，即参与贫困治理的权利；三是参与式扶贫

---

① 陆汉文：《连片特困地区低碳扶贫道路与政策初探》，《广西大学学报（哲学社会科学版）》2012 年第 3 期。

注重农民能力的提升。参与式扶贫方式一般通过项目，使农民参与其中，提升自主脱贫的能力。

参与式扶贫发展模式是实现贫困农民脱贫的有效路径，其要旨在于强调全面提高农民的内生发展能力以建立可持续发展的扶贫机制。政策的制定与落实往往有很大的差距，其中的关键问题是基层政策执行者和普通民众能否充分理解政策意图。

（二）多维贫困与绿色减贫

相对于单一的以收入或消费为指标衡量贫困，多维贫困指数能够更全面和准确地反映农户的贫困状态。联合国开发计划署（UNDP）在《人类发展报告》中提出了能力贫困指数，即从健康、教育和生活三个水平维度衡量个体能力的缺失。在此基础上形成了 A—F 的测评方法。[1]

虽然贫困的各个维度均和收入存在必然联系，但不同维度层面的减贫措施，却可以将目标不断分解，同时划分实施风险。绿色减贫可以从教育入手，也可以从其他角度入手解决。同时，不同维度的风险划分，也可以同社会治理相结合。

多维贫困指数（MPI）

---

[1] Alkire S, Foster J., "Counting and multidimensional poverty measurement." *Oxford: OPHI* 2009.

> 多维贫困指数（MPI）是一个衡量多维贫困程度的指标。它反映了 104 个国家在教育和健康以及获得资产和服务方面的问题。多维贫困指数包括三个维度：健康、教育和生活水平。这三个维度利用 10 项指标来衡量，并采用 Alkire and Foster（2007、2009）提出的方法识别贫困家庭、测量贫困水平。每个维度具有同等重要性；维度中的每个指标也具有相等的权重。多维贫困指数揭示了同时影响一个家庭的多个贫困因素的组合。当且仅当被剥夺的几个组合指标的加权综合高于 30% 时，一个家庭才能被认定为多维贫困。

2010 年，联合国开发计划署和牛津大学贫困与人类发展倡议联合提议采用多维贫困指数为贫困的货币衡量方法做补充。这种多维度的方法提供了一个更为精确和有效的衡量家庭、地区或国家贫困程度的方法。

绿色减贫的目标是消除贫困，就前文对绿色减贫的理论基础和实现路径分析来看，贫困是一个综合因素的合集，非收入形式的脱贫目标对改善人类、社区、地区和国家的状况具有良好的效果。贫困与健康、教育、社会保障等主要社会服务都存在不可分割的联系，因此，多维因素和收入同样重要。绿色减贫的前提是可持续发展，而可持续发展必然是社会权利和社会保障充分行使下的可持续，自然生态和人文社会的可持续，因此，多维贫困的测度方法对绿色减贫而言，具有更为重要的作用。

（三）自然资源价值化与绿色减贫

自然资源是在一定时间条件下，能够产生经济价值以提高人类当前未来福利的自然环境因素的总称（联合国环境规划署，1972）。自然资本的概念在 1997 年由 Robert 等人提出，虽然学者对自然资源价值的理解稍有偏差，但基本的认定可以分为如下两个方面：一是效用价值基于对自然资源物质上的多种功能运用，自然资源所有者可通过市场交换获得其他物质或资金；二是基于稀缺性而形成的稀缺价值[1]，具体来说，一些自然资源不可再生，因此稀缺价值具有特殊性，需要通过产权界定、技术和政策支持后，通过市场渠道才能实现这部分价值[2]。自然资源的双重价值属性具有一定的流通性和可变现的能力。自然资源的这两种属性共同构成了生态补偿的基础，因此，生态补偿对于自然资源的破坏或享受到自然资源的外部经济，都需要转化成一种价值支付行为。绿色减贫的机制与途径之一就是生态补偿，生态补偿针对的自然资源可以是自然型资源、资源型资源、权利型资源。

生态补偿机制与实践路径实质上是自然资源价值交易机制的一种，生态补偿在国际被称为生态系统服务价值付费项目，PES 机制或者项目具有两种特点，一是瞄准，二是减贫。这种减贫的性质并非补偿的基础，而是一种目标任务。绿色减贫的目标为减贫，但是，实现路径可以通过生态付费项目实施。

三、绿色减贫国际行动与典型案例

（一）贫困环境倡议（PEI）

贫困环境倡议是一个关注环境与贫困密切链接关系的国际倡议，由联合国开发计划署（UNDP）和联合国环境规划署（UNEP）发起的联合国消除贫穷的全球项目，旨在通过支持国家主导的全球性努力，将贫

---

[1] 吴健：《环境和自然资源的价值评估与实现价值》，《中国人口·资源与环境》2007 年第 6 期。

[2] 严立冬等：《自然资源资本化价值诠释——基于自然资源经济学文献的思考》，《干旱区资源与环境》2018 年第 10 期。

困与环境政策主流化，纳入国家或地区发展规划的决策、预算、实施和监测之中。[①] PEI 向政府合作伙伴提供财政和技术援助，建立机制和能力建设方案，开展相关行动以解决特定的贫困和环境问题（UNDP、UNEP，2010）。贫困环境倡议的核心目标是通过将扶贫、环境和自然资源可持续性目标纳入政府的核心政策，以此减少贫困和实现经济增长目标。因此，这一倡议被认为是支持各国将可持续发展目标本地化所需的各种体制模式的先驱。它展示了国家层面的政治经济激励措施，在解决贫穷和环境发展的关系方面发挥了关键作用。

该倡议采用高度灵活和多样化的方案，为参与者提供了在特定国家情景下广泛选择相关行动措施、发展战略、技术方法和政策工具的机会。贫困环境倡议项目实施方法是对联合国发展集团（UNDG）和联合国开发计划署（UNDP）联合执行的 2030 年可持续发展目标提出的主流化、加速和政策支持理念的具体实施[②]，其目标旨在提高所有利益相关者的认知，帮助各国政府在国家和地方一级落实目标，最终将目标纳入国家规划、战略和预算。加速帮助政府实现可持续发展目标的进程，明确加快进程的关键制约因素，重点关注与国情相关的发展目标。政策支持部分旨在向致力于实现可持续发展目标的国家提供协调统一的一揽子政策支持（UNDP，2016b；UNDG，2016）。

[①]　UNDP-UNEP, " Poverty-Environment Initiative(PEI) In Rwanda.", 2010.
[②]　UNDP, "Voices of Impact: Speaking for The Global Commons, Stories from 25 Years of Environmental Innovation for Sustainable Development.", 2016.

案例　卢旺达环境贫困倡议，UNEP&UNDP

卢旺达的经济主要依赖土地、森林和水等自然资源，这些资源是农业、渔业、家庭能源和旅游业的基础。然而，由于水土流失、森林砍伐和气候变化的影响，这些资源不能持续利用，降低了贫困群体和弱势群体的经济和社会效益，使得可持续发展目标的实现更加困难。

卢旺达 PEI 项目的总体预期目标是加强有效的资源环境管理，以促进减贫、可持续经济增长目标的实现。卢旺达的 PEI 方案在 2005—2013 年分三个阶段实施。第一阶段重点推进国家层面的政策实施，第二阶段和第三阶段则转向重点区域和重点领域，以促进 PEI 理念的全面推进和实施。

卢旺达将环境问题整合到国家、区域和部门减贫战略和规划、政策、预算和监测体系中，实现贫困—环境主流化建立国家环境基金，卢旺达的环境和气候变化支出从 0.4% 上升到 2.5%。设计和实施鲁巴伊（Rubaya）示范村项目，项目得到复制推广。恢复了卢旺达鲁盖济（Rugezi）湿地，并获久负盛名的"绿色全球奖"。

卢旺达 PEI 项目通过影响政策制定过程、加强部门和区域水平的机制和能力建设、影响预算流程和财政预算分配、通过对基层的示范影响提高认识 4 个方面进行政策干预，取得了很好的效果。

（1）影响政策制定过程

干预措施：

作为卢旺达 PEI 计划的一部分，PEI 团队通过积极参与定期工作组会议和编写工作文件，深入参与经济发展与贫困减少战略Ⅰ和战略Ⅱ的发展进程，提出了创新的 P-E 评估方法和指标地图（2005），发布了将环境作为主要因素纳入经济发展与贫困减少战略

（2006）和能源部门（2006）规划的向导，并对卢旺达的自然资源管理进行了经济分析（2006）。

成效：

卢旺达财政和经济规划部（MINECOFIN）和环境管理局（REMA）以跨部门综合的方式将贫困—环境问题纳入主流化，使发展规划能力得到加强，环境被纳入了经济发展与贫困减少战略第一阶段的交叉问题和土壤侵蚀的目标控制范围。采用经济发展与贫困减少战略的 P-E 指标战略，环境成为经济发展与贫困减少战略的一个独立部门。

2013 年 6 月，卢旺达通过了第二次经济发展与贫困减少战略，加强了环境与减贫目标、P-E 优先目标和指标之间的联系。

鲁盖济湿地生态系统恢复作为 PEI 项目的优先选择。湿地修复后水位上升，建设一座 2.1 兆瓦的水电站，为农村居民提供了就业机会，对其他社会经济活动产生倍增效应。除了恢复湿地之外，还实施了一项大规模的项目——安置居民，引进可持续耕作技术和其他创收活动，该法律限定了湖泊和河流 50 米范围内的活动，并确定了湿地附近允许的活动类型。卢旺达环境管理局代表卢旺达政府，于 2010 年 10 月获得了国际知名的"绿色全球奖"，以表彰其为恢复鲁盖济湿地所做的努力。

（2）加强部门和区域水平的机制和能力建设

干预措施：

与国家、部门和地区一级的决策者和预算官员保持密切联系，以加强能力和跨部门协调，将 P-E 指标纳入主流工作，被认为是实现预期成果的关键干预措施。对卢旺达环境管理局和财政部等各部委和地方当局的工作人员进行了多项国家能力建设的 P-E 指标主流化培训。启动了一项卢旺达政府贫困—环境倡议（GOR-PEI）实习计划，将实习人员分配到实习部门或地区主管部门，以加强P-E主流化的部级能力。制定了针对这些部门的政策简报和准则。

成效：

经济发现、对部门的能力支持、政策简报、指导方针和预算通告使16个部门中的8个部门能够参与和实施更可持续的环境事件，其中包括环境管理局提出的可持续流域管理政策。由于PEI对工作的支持，使得可持续农业生产投资增加。

2013年和2014年，其余8个行业和30个行政区也相继制定了政策目标，包括支持绿色村庄、应用环境影响评估（EIA）、加强废弃物管理、节能炉灶和土壤侵蚀控制措施等。这是由PEI能力建设支持，实习项目扩大到各地区以及鲁巴伊示范村，项目取得显著成功。

（3）影响预算流程和财政预算分配

干预措施：

为了评估与环境相关的支出，2009年卢旺达环境管理局在贫困—环境倡议的支持下，开展了2005—2008年公共环境费用审查(PEER)。审查表明只有0.4%的国家预算中包含环境和气候变化。2010年对卢旺达现有的和潜在的环境财政改革与经济手段进行了审查。依据审查的建议，政府在PEI支持下建立了国家环境与气候变化基金(FONERWA)，以加大对可持续环境自然资源管理和气候变化治理的投入。2013年，开展了第二次公共环境费用审查，审计2008—2012年的公共环境支出。

成效：

2009年公共环境费用审查的调查结果与经济分析相结合，为推动 P-E 纳入预算和行业规划，对帮助应对执行中的挑战提供了额外的理由。2013 年公共环境费用审查结果显示，卢旺达的环境和气候变化支出从 2005—2008 年的 0.4% 上升到 2008—2012 年的 25%，这是由于部门对环境自然资源相关问题的参与度提高，部分原因是财政和经济规划部（MINECOFIN）在 2010—2011 年要求所有部委通过预算电话通告（Budget Call Circular，BCC）对环境进行规划和预算。2013 年财政和经济规划部进一步在预算电话通告中列入了环境与气候变化附件。为了促进规划和预算程序的变化，在 PEI 的支持下，每年必须开展规划者和预算人员的培训。

2012 年，财政和经济规划部执行了英国国际发展部（DFID）的项目，DFID 提供了 3600 万美元的资助，政府承诺按照 1∶4 进行经费配套，提供配套经费 900 万美元。2013 年 11 月，首批以水土综合管理为重点的项目获批。这些项目旨在对居民生计和自然资源与环境方面产生积极的影响，并确保 P-E 继续在 PEI 之外实现主流化。基于国家环境与气候变化基金的成功实施，来自布基纳法索、老挝、尼泊尔和泰国的政府代表通过 PEI 支持的南南交流，从卢旺达学习了经验。

（4）通过对基层的示范影响提高认识

干预措施：

突出综合的可持续环境与自然资源管理如何帮助减少贫困现象？卢旺达环境管理局与 PEI 合作，在各部门的配合下，设计和实施鲁巴伊示范村项目。支持新建房屋、雨水收集、沼气系统、植树和梯田等行动。当地社区在区议会的支持下管理项目，在规划过程中发挥了核心作用。

成效：

Rubaya 示范项目的干预措施提供了一个很好的案例，说明如何以更可持续的方式对环境和自然资源进行投资，从而减少贫困，改善人类福祉。这个社区运行的项目，通过减少贫困现象，加强环境和自然资源的可持续利用，提高气候变化的适应能力，使200人(62% 是妇女)从中受益。

通过该系统产生的沼气分配给家庭用于烹饪和照明，减少了对柴火的依赖，从而降低了森林砍伐率和收集木柴的时间，可以腾出时间让妇女从事生产活动。据估计大约可以保护14公顷的森林。由于使用了沼气，社区拥有清洁无毒的燃料来源，从而减少了因烧火而带来的雾霾问题和相关的健康问题。

通过出售牛奶、粪便和水，合作社年收入为26000美元，用于支持农户家庭生计。自2010年以来，该合作社成功地管理了这一倡议项目，展示了该项目的社会、体制和财政可持续性，并强调社区如何参与到率先实施的地方可持续发展规划。

示范村项目引起了其他参与者巨大的兴趣，并成为布基纳法索、莫桑比克和马拉维政府代表参与的南南交流项目的一部分。鲁巴伊示范村项目的成功进一步使示范村项目在穆汉加(Muhanga)地区得到推广，在卢旺达环境管理局和 UNDP 卢旺达办公室等机构的支持下，地方政府在2014—2015财政年度要求所有地区，基于鲁巴伊示范村项目的最好实践，至少建立一个示范村。PEI卢旺达支持一项关于该村成本效益的研究，以协助政府调动资源，真正扩大这类村庄的规模。

卢旺达环境贫困倡议经验教训：

在执行卢旺达环境贫困倡议项目过程中吸取的主要经验教训与

机制、领导力和能力建设等问题有关。

卢旺达贫困—环境倡议执行中的一个重要经验是建立强大的国家权力。政府和联合国开发计划署的政策支持，PEI 工作人员持续和深入地参与到国家发展规划进程中，这些对于项目取得充分进展，实现预期成果至关重要。另一个重要经验是财政和经济规划部在加强贫困环境主流化的跨部门协调方面发挥关键作用，2008 年扩大贫困环境倡议非洲方案时，新的国家方案是由财政和规划部领导的，而并非由环境机构领导。

解决后续阶段中的问题要从政策转向实施，需要更多地关注预算过程、部门工作和具体的示范，揭示环境贫困主流化实施过程中，如何能够激励行政规划者将贫困环境目标纳入他们的计划。

为确保在行业和地区层面落实贫困环境目标，部门和地区规划者为实现这些目标的自主权和能力需要进一步加强。贫困环境主流化是一项复杂的政策任务，在取得进展的同时需要花费更多的时间，在更多政策执行的细节方面加强努力。为了通过不同的部门政策实现贫困—环境目标，计划和预算比影响国家发展计划的第一步花费的时间要多得多。

（二）绿色经济倡议与减贫

联合国环境署在 2008 年推出了绿色经济倡议，支持全球绿色经济国家实践项目，自 2013 年以来，在全球多个国家展开示范。绿色经济倡议行动在传统经济学的基础上，以环境可持续发展为导向树立了绿色发展的理念。联合国环境署和环境保护部合作启动了生态系统经济学（TEEB）中国计划，与中国的生态文明建设、自然资源资产管理等工作高度吻合。同时，绿色经济倡议已成为环境署全球性的基础工作，2014 年与 UNDP、UNDIO、ILO 和 UNITAR 等联合国机构共同发起了绿色经济行动伙伴计划（Partnership for Action on Green Economy，PAGE）。

案例　江苏绿色经济促进项目

2017 年 9 月，江苏省绿色经济促进项目（二期）正式启动，项目主要工作是针对江苏省工业园区绿色转型相关案例进行总结，选取适当的指标评估工业园区的绿色转型进程，提出江苏省工业园绿色转型的方向和路径，并向其他省份和国家推广江苏省工业园区绿色经济转型模式和经验。目前，江苏省工业园对国民经济促进作用越发显现，但受传统工业模式影响，工业园区普遍存在污染集中处理设施水平参差不齐、园区环境保护数据不清、排污许可等监管手段不深入、园区环保能力薄弱等一系列问题。项目经验认为，园区的转型主要依靠经济转型的机制和政策引导，推动市场自发创新；重点关注循环经济及生态改造在工业园区绿色转型中的作用；同时界定低碳、循环与生态合一的理念；构建绿色转型指标框架，尽可能地综合评估园区转型。目前，江苏工业园区已经由传统的电子信息产业、机械加工业向生物制药、人工智能、纳米新材料等新兴产业转型，但转型中需要持续关注仍面临的资源环境等问题。

（三）环境服务支付与减贫

生态系统服务与减贫是英国 2005 年为响应千年生态系统评估而发起建设的，主要目标是以减轻贫困和提高福祉的方式确保生态系统得到更加可持续的保护和管理。目前，许多有关生态系统服务和福祉的研究集中在发展中国家，因为贫困人口的福祉大部分直接依赖生态系统服务的提供[①]。

案例　哥斯达黎加生态系统服务与减贫，WB

为了减轻森林退化的威胁，1996 年哥斯达黎加启动了生态补偿计划。哥斯达黎加生态系统服务的支付者和需求方是政府、私有资金、国际银行或者国际代理机构。世界银行在研究和资金扶持方面给予帮助，目标是改善流域水环境服务功能和减贫，哥斯达黎加生态系统服务的受益者包括：居民家庭，共有公司如微型企业、家族企业、小型企业等企业，发展或保护合作社和当地土著社区等，为了确定生态服务的支付水平，生态系统服务行动计划重点关注私人土地的五种用途：森林保护、商业造林、农林交错带发展、可持续森林管理、退化地区的生态恢复。

哥斯达黎加水电公司生态补偿项目：

Energa Global 是一家位于萨拉皮基河流域的私营电力公司，由于水源不足导致该公司无法正常生产，为使河流年径流量均匀增加，同时减少水库的泥沙淤积，公司按 18 美元/公顷向国家林业基金提交资金，国家政府基金再在此基础上增加 30 美元/公顷，以现金的形式支付给上游的私有土地者，与这些私有土地者协商同意将他们的土地用于造林、保护有林地。这种行动既改善了流域水源区，也使周边居民受益。国家森林基金是森林生态补偿制度的重

[①] Helen Suich, Caroline Howea, "Georgina Mace. Ecosystem services and poverty alleviation: A review of the empirical links." *Ecosystem services*, 2015, pp. 1-11.

要管理机构，也是主要推动者，负责筹集补偿资金。除了 Energa Global 公司，哥斯达黎加还采用水费附加的方式，每年从首都圣何塞 2 万多名用水户那里筹集资金，用于支付给上游保护森林资源的农民。哥斯达黎加公共水电公司也通过国家森林基金对保护流域和森林的居民进行补偿。

哥斯达黎加帕瓜尔雷河（Pacuare）河流生态补偿项目：

哥斯达黎加帕瓜尔雷河流域多家筏运公司组成了一个联合组织 ProRios，由于旅游者喜欢河岸两边的"原始丛林"，ProRios 试图通过与森林基金组织 (FONAFIFO) 签订合约发展生态补偿项目，使河岸两侧的土地拥有者把农田转化为林地，首创公司 Rios Tropicale 创建基金购买了沿河周围的 1000 英亩土地，90% 以上被森林覆盖，其余部分用于旅游者休憩和作为就餐的临时场所，这种方式给筏运公司带来了巨大的经济效益，同时也保护了流域，河流周边居民通过旅游业发展而受益。

成效：

通过森林和流域生态补偿项目，先后接近 100 万公顷的林地加入项目，森林覆盖率超过了 50%，提升了碳储存、水生生态、生物多样性保护和优美景观的生态系统服务价值。

哥斯达黎加的生态补偿项目给当地服务提供者带来了稳定的收入，其中农村地区收益最高。1997—2012 年发放了 34 亿美元，是生态补偿的直接社会经济效益。这些比较稳定的定期支付是参与者的一项重要的收入，他们的生计变得多样化，生活得到改善，这些收入来源于森林生态系统服务的提供和相关的农林业。

（四）贫困—环境伙伴关系与绿色减贫

在 2002 年可持续发展世界首脑会议之后成立的贫穷与环境伙伴关系（PEP）是一个致力于在保护环境的同时消除极端贫困的非正式组织。它在组织实现千年发展目标方面发挥了积极作用。自 2015 年达成联合国可持续发展目标协议以来，PEP 进一步发挥了积极作用，目前已经出台了一个新的"零呼吁行动"（"走向零"，意味着实现零贫困、零温室气体排放、零自然资产净损失）。PEP 与联合国机构和国际金融机构等国际组织、国家官方援助组织和非政府组织开展了合作。

案例　埃塞俄比亚牧民社区发展项目，IFAD&WB

牧民社区发展项目 (PCDP) 是发展伙伴之间合作的成功案例，该项目是由国际农发基金、世界银行、埃塞俄比亚政府和当地利益相关者共同合作开展的，旨在帮助小农户、牧民和农牧民获取应对气候挑战的技术、金融、市场和管理自然资源所需的知识，提高他们的生产力和应对气候变化的能力。该项目实施了 15 年，分为三个阶段。项目侧重于改善牧区公共服务的供给和灾害管理，作为提高社区收入、营养、健康和教育水平的基础。

这种社区驱动型发展模式，使当地人在地方发展举措的决策中发挥了重要作用。在社区一级，该项目与牧民合作，建立了管理机制，通过这些管理机制对要采取的行动进行评估和落实。PCDP 还在政府机构内部建立了不同的区和亚区，并发展了问责制、学习和政策对话系统。

在项目实施的 15 年中，PCDP 逐步发展成为一个国家项目，包括除了本尚古勒—古马兹州（Benishangul-Gumuz）和甘贝拉

(Gambela) 以外的所有埃塞俄比亚牧区。145 个贫困地区大约 470 万名农民受益于公共服务和生计改善计划。面对目标地区自然灾害的不断增加,该项目完善了防灾和备灾机制,改进了传统的预警系统,帮助牧民组织建立参与式灾害管理系统以增强抗灾防灾能力。本地协调人员参加了 32 个不同领域的培训,以收集、分析和传播基本的预警和家庭福利信息,从而使社区采取预防措施。该项目中的另一个举措是帮助社区找到灾难的主要原因,并制订五年战略投资计划以减轻灾难。

在该计划支持下,大约有 64000 名牧民现在更有能力应对干旱和洪水,通过修建梯田,保护农田免受侵蚀。此外,有 82 个水项目已经与区域和资源开发办公室合作,以提供饮用水,减少了水源性疾病。同时,社区驱动的发展方法增加了牧区共享知识的机会,并记录地方最佳的创新实践,牧民社区参加交流活动,如年度牧区日、讲习班、互惠工作访问以及广播电视节目,这些活动有助于他们共享知识,加强对项目的参与和干预。此外,还改变了示范点,分析更优质的种子和改良农畜养殖方法等。通过这种方式,从自下而上的社区驱动的发展获得的经验和知识大大提高了牧民相互学习和自我发展的能力。

(五)环境金融和微型信贷扶贫

案例 1 小额赠款——秘鲁种植棉花,GEF

自印加时代以来,棉花在秘鲁当地生计中起着非常重要的作用。既具有较高的经济价值,也具有重要的文化价值。然而,自20 世纪 30 年代以来,因为担心携带可能传播到更有商业价值的白色棉花品种中去的害虫，野生棉花被有意地消灭。没有这种有价值的经济作物，Mo rrope 区的社区依靠小规模种植获取收入，获得生计的机会较少，造成社会和经济问题，贫困日益加剧。在全球环境基金小额赠款项目的支持下，秘鲁的妇女恢复了野生棉花的种植，11 年（2003—2014 年）间得到六个项目的支持。2003 年，当地妇女组织了一个协会通过环保的野生棉花种植以及恢复传统的棉花生产方式满足当地的生计。这些妇女成功地恢复了五种传统颜色的野生棉花，为所需的创收活动奠定了基础，包括销售手工艺品和有机肥料。该协会还积极管理稀缺的水资源，改善当地的灌溉系统，提高农业生产力和饮用水质量。现在以妇女为主的协会覆盖整个社区，项目活动已经在其他 20 个社区得到了推广。

作为 UNDP 的执行机构，全球环境基金 1992 年发起与 UNDP 的联合项目"小额赠款方案"，以"全球思考，区域行动"为执行原则，侧重于为贫困和脆弱的社区及居民社会提供长期支持，以提高其解决关键环境和社会问题的能力。

案例 2　小额信贷扶贫和影响评估

通过加强基于社区组织参与性的方法，开展能力建设是减少贫穷的手段。通过与有利于贫困人口的家庭、机构和服务相结合，开展社区赋权，以解决与贫困有关的问题，同时实现社区组织以及参与小额信贷项目家庭的人力发展和以社区为基础的组织能力的发展。

社区组织致力于为扶贫创收活动提供信贷，构建贫困人口的投资能力，在筛选申请者获得信贷的目的后实施项目。该计划为农作物生产、畜牧业养殖和非农业活动 3 类活动提供信贷。信贷支持农作物生产多达 435 人，畜牧业 27 人，各种非农业活动 103 人。这个项目作为一个整体，能够使贫困人口获取资金，增加他们的投资能力。参与项目的 50 个社区组织在第二轮都加入了这个项目，复制了这种成功的系统。

　　构建社会资本是一个挑战，因为正在运作的社区组织覆盖广泛的领域，而不是直接关注信贷，信贷项目被公认为是加强基于社区组织的工具。从个体家庭的角度来看，信贷增加了对农业或企业投资的能力，是增加作物投资的一种途径。增加收入，减少生计风险，确保粮食安全。

　　无论如何使用，获得信贷均可以提高农户各自家庭收入。信贷利于建立新企业或改善持续经营活动，有助于增加收入。信贷的转变效应在促进低收入家庭向中上等收入移动的能力方面是相当重要的。

　　此外，未来的借贷意向表明进一步加强项目的必要性。另外，也提出了他们在未来的运营中所期望的一些变化。多数受益人表示，信贷是一种非常强大的工具，能够提高他们在投资创收和生产领域的能力。

四、绿色减贫国际创新实践

（一）绿色农业产业创新实践

案例 1　甘肃南部减贫项目，PRP

PRP 项目得到了农发基金 (农发基金，2017) 的支持以及世界粮食

计划署 (WFP) 的额外资助，成功将干旱平原转变为农业活动的绿色走廊，从而消除了长期饥饿状态，改善了甘肃南部地区农户的生计和社区卫生。该项目通过创新技术和解决方案，解决了多种贫困问题，提高了当地社区开展符合自身需求的发展活动的能力。通过参与式方式设计，项目邀请村民小组选择其认为最有价值的减贫行动，并在各村实施。减贫活动分为三项战略：以改善农田为基础的农业活动、农村金融服务和提供社会发展机会。农业活动包括投资灌溉、改善畜牧业生产、改善农业技术服务、在生态退化地区种植树木。这些活动利用了简单的新技术，例如，用塑料地膜改良土壤，用沼气技术实现农业现代化。农村金融服务包括小额贷款，让农民在生产活动中进行投资。社会发展包括卫生、教育和其他社会基础设施的改善，以及为该地区妇女提供扫盲培训。项目通过提供一系列互补的减贫活动，为当地人口提供广泛选择，解决了当地因多种因素造成的贫困问题。为确保最贫困人口获得援助，每年都重新评估家庭经济状况。项目最终取得了具体成果。在 2006 年项目开始之前，甘肃南部四分之一以上的家庭每年不得不忍受四个月的"饥荒季"，有时发生两次。到 2012 年在实施项目活动之后，"饥荒季"终结，当地居民的生活因此变得更加健康。社区卫生状况也有所改善，儿童慢性营养不良率和新生儿死亡率均有所下降。青年人的识字率开始上升，到 2012 年，实施该项目的社区中有 97% 的人学会了识字读书。土壤枯竭是该地区贫困的根本原因。造林、恢复牧场改善草地作物生产都与土壤质量有着直接的关系。该项目通过植树造林、恢复牧场和建设山坡梯田等措施改善了近 6000 公顷的土地，增加了单位面积产量，同时减少了肥料投入。在项目实施期间，超过 17 万名农民增加了家庭收入。在该项目与国家整体经济增长的综合扶持下，当地居民有能力购买冰箱、洗衣机，甚至摩托车。家用电器减少了耗时的家务活动，并使当地农民，尤其是妇女更加关注农业生产和创收。

在适当扶持下，小型家庭农场可以成为实现可持续增长的实践模式，确保粮食安全并减轻农村贫困。粮农组织在几个欧洲和中亚国家（包括阿尔巴尼亚、亚美尼亚、格鲁吉亚、吉尔吉斯斯坦、摩尔多瓦、马其顿和塔吉克斯坦）同时开展的项目正在努力实现这一目标。

> **案例 2　小规模农户耕作系统中的气候智能型农业，FAO**
>
> 联合国粮农组织的"农业减缓气候变化"（MICCA）于 2010—2014 年在肯尼亚和坦桑尼亚首次实施了两个试点项目。近 10000 名农民提高了技能，将气候智能型农业（CSA）融入当地耕作系统和景观中。
>
> 在肯尼亚，联合国粮农组织对 4500 多名小规模奶农的农业生产活动提供了支持，帮助他们养殖适应气候变化的牛，并通过高效的畜牧生产系统，减少温室气体的排放。具体为：协调种植业、畜牧业、林业与渔业等各农业生产活动之间的关系，采取更加有效的农业管理方式，改善农业系统的整体温室气体平衡。在坦桑尼亚的乌卢古鲁山区，有 4948 户家庭接受了培训，将保护土壤和水资源的做法应用到农场管理中。该项目的实施取得了显著的成效：(1) 农户的农业生产率与收入得到显著提高，增加了粮食供应；(2) 农户应对气候变化的能力有所提高。

（二）文化旅游、金融产业创新实践

特色文化产业扶贫也是创新的模式，同生态资源一样，具有重要的消费价值。在文化资源丰富的地区开展旅游业，具有潜在的文化效益和经济效益。同样，乡村旅游也发挥了其重要的生态景观价值，构建了与游客之间的利益联结，这两种都是较好的绿色减贫实践模式。

案例　马来西亚原住居民发展乡村旅游实现减贫

在马来西亚的雪兰莪州，当地大部分的土著居民的贫困状况与他们所从事的职业、林地所有权和受教育程度有关，在经济活动中过分地依赖以森林为主的自然资源。原始的经济活动仅为土著居民提供了短暂的就业机会与较低的收入来源，生计十分脆弱。截止到 2010 年 12 月 31 日，马来西亚 31.16% 的贫困家庭是土著居民，其中，7321 人是严重贫困人口，4102 人是贫困人口。虽然土著居民的贫困比重由 2000 年的 83.4% 下降到了 2010 年的 31.16%，但是仍被贴上一个过于依赖政府援助生存的标签。

在第十个马来西亚计划（RMK10）中，马来西亚政府提出了对土著居民的职业援助方案，主要包括民宿、生态旅游服务等。通过创业培训、资助和加强业务网络来促进当地文化旅游业的发展，为当地居民提供平等的发展机会以实现当地居民的就业与脱贫。

通过职业教育（旅游）扶贫旅游方式来提高他们的知识和技能。政府制定的职业教育扶贫旅游方法提供旅游职业知识和技能课程大纲，主要包括旅游环境、职业素养、旅游文化、旅游计划等方面，并且培养一些旅游项目的开发者，将当地的土著居民培养成为旅游供应商、旅游开发者或小型的手工业者，提高对旅游资源的开发与利用潜力。目标包括：（1）打造负担得起的原住民居住区，吸引游客前来；（2）发展有利于旅游景点的原住民文化；（3）生产优质工艺品作为旅游纪念品；（4）确定让游客满意的土著艺术价值；（5）确定游客对本地产品的喜好；（6）发展旅游扶贫项目实现土著居民的就业，扩大收入来源，降低土著居民的贫困程度。文化旅游活动为当地居民提供了就业机会、改善基础设施、增强自尊心、保持健康并且增加收入，当地的土著居民参加旅游脱贫的意愿十分强烈。政府的文化扶贫支持注重让土著居民对文化减贫计划具有高度的信心，意识到贫穷可根除并非遗传。

引领土著居民参与旅游活动的关键步骤是通过职业教育（旅游）扶贫旅游方式来提高他们的知识和技能。政府政策引导当地居民发展旅游业，为当地土著居民提供指导手册。政府机构鼓励旅游部门建立相应的指导制度，引导当地土著居民开展旅游活动。改善景区环境，并且打造亮点吸引游客进入景区。大部分景区是以下几类旅游景点的组合：自然冒险、文化教育、购物、餐饮、旅游体验等。通过项目的指导促进当地居民推动旅游业的发展，该项目的成功实施依赖于政府的技能培训、政策和财政支持。

农村地区长期以来面临融资难与储蓄难的问题，依靠传统金融几乎无法满足脱贫需求。因此，在改善金融服务的过程中，创新更为重要，目前主要有两个方面的实践，一是提供数字金融服务，二是创新金融信贷产品。

案例 1　尼日利亚数字金融提高扶贫补贴效率

2012 年，尼日利亚联邦农业部和农村发展部（Nigeria's Federal Ministry of Agriculture and Rural Development, FMARD)推出了成长提升支持计划(the Growth Enhancement Support, GES)，移动支付

服务商 Cellulant 提供技术支持改善政府分配化肥补贴效率低下现象。在 GES 计划下，政府的角色从直接采购和分配肥料转向促进采购、肥料质量管理和促进私营化肥价值链。州政府和地方政府负责登记符合条件的小农（拥有 5 公顷或更少的农田），然后农户会得到一个 GES ID 号。如果农户拥有一部手机，在登记期间，他们的手机号码也会被记录在册，系统会定期向他们发送信息，确认他们的登记，并通知他们何时何地获得补贴。收到补贴的农户可以前往当地的农业经销赎回中心采购化肥。如果交易成功，农户和农业经销赎回中心都会得到确认授权发放补贴的信息。在 GES 计划实施的第一年 (2011 年)，有 120 万名农户在 GES 计划下用补贴购买了化肥，到 2013 年末，有 800 万名农户获得了补贴，其中 430 万名农户购买了化肥。与之前政府实施的补贴计划相比，GES 计划的效率和透明度要高得多。2011 年，FGN 花费了 300 亿尼日利亚奈拉 (约 1.8 亿美元) 用于农户化肥补贴，其中 90% 的资金没有到达农户手中，仅 60 万—80 万名农户受益，每名农户获得化肥的成本为 230 美元。相比之下，到 2012 年，FGN 的补贴和管理成本仅为 50 亿尼日利亚奈拉 (约为 3000 万美元)，有 120 万名农户从中受益，每个农户的补贴成本为 46 美元，补贴成本下降了约 90%。

案例 2　孟加拉国格莱珉银行的小额信贷

格莱珉银行开创了"灵活贷款"模式，帮助以自雇式创业为主的穷人渡过暂时难关，增强其信心与自立能力。"灵活贷款"即客户如果不能在 6 个月内按时偿还贷款，银行就会与其签订新合同，重新安排还款计划。农户可以根据自己的实际情况制订还款计划，额度更小、还贷期限更长（第一次签订的合同不可超过 3 年）。如果农户按照新合同运作顺利，其可以重返"基本贷款"者的行列，重振信心和加快贷款步伐；如果其遭遇了新的困难，如生产经营失败、疾病、财产被盗等，难以执行已经签订的"灵活贷款"合同，银行还会给其机会再次签订新的"灵活贷款"合同。在银行的帮助下，许多农户克服了困难，不仅偿还了贷款，更重要的是，农户对自己的能力树立了信心。

（三）新能源产业创新实践

能源的可持续发展是在环境与社会公平下必须坚持的法则，新型能源扶贫方式的探索，是对环境与社会综合发展考量的结果。孟加拉国的家庭太阳能系统计划和中国的光伏扶贫是很好的例证，旨在充分利用贫困地区的能源产业，实现贫困地区精准扶贫和生态环境保护的双赢局面。

案例　孟加拉国家庭太阳能系统计划

孟加拉国于 1997 年建立了国有的基础设施开发有限公司负责家庭太阳能系统的开发与实施，该公司于 2015 年前向农村用户资助了 400 万套家庭太阳能系统，早在 2008 年就成为继德国、日本和西班牙后全球第四大光伏电板安装市场。该计划得到了世界银行、亚洲开发银行、德国国际合作机构（GIZ）、德国复兴信贷银行、全球环境基金（Global Environment Facility）、产出导向型援助全球合作机制（GPOBA）以及荷兰发展组织等多边发展机构的资助。另外，孟加拉国政府还创新了金融模式，以最大限度降低家庭太阳能系统的购买成本。最终该计划获得巨大成功，一开始设定的是，到 2008 年 6 月资助 5 万套家庭太阳能系统，而这一目标提前三年于 2005 年 9 月完成。截至 2015 年底，已经惠及 400 万户家庭。

同样，光伏扶贫在中国市场也得到认可，主要通过太阳能电池板带来经济收益促进减贫。中国于 2016 年发布的《关于实施光伏发电扶贫工作的意见》明确表明，2020 年前，要以整村推进的形式保障 16 个省 471 个县（市、区）约 3.5 万个建档立卡贫困村的 200 万建档立卡无劳动能力贫困户（包括残疾人），每年每户增收 3000 元以上。截至 2015 年，光伏扶贫工程帮助近 43 万户建档立卡贫困户，其中包括 8.8 万户失能贫困户，帮助 956 个贫困村摆脱了无集体收入的困境。

（四）数字信息化扶贫创新实践

数字信息化扶贫已经得到国际认可，相对于国际上 ICTs 的产业链发展和市场化的扶贫模式，中国的电商扶贫经过本土文化的消化后，建立了一种更符合本国国情的交易商—农户—消费者的连接模式，可视为大有发展前途的扶贫创新探索。

案例　贵州黔南电商扶贫案例

贵州中南部黔南布依族苗族自治州，是典型的多民族聚集地。黔南州依托独特区位优势和交通优势，积极开展电子商务等新兴物流模式，加强基础设施建设，为民族地区农产品销售搭建网络平台，建立特色农产品品牌。黔南州电子商务商贸物流的发展延长了产业链条，吸纳更多贫困群众参加。

（1）"物流 + 产业扶贫"模式

龙里县位于贵州中部腹地，毗邻贵阳，近年来大力发展现代物流业，当地建立的快递物流园区作为唯一的省级快递物流园，为当地贫困家庭提供了极大的便利。一是提供了更多的就业岗位，二是产销对接下，拓展了当地茶香村的刺梨销售市场，缓解了当地的贫困问题。

（2）贵定县的精准扶贫

贵定县位于国家滇桂黔石漠化集中连片贫困地区，当地开发了扶贫大数据平台，将贫困户的基本情况、产业扶贫情况、电商扶贫情况等都录入系统，通过收集数据，形成每个贫困户专有的"一户一码"。数据按照每两周更新一次的频率，用精准的信息收集来确定精准帮扶的对象。这种方式，将帮扶对象和生产合作社、企业、大户、贫困户联结在一块，有效匹配，使产业扶贫和电商扶贫取得了实质性的突破。

五、解决环境与贫困问题的主要经验及对中国的借鉴

2030 年可持续发展目标将经济、社会和环境作为全球发展议程的核心，贫困和环境之间多种的连接方式引导全球机构更多地关注环境与减贫，利用自然资源资产价值开展扶贫，将是未来全球和中国采用的主要方式，因此，国际做法和经验对中国有极为重要的借鉴与启示作用。

首先，完善机制和政策工具设计。将绿色减贫作为深度贫困地区减贫的主要手段和 2020 年后减贫脱贫的主要模式，探索更符合绿色减

贫的政策工具与措施。（1）生态补偿与减贫，充分认识绿色产品所带来的环境保护价值，增加绿色生产的附加值，以生态补偿的理念建立符合市场的交易机制，尤其是碳汇、流域补偿等。（2）主流化国家环境减贫政策，PEI的核心是把贫困—环境嵌入国家或区域发展规划，将绿色政策融入国家。一国的政策力量一定可以将扶贫的绿色化进程以机制形式固定下来，并不断创新。

其次，探索包容性可持续发展的减贫路径。深入领会"两山"理论所蕴含的重要思想。（1）设立生态公益岗位减贫。（2）支持绿色产业扶贫，如有机农业、生态农业减贫、生态旅游减贫、光伏发电扶贫等。（3）生物多样性保护与减贫。（4）绿色金融、数字信息化扶贫。（5）继续扩大贫困—环境的创新方法，利用多维贫困指数更全面地关注环境问题。

再次，激发减贫的内生动力，建立环境减贫治理体系提高治理能力。扶贫与扶智、扶志相结合激发贫困人口的内生动力，通过环境教育社区文化建设干预和参与式方法，加快深度贫困地区的脱贫速度。加大对深度贫困区和连片贫困区的人力资本投入，通过外部介入式干预，实现深度贫困地区的大格局扶贫与扶智、扶志相结合，激发贫困人口的内生动力。贫困人口由于福祉依赖、自卑、缺乏发展信心和生活目标以及少数民族地区文化因素的影响，自身内生动力不足。激励村级社区文化的参与式发展进程，以发展村集体经济或者合作经济为基础，建设积极向上的社区文化，发挥农村社区合作社和种植协会的带动效应和示范效应。

最后，利用现有的全球环境保护和减贫倡议引导环境减贫政策的实施和有效执行。目前，基于 UNDP、UNEP、WB 和 ADB 等国际机构发起和引导了一些以环境保护和扶贫为目标的大型行动倡议，例如贫困—环境伙伴关系倡议、绿色经济倡议、环境与减贫倡议等，这些倡议通过国际机构的推动和地方政府配合，实现了保护环境与减少贫困双赢的目标，并通过能力建设、推动赋权和技术引导与教育实现了区域的内生性增长，发挥了一定的带动示范效应。

◆ 专家研究报告二

精准扶贫视域下的森林碳汇扶贫模式创新 [①]

——以"诺华川西南林业碳汇、社区和
生物多样性项目"为例

近年来，随着森林碳汇项目在发展中国家欠发达地区纷纷开展试点工作，有关森林碳汇与反贫困的内在联系日益成为国内外森林碳汇研究和实践中关注的新兴议题，国内提出了森林碳汇扶贫这一新概念（丁一等，2013；刘永富，2014；曾维忠等，2016）。2018年1月，国家发改委等六部委联合印发《生态扶贫工作方案》，明确要求结合全国碳排放权交易市场建设，积极推动清洁发展机制和温室气体自愿减排交易机制改革，研究支持林业碳汇项目获取碳减排补偿，加大对贫困地区的支持力度，将森林碳汇扶贫提升到前所未有的高度。然而不容忽视的问题是，尽管森林碳汇项目实施主要集中在边远贫困地区，但作为市场机制主导下的项目开发，妇女、少地者、穷人等往往被边缘化，难以获得公平合理的收益（Cacho等，2005；陈冲影，2010；Benessaiah，2012；吴国春等，2013），亟须通过森林碳汇扶贫模式创新

---

① 作者简介：杨帆，博士，四川大学社会发展与西部开发研究院助理研究员，主要研究领域为民族经济；曾维忠，四川农业大学西南减贫与发展研究中心主任、教授、博士生导师，主要研究领域为区域经济与绿色发展。项目来源：国家社科基金项目"推进西南民族地区森林碳汇扶贫的政策研究"（15BJY093）。

和益贫机制构建，更好地发掘森林碳汇的减贫潜力。

一、森林碳汇扶贫面临的挑战

通过对四川、云南和贵州实施的典型森林碳汇项目开发区的实地考察，尤其是对相关政府部门、企事业单位、非政府组织负责人和工作人员进行座谈交流、深度访谈，发现森林碳汇扶贫主要面临以下困境与挑战。

（一）认识存在偏差，基础性制度安排及其益贫机制建设滞后

受访者普遍认同森林碳汇的扶贫功能，认为进一步拓展森林碳汇项目开发的正面效应，积极减少其负面影响是有必要的，有利于实现应对气候变化、生态文明建设、生态扶贫、绿色减贫和精准扶贫等多赢，应将森林碳汇项目作为我国碳交易的优先领域深入推进，不断扩大森林碳汇市场份额。然而，从实践层面来看，如何完成造林再造林任务、提高苗木成活率和保存率往往是造林实体、各级林业管理部门等关注的焦点和检验项目成败的普遍标准，许多碳汇造林再造林项目实施与传统造林项目区别不显著（吕植等，2014），对达成贫困人口参与受益和发展机会创造目标的约束性、考核性指标模糊或直接忽略。简单地将在贫困地区实施森林碳汇项目等同于森林碳汇扶贫、将森林碳汇项目等同于一般产业扶贫项目的片面认识仍普遍存在，森林碳汇在助推精准扶贫中的作用还未充分发挥出来，森林碳汇扶贫整体尚处于瞄准贫困地区的"单轮驱动"阶段和强调项目社区人口参与受益的初级阶段。森林碳汇市场建设滞后、缺乏标准引领、考核指标模糊是深化森林碳汇扶贫发展的重要障碍。强化顶层设计与宏观管理，制定

和推广与国际规则接轨、符合我国实际、凸显扶贫功能的森林碳汇标准及其方法是当务之急。

（二）政策不配套，扶贫主体、资源、方式单一

随着森林碳汇项目试点的实践推进，尤其是面对脱贫攻坚的巨大压力，一方面，部分省份结合精准扶贫精准脱贫工作，已先后将碳汇扶贫列入"五个一批"的生态补偿脱贫一批中，一些地方基层政府已把森林碳汇扶贫作为工作要点纳入生态扶贫规划或年度工作计划，倡导森林碳汇扶贫实践要从"大水漫灌"向"精准滴灌"转变，积极探索个性化绿色减贫新路子，初步形成了森林碳汇扶贫的导向机制；另一方面，在森林碳汇管理上，发展和改革、林业、扶贫等相关主管部门均拥有部分管理权，但推动森林碳汇扶贫实践往往更多仍局限于林业主管部门，扶贫、科教、金融、保险等相关部门参与度较低，社会捐赠、公民参与渠道非常有限。重政策导向、轻制度建设，重社区农户短期收入增加、轻扶智扶志，重物质补偿、轻技术补偿等问题突出，与科技扶贫、金融扶贫、文化扶贫等多种扶贫方式的协同未得到应有重视。扶贫主体单一、扶贫资源单一、扶贫方式单一，与产业扶贫、生态建设相关的财税、金融、投资、森林生态补偿、技术援助等普惠性政策亟待整合，与之关系重大的碳税、碳汇权抵押贴息贷款、碳汇林保险、碳汇林间伐采伐等特惠性政策亟待建立（季曦等，2012；曾维忠等，2016；万君、张琦，2017）。

（三）市场失灵，扶贫功能弱化

森林碳汇扶贫作为一种特殊的产业扶贫形式，必须遵循森林碳汇市场交易基本规则和森林碳汇产业发展内在规律，走产业化、市场化反贫困道路。然而，森林碳汇项目开发却在客观上面临着实施范围广、

工程周期长、幼林抚育管护艰巨，较一般造林项目标准更严、风险更高、投资更大等挑战；后付费机制下的个别项目实现的碳交易额非常有限，后续建设资金短缺、融资渠道不畅、步履维艰、停滞不前；即便是部分进展良好的项目也面临着倚重自上而下的行政式推动，项目社区经济欠发达，农户发展能力弱、组织化程度不高、对森林碳汇市场交易的认知非常有限、主体作用发挥不够、贫困人口参与能力不足、参与程度低，以及造林成本不断攀升等困境，和项目长期占用土地与使用权拥有者对土地短期需求变化、规模化造林与社区农户传统生计、市场化运营与本土文化、精英带动与贫困人口挤出等冲突（Yang F 等，2018），以及与新阶段一批见效快的种养产业扶贫项目开发进驻带来的土地排他性竞争，林林、林农、林牧矛盾加剧等新挑战。例如，一些项目为提高造林成活率、降低交易成本，多采用雇用外地专业化队伍进行造林，导致社区部分农户不满，弱化了项目的减贫作用。再如，某一项目规划备案、推进实施的连片地块，就因牛羊肉价格上涨等导致土地参与碳汇造林机会成本增加，项目业主和地方政府难以满足社区农户提出的新要求等客观原因，导致该地块项目被迫取消，给项目实施、合同履行等带来了难以弥补的损失。

二、诺华川西南林业碳汇、社区和生物多样性项目的扶贫实践探索

近年来，针对森林碳汇扶贫开发面临的多重挑战，结合精准扶贫精准脱贫实施带来的新机遇、提出的新要求，全国各地围绕借力森林碳汇助推脱贫攻坚，进行了多样化探索试验，并取得了积极进展。较

为典型的包括四川"示范工程"的"诺华"模式[①]、贵州省"单株碳汇精准扶贫"的平台模式[②]、云南"森林碳汇 + 生态旅游 + 林下经济 + 精准扶贫"的"腾冲"模式[③]、广东"森林碳汇 + 村集体经济组织 + 精准扶贫"的"韶关"模式[④]、黑龙江"森林碳汇 + 企业 + 精准扶贫"的"延寿"模式[⑤]等。其中,四川"示范工程"的"诺华"模式,为破解当下森林碳汇扶贫面临的特殊困境与挑战,在最大限度满足多方参与主体追求自身利益的同时,有效达成"真扶贫、扶真贫"目标,提供了极富价值的借鉴。

(一)案例概述

诺华项目是中国第一个国内企业(四川省大渡河造林局,作为供给方和项目业主)与外资企业(瑞士诺华集团,作为需求和购买方)直接合作,将未来碳汇资金提前支付用于造林的清洁发展机制(CDM)造林项目,也是全球第一个获得气候、社区和生物多样性标准(CCBA)金牌认证的造林减碳项目。项目在凉山彝族自治州昭觉、越西、甘洛、美姑、雷波5个县以及越西申果庄、甘洛马鞍山、雷波麻咪泽3个自然保护区,人工造林面积约4196.8平方千米。预算总投资人民币1亿元,其中诺华投资57%。预计在30年的项目计入期内

---

① 参见四川省人民政府网站:《"政府 + 企业 + 高校"合作实施森林碳汇扶贫示范工程启动》,http://www.sc.gov.cn/10462/12771/2018/5/24/10451619.shtml。

② 参见贵州省人民政府网站:《贵州省开展单株碳汇精准扶贫试点》,http://www.guizhou.gov.cn/xwdt/dt_22/bm/201806/t20180615_1350909.html。

③ 参见保山新闻网、腾冲林业:《奏响"绿水青山"与"金山银山"交响曲》,http://www.baoshan.cn/2019/0123/24862.shtml。

④ 参见韶关市人民政府网站:《林业碳汇与精准扶贫有机结合为贫困村带来收入》,http://www.sg.gov.cn/hnxn/nyzx/201807/t20180725_680062.html。

⑤ 参见哈尔滨市延寿县人民政府门户网站:《延寿县与北京天德泰科技股份有限公司签订林业碳汇精准扶贫项目框架协议》,http://www.hlyanshou.gov.cn/content/83578.html。

可吸收 105 万吨二氧化碳，1.8 万余名村民将获得培训、就业和增收机会，其中 97% 的人口为少数民族。项目从 2009 年开始策划，2011年完成项目规划设计并启动建设，2012 年通过国际第三方认证机构（DOE）审定，2013 年通过国家发改委批准并在联合国清洁发展机制执行理事会（CDM-EB）注册并获得 CCBA 金牌认证。截至目前，已完成造林再造林 4095.8 平方千米，建立护林围栏 20.9 万米，投入育苗、造林、补植抚育和幼林管护劳动力 33 万个。其中，近 3 年社区农户通过参与项目获得的劳务收入超过 2600 万元、培育苗木收益 1300多万元，社区农户人均增收 2160 元以上。

2018 年 7 月，在四川省林业和草原局、四川省科技厅、四川省扶贫移民工作局等支持下，在"诺华川西南林业碳汇、社区和生物多样性项目"前期近 10 年探索并取得良好扶贫成效与经验的基础上，在全国率先启动实施了森林碳汇扶贫示范工程"诺华"模式，将这一创新模式在越西县、昭觉县和雷波县先行试点。

（二）主要探索

立足市场化运作、兼顾公平与效率，按照"实事求是、因地制宜、分类指导、精准扶贫"的总体要求，本着"政府引导、企业主导、穷人参与、合作共赢、科技支撑、稳步推进"的基本思路，以拓展、提升诺华项目社区功能为基础，以推动贫困农户有效参与为核心，以"真扶贫、扶真贫"为导向，不断完善"农户主体型"和"集体经济主导型"两种精准扶贫带动模式以及资源整合、贫困人口参与和评估考核"三位一体"的森林碳汇机制，初显了多方共同参与、资源有机整合、扶贫方式优势互补、共促脱贫的良好局面。

1. 围绕一个宗旨

以贫困人口受益和发展机会创造为宗旨，以"诺华川西南林业碳汇、社区和生物多样性项目"深入推进为依托，巩固前期造林再造林成果，在项目建设可持续性的进程中实现精准扶贫精准脱贫。

2. 推行两种精准扶贫带动模式

切实强化政府引导及其在项目、资金、政策支持与考评中的作用，不断探索、分类实施两种森林碳汇精准扶贫模式。一是"农户主体型"。充分发挥基层政府部门作用，在林地产权明晰，农户商品意识强、拥有较多确权宜林地资源的贫困村，依托"六有"大数据平台，有针对性地引导和吸引更多建档立卡贫困户参与技术培训，优先安排有劳动能力、符合条件的建档立卡户贫困人口参与苗木繁育、碳汇林补植、管护、围栏建设务工等，完善和推行以农户为核心的"企业＋农户"带动模式，从而促进贫困农户就近就业和技术培训，有效实现精准扶贫精准脱贫。二是"集体经济主导型"。充分发挥村级组织作用，在集体经济组织治理结构较为完善、拥有较多集体宜林地资源的贫困村，以发挥村级经济组织作用、集体林地入股等为重点，完善和推行以社区参与为核心的"企业＋村集体经济组织＋农户"带动模式，不断提高贫困农户参与森林碳汇项目开发的组织化程度，从而发展壮大集体经济，有效助推脱贫攻坚。

3. 完善三大扶贫机制

坚持政府推动与市场驱动、碳汇项目实施与精准扶贫相结合，主动融入脱贫攻坚大格局，不断建立和完善资源整合、贫困人口参与和评估考核机制"三位一体"的森林碳汇扶贫机制。一是资源整合机制。成立示范工程领导小组及其办公室，强化四川省发改委、林业和草原局、扶贫和移民工作局、科技厅等部门协同，省、州、县、乡（镇）上下联动，加大对"诺华川西南林业碳汇、社区和生物多样性项目"配套资金、项目和政策支持的同时，强化对项目社区实施农牧民培训实训、产业扶贫、易地扶贫搬迁和生态公益林建设等项目实施的统筹力度，完善扶贫资源整合机制，进一步形成政策激励合力、弥补市场失灵。二是贫困人口参与机制。以明确各参与主体责任，拓展贫困人口参与渠道、参与程度为重点，充分发挥项目社区村委会、专业合作社、农村精英等的作用，不断提高贫困农户深入参与森林碳汇项目开发的组织化程度，积极引导和吸引有意愿、有能力参与项目开发的建档立卡贫困人口参与示范工程。三是评估考核机制。突出了科技支撑在森林碳汇扶贫示范基地建设中的作用，明确了精准帮扶贫困村、贫困户、贫困人口数量以及技术培训次数等约束性、考核指标，健全了有利于脱贫成效精准的监测评估机制。

4. 实施四项重点建设任务

针对前期亟待解决的实践问题，深化了以下四个方面的建设，提升项目扶贫开发的平台作用和聚合效应。一是生态贫困区造林技术集成与示范。以拓展农户参与渠道，完善贫困人口参与机制为重点，结合碳汇造林再造林及其补种补植，积极引导、优先吸收有劳动能力、符合条件的建档立卡户贫困人口参与高寒山地苗木培育、造林、抚育管护、病虫害防治等新技术集成、培训与示范工作，在持续为贫困社区注入造林营林先进适用技术、促进贫困户就近就业的同时，提升贫困人口可行能力、提高脱贫质量。二是林下复合经营技术集成与示范。以前瞻性提升碳汇林综合效益、不断降低贫困人口对项目地块传统生计依赖为重点，结合项目区资源优势和特色产业，进一步开展林下蘑菇、中药材等种植技术集成、培训与示范，积极为未来提升碳汇林综合经营效益、推进碳汇项目长期可持续运营创造条件。三是集约养殖技术集成与示范。以破解大规模造林导致的短期林牧矛盾为重点，进一步开展牛羊圈养、种草养畜、养蜂等特色畜牧产业的先进适用技术集成、培训与示范，推动社区传统畜牧业与项目建设可持续发展双赢。四是扶贫效果监测与评估技术集成与应用。以提高森林碳汇扶贫透明度、提高扶贫主体履约率、矫正扶贫行动偏差为重点，针对森林碳汇项目益贫效果典型的多样性、空间异质性和时间动态性特征，完善森林碳汇扶贫绩效综合评价体系，为提高森林碳汇扶贫效率提供重要保证。

（三）基本经验

"诺华川西南林业碳汇、社区和生物多样性项目"在多年的开发实施过程中，不论是在组织管理、规划设计、开展社区项目，还是在新阶段的精准扶贫模式及其运行机制建设等方面，都积累了宝贵的经验。

1. 加强组织领导，切实发挥政府的引导和推动作用

市场机制是森林碳汇扶贫的基础，但政府在森林碳汇扶贫开发过程中，尤其是在发展初期的引导与推动作用同样至关重要。作为在中国深度贫困地区实施的森林碳汇项目，从建设伊始，就不仅成立了项目指导委员会、专家咨询委员会，每年定期召开项目指导委员会、专家咨询委员会会议，指导项目总体实施，解决和协调项目实施中的重大问题，审议项目年度进展，而且在挂靠省、州、县（保护区）林业主管部门成立了三级项目协调管理办公室，明确了分管领导，确定了专职工作人员，全程开展宣传、协调和督促等工作，从而卓有成效地克服了规划设计、认证注册、组织建设环节中的政策、投资、资金、

技术等"瓶颈"，破解了项目地块选择与边界确定、林地流转与使用合同签订等诸多项目业主大渡河造林局难以破解的难题，确保了项目顺利实施，推动了新阶段扶贫资源整合、扶贫方式集成和"真扶贫、扶真贫"的落实落地。例如，项目实施不仅得到了四川省林业和草原局、凉山彝族自治州政府的项目、资金配套，而且得到了税务机关、外汇管理部门和银行等的大力支持，有效地缓解了资金短缺压力，降低了汇率风险。为降低长期运营中的农户退出风险，签订了包括土地使用权人、项目业主和属地县林业主管部门的三方合同。为切实助力精准扶贫、提高扶贫履约率，强化了贫困人口参与务工、技术培训等定量指标的年度计划和精准考核。

2. 注重社区参与，不断发挥社区农户的主体作用

社区农户是保障项目成功实施的一线力量。为保证项目顺利开展与可持续经营，诺华项目从项目规划设计之初，就特别注重发挥社区农户的主体作用，重视乡土知识、乡土智慧和乡土文化，积极采用基线调查法、参与式乡村评估法开展基线调查和社区调查，了解社区经济社会发展需求，征集社区农户参加项目的地块利用、树种选择等意愿及其利益诉求，加强对社区群众的宣传，研判项目开发潜在风险，跟踪社区农户对项目推进实施的意见和建议，不断提高社区弱势群体，尤其是更加依赖传统农业生计的贫困人口共同参与项目规划设计、实施和监督的参与机会、参与程度，从而不但为项目的基线情景识别、额外性认证、可行性论证等提供了科学依据和质量保证，而且为建立更契合社情民意的项目运行模式及其利益联结机制、推动项目开发惠及更多贫困人口、更好地赢得广泛理解与支持、推动项目长期运营发挥了关键性作用，有效地提升了项目扶贫效应。如充分尊重当地农户生活习惯，项目明确在碳汇林已闭后不限制薪柴采集，并主动参加了地方政府节能柴灶推广。在管护上，一方面，通过建设围栏防止牛羊损毁、选聘建档立卡贫困农户巡护；另一方面，通过加强社区宣传、制定村规民约、发挥家支头人和毕摩作用等引导社区村民共同管护，有力地推进了前期造林成果巩固与助力脱贫攻坚双赢。

3. 强化科技支撑，不断提升项目开发的扶贫效应

项目业主始终坚持与四川省林业科学院、四川农业大学、四川林业调查规划院、四川省社会科学院、中国大自然保护协会 (TNC)、北京山水自然保护中心、四川省绿化基金会和凉山州林业科学研究所等科研院（所）、非政府组织的深度合作，切实发挥自然和社会科学的支撑作用，不但取得了在地处高寒山区、生态脆弱区、土地条件差的地区上的造林营林显著成效，为打破贫困陷阱带来了额外的资金、技术、投资、环境和政策支持，提供了外部资源、调动了内部资源、汇聚了政策资源，而且针对传统农牧业是项目社区农户的主要产业，社区经济发展相对滞后、生产方式相对落后、生产力低、贫困发生率高等客观现实，采取了邀请科研院所专家开展技术培训与指导、赠送科普读本或先进适用农业技术手册，积极参与社区特色产业技术示范基地共建等技术补偿方式，不断推动森林碳汇项目实施与区域脱贫攻坚"五个一批"的有机结合，为助力精准扶贫精准脱贫，疏解林牧、林农、林林矛盾，提升项目开发的扶贫效应开辟了新途径。

三、小结与展望

与森林碳汇项目试点相伴而行的森林碳汇扶贫获得了长足发展，但从整体来看，把贫困人口受益和发展机会创造扶贫目标纳入森林碳

汇项目规划设计、认证注册、组织建设、监测评估等各个环节的格局尚未形成，局部以"扶真贫、真扶贫"为导向的森林碳汇扶贫实践尚处于政府主导下的探索性试验阶段，政策出台更多的是地方政府为破解森林碳汇开发实践难题、契合当前精准扶贫精准脱贫紧迫要求而进行的强制性制度变迁，制度安排具有典型的短期性、突击性、碎片化特征，实践的延续性、可持续性不强。如何从实现应对气候变化与扶贫双赢的战略高度，在推进森林碳汇市场繁荣和项目开发可持续运营的进程中，不断破除传统森林碳汇项目开发模式下的政策分散、部门分割格局，不断强化包括贫困人口在内的社区农户主体作用，不断推动森林碳汇扶贫由聚焦贫困地区的"单轮驱动"型向兼顾区域整体又更加强调精准到户到人的"双轮驱动"型变革与转型，不断提高贫困农户的参与度和直接净受益水平，是当前及今后相当长一段时期内森林碳汇扶贫研究、实践和政策推动的重要方向。

后 记
POSTSCRIPT

《中国绿色减贫发展报告 2018》出版正处于我国决战脱贫攻坚、决胜全面小康的关键阶段。精准扶贫方略的全面贯彻落实，使我国的减贫质量和减贫效益得到极大提升，有效推动贫困地区"绿色青山"的生态优势转化为"金山银山"的经济优势，使绿色减贫理念更加深入人心，并得到普遍认同。

《中国绿色减贫发展报告 2018》是我们在 2014 年、2016 年、2017 年完成中国绿色减贫指数报告和发展报告之后，出版的第四部研究报告，是我们开展绿色减贫系列研究的延续和深化。在开展研究和撰写工作过程中，结合专家意见，我们对原有的研究框架进行了完善和补充，对相关研究内容进行了有效整合，形成了包含主题报告、指数报告、专题报告、案例报告、趋势报告、专家研究报告六大内容的《中国绿色减贫发展报告 2018》，以求更加全面、更加系统、更加深刻地反映新时代我国绿色减贫与发展的成效。

在本书的撰写和出版过程中，得到了多位领导、专家学者和师生的无私帮助与支持，在此表示感谢！

首先要感谢国务院扶贫办中国扶贫发展中心主任黄承伟研究员，在长期指导和支持我们开展中国绿色减贫持续化研究中给予全程的指导鼓励和支持,并将这些研究纳入原国务院扶贫办全国宣传教育中心的研究体系与我们共同出版,这是对我们的极大鼓励和鞭策。更让我们感动的是,他亲自组织专家对本书的研究框架和撰写提纲进行讨论把关,并亲自为本书撰写序言。国务院扶贫办全国扶贫宣传教育中心骆艾荣副主任、阎艳副处长、国务院扶贫办信息中心对绿色减贫报告的修改出版和指标数据收集工作给予了大力支持。原全国扶贫宣传教育中心副主任、现乡村振兴局开发指导司刘晓山副司长也给予了指导和支持。宁夏回族自治区、山西省岢岚县、贵州省雷山县等地方对案例研究和调研工作给予了支持和帮助。中国农业科学院农业信息研究所副所长聂凤英研究员、四川农业大学西南减贫与发展研究中心曾维忠教授为本书撰写专家研究报告。中国社会科学院社会学研究所王晓毅研究员,北京大学光华管理学院雷明教授,中国农业大学人文发展学院左停教授,北京信息科技大学侯军岐教授,北京师范大学资源学院王玉海教授,北京师范大学经济与资源管理研究院韩晶教授、宋涛副教授、万君副教授,农业农村部农村经济研究中心冯丹萌助理研究员等多次参加课题讨论会,对课题予以了大量的指导,在此表示由衷的感谢!

北京师范大学经济与资源管理研究院院长关成华教授、名誉院长李晓西教授等一直关注和支持中国绿色减贫课题的研究工作,给予了课题组大力的支持和帮助,保障了课题的顺利进行,在此表示感谢!

还要感谢我们的研究团队成员，宋涛副教授负责指数测算工作，万君副教授、沈扬扬老师负责报告指导工作，张涛博士后负责数据收集工作，博士生孔梅、张天翼，硕士生薛亚硕、苏鹏负责报告初稿撰写和汇总工作，最后由张琦教授修改定稿！

各部分初稿分工如下：第一篇：张琦、雷明、万君、冯丹萌、刘欣；第二篇：张天翼；第三篇：冯丹萌、孔梅；第四篇：张涛、杨铭宇；第五篇：张琦、万君、冯丹萌；第六篇：聂凤英、韩枫、郑海霞、曾维忠、杨帆。

中国绿色减贫是一项系统性工程和长期性任务，也是提升减贫质量的重要内容，更是巩固脱贫攻坚成果与实现乡村振兴的有效手段。因此，绿色减贫指数研究和绿色减贫研究在未来还需要进一步深入探讨，更需要在巩固拓展脱贫攻坚成果同乡村振兴有效衔接、全面推进乡村振兴和新阶段，树立新发展理念，在推进和完成新格局新使命中积极探索和创新，在绿色帮扶的市场化方式方面为实现碳峰值和碳中和开展深入研究。由于我们水平有限，错误在所难免，请批评指正！我们也会在未来的研究中继续努力，充分吸取各位专家的意见，结合新时代高质量发展的趋势，不断进行修改完善，为中国特色反贫困理论研究贡献力量。

2021 年 3 月 20 日